Mein Beirut

CALUMET
EDITIONS

Minneapolis

Erste deutsche Ausgabe 2025.
Copyright ©2025 Cathy Sultan. Alle Rechte vorbehalten.

Kein Teil dieses Buches darf in irgendeiner Form ohne schriftliche Genehmigung verwendet oder vervielfältigt werden, außer in Form kurzer Zitate in kritischen Artikeln und Rezensionen. Für weitere Informationen schreiben Sie an Calumet Editions, 6800 France Avenue South, Suite 370, Edina, MN 55435.

10 9 8 7 6 5 4 3 2 1
ISBN: 978-1-962834-61-2

Umschlag und Buchgestaltung von Gary Lindberg
Aus dem Englischen von Johannes Strohschänk
Beirut Karte von Eileen Immerman

Mein Beirut
Liebe auf Leben und Tod

Cathy Sultan

Minneapolis

Contents

Prologue: Durchschossene Schürzen		1
1	Anfänge	6
2	Mein geliebtes Beirut	28
3	Lektionen aus dem Bürgerkrieg	36
4	Wenn Familie und Freunde nicht gewesen wären	69
5	Werde ich je wieder tanzen?	101
6	Abreise	120
7	Wieder daheim	146
8	Hunde, Haubitzen, Heckenschützen	174
9	Menschen und Ratten	200
10	Alle Hoffnung dahin	232
11	Chaos	255
12	Epilog	281
Danksagung		305
Zusatz des Übersetzers		306
Glossar		307
Werkverzeichnis		309

Lebanon Timeline

3000 v.u.Z. – Das Gebiet des heutigen Libanon wird in den ersten Aufzeichnungen als eine Anzahl von Küstensiedlungen mit bewaldetem Hinterland beschrieben. Ihre Bewohner, die Kanaaniten, waren ein semitisches Volk, von den Griechen Phönizier genannt. Jede Küstenstadt bildete ein selbständiges Königreich, wobei Tyra und Sidon die wichtigsten maritimen Handelszentren bildeten. Byblos und Berytus (Beirut) betrieben auch Handel, zählten jedoch vor allem als Hochburgen der Religion, die abwechselnd unter griechische, ägyptische, hittitische, assyrische und persische Herrschaft fielen. Im Anschluss an den libanesischen Krieg der 70er- und 80er-Jahre des vorigen Jahrhunderts glaubten Archäologen, 8.000 Jahre alte phönizische Ruinen entdeckt zu haben..

332 v.u.Z. – Alexander der Große erobert Tyra. Nach seinem Tod entflammt ein Erbfolgestreit um Phönizien (das heutige Libanon), der sich über 200 Jahre hinzieht.

64 v.u.Z. – Libanon wird vom Römischen Reich vereinnahmt und von Kaiser Augustus zur Kolonie erklärt. Beirut wird Sitz einer berühmten Schule für römisches Recht, bevor die Stadt im 6. Jhd. u.Z. einer Reihe von Naturkatastrophen zum Opfer fällt.

634–1258 u.Z. – Im frühen Mittelalter werden die Keime für die religiösen Auseinandersetzungen und den Bürgerkrieg im Libanon des 20. Jahrhunderts gelegt. Schon im 4. Jhd. wird das Land als Teil des oströmischen, byzantinischen Reiches christianisiert. Nach seiner Gründung 632 wird der Islam vom Nachfolger Mohammeds, Kalif Abu Bakr, im Libanon eingeführt. Anschließend spaltet sich der Islam in die Schia- und Sunna-Glaubensrichtungen. Um 1021 siedeln sich die Drusen im Libanon an. Das Land wird von den Ummayaden, den Abbasiden und schließlich ab 1187 den Mamluken regiert. Unter muslimischer Herrschaft entwickelt sich der Libanon zum Handelszentrum und Produzent von Glas, Textil- und Töpferwaren und erlangt auch Bedeutung als Bildungszentrum.

1512-1840 – Nach dem Sieg über die (**1516-17**) wird der Libanon Teil des Osmanischen Reiches. Die Osmanen überlassen der Drusenfamilie Maans, die sich in den Bergen Libanons niedergelassen hat, die Führung des Landes, bis das Familienoberhaupt Fakhr al-Din eine Unabhängigkeitsbewegung beginnt und deshalb hingerichtet wird. Sein Nachfolger Bashir Shibab erhöht die Steuern und führt die Militärpflicht ein, wogegen die Christen und Drusen revoltieren.

1840–1860 – Osmanen und Briten gewähren Bashir Shibab Exil. Um die Unabhängigkeitsbestrebungen zu ersticken, hetzen die Osmanen Christen und Drusen gegeneinander auf. In einem Massaker im Jahr 1860 ermorden die Drusen 12.000 maronitische Christen. Nachdem es den Osmanen nicht gelingt, dem Blutvergießen Einhalt zu gebieten, greifen die Franzosen auf Seiten der Maroniten ein.

1914–1918 – – Im Ersten Weltkrieg kämpfen die Osmanen auf der Seite Deutschlands und Österreich-Ungarns gegen die alliierten Mächte England, Frankreich, Russland und später USA. Das Ende des Krieges führt zum Zusammenbruch des Osmanischen Reiches.

1916 – Das Sykes-Picot-Abkommen zwischen Großbritannien, Frankreich und Russland sieht vor, Teile des Osmanischen Reiches nach Ende des Krieges in das britisch kontrollierte Palästina und die französisch kontrollierten späteren Länder Syrien und Libanon aufzuspalten.

1920 – Frankreich erklärt sein Gebiet zum Staat "Größeres Libanon". Es vereint die Gebirgskette Mount Lebanon mit Beirut, Tripoli, Sidon, Tyra, Akkar und der Bekaa-Ebene.

1941 – Während des Zweiten Weltkriegs marschieren britische und freie französische Truppen im Libanon ein und befreien Beirut aus den Händen der Vichy-Franzosen.

1943 – Der Libanon wird offiziell von Frankreich unabhängig. Die letzten französischen Truppen verlassen im Jahr 1946 das Land.

1948 – Gründung des Staates Israel, was einen Exodus palästinensischer Vertriebener auslöst und den Libanon sowie Jordanien mit Flüchtlingen überflutet.

1958 – Erster libanesischer Bürgerkrieg, ausgelöst durch Muslime, die dem Aufruf zu einer panarabischen Bewegung durch den ägyptischen Präsidenten Nasser folgen. US-Präsident Eisenhower entsendet 15000 Marinesoldaten nach Beirut, um die Lage zu stabilisieren.

1964 – Arabische Staatsoberhäupter rufen in Kairo die Palästinische Befreiungsorganisation (PLO) ins Leben.

1969 – Die PLO-Kämpfer werden aus Jordanien vertrieben. Sie verlegen ihre Zentrale nach Beirut und verstärken von Südlibanon aus ihre Einfälle in Israel. Häufige Zusammenstöße zwischen den israelischen Streitkräften und der PLO destabilisieren den Libanon, vor allem Beirut, wo die PLO in den Flüchtlingslagern einen eigenen "Staat im Staate" einrichtet.

1975 – Neben den Palästinenserproblemen verschärfen sich die Differenzen zwischen Muslims und Christen. Die Muslims stoßen sich an der in ihren Augen ungerechten politischen Machtverteilung und den einseitigen staatlichen Sozialleistungen.

1975 – Nachdem vor einer christlichen Kirche Schüsse auf Christen gefeuert werden, wird ein Bus mit Palästinensern von christlichen Milizen angegriffen. Diese beiden Zwischenfälle gelten als der Funke, der den nächsten Bürgerkrieg entfacht. Die Palästinenser verbinden sich mit den linksgerichteten Muslims und in ganz Beirut brechen Straßenkämpfe aus.

1976 – Nachdem vor einer christlichen Kirche Schüsse auf Christen gefeuert werden, wird ein Bus mit Palästinensern von christlichen Milizen angegriffen. Diese beiden Zwischenfälle gelten als der Funke, der den nächsten Bürgerkrieg entfacht. Die Palästinenser verbinden sich mit den linksgerichteten Muslims und in ganz Beirut brechen Straßenkämpfe aus.

1978 – Die israelische Armee marschiert im Südlibanon ein. Die UN schickt Blauhelme (UNIFIL), um den Süden des Libanon zu befrieden. Die Israelis bilden für die besetzten Gebiete eine südlibanesische Hilfstruppe (South Lebanese Army). Syrien beschießt christliche Stadtteile Beiruts mit Raketen.

1980–1981 – In der Bekaa-Ebene, in Sannine und in Beirut eskalieren die Feindseligkeiten zwischen Israel sowie Israel-gestützten christlichen Milizen einerseits und den Syrern andererseits.

1982 – Unter der Führung von Ariel Sharon marschiert die israelische Armee bis Beirut und belagert 72 Tage lang die Stadt. Nach heftigen Bombenangriffen kapituliert Beirut und wird von den Israelis besetzt. Nach seiner Wahl zum Präsidenten Libanons wird Bachir Gemayel,

Anführer der Kata'ib-Christen, ermordet. Kata'ib-Milizen töten Tausende Palästinenser im Flüchtlingslager Sabra und Schatila in Beirut, während israelische Truppen das Lager mit Leuchtraketen erhellen. Amerikaner, Franzosen und Italiener beteiligen sich an einer internationalen Friedenstruppe in Beirut.

1982 – Die palästinensische Befreiungsorganisation (PLO) wird aus dem Libanon vertrieben. Ihr Anführer Arafat verlegt ihren Sitz nach Tunesien.

1983 – Nachdem in Westbeirut die schiitischen Muslims und Drusen einen Aufstand gegen die libanesische Armee verüben, löst sich diese auf und die internationale Friedenstruppe verlässt Beirut.

1984 – Nachdem in Westbeirut die schiitischen Muslims und Drusen einen Aufstand gegen die libanesische Armee verüben, löst sich diese auf und die internationale Friedenstruppe verlässt Beirut.

1984–1987 – Vertreter westlicher Länder werden in Beirut entführt, darunter auch CIA-Stationschef William Buckley, der zu Tode gefoltert wird, und der amerikanische Journalist Terry Anderson. Ebenfalls verschwindet in Westbeirut Terry Waite, der im Auftrag des Erzbischofs von Canterbury die Befreiung amerikanischer Geiseln bewirken sollte. Die Kriegsunruhen, ausgelöst durch Schiiten und Drusen, führen zur Rückkehr syrischer Truppen nach Beirut. Die palästinensischen Flüchtlingslager werden erneut belagert.

1988 – Im libanesischen Parlament scheitert die Präsidentenwahl; in Ost- und Westbeirut nehmen rivalisierende Premierminister ihre Arbeit auf

1989 – General Michel Aoun, christlich-libanesischer Premierminister, erklärt der im Libanon stationierten syrischen Armee den Krieg. Ostbeirut wird von Syrern und alliierten libanesischen Milizen belagert. Aoun, der den Krieg bald aufgibt, lässt Hunderte seiner Anhänger im Stich, die von den Gegnern abgeschlachtet werden. Er selbst flüchtet sich in die französische Botschaft und wird später nach Frankreich ausgeflogen.

1989 – Die libanesischen Führungskräfte einigen sich auf eine Charta der nationalen Versöhnung, das sog. Taif-Abkommen.

1991 – Nach 1.763 Tagen Gefangenschaft, darunter die ersten vier Jahre in Einzelhaft, wird Terry Waite freigelassen.

2000 – Nach 22-jähriger Besetzung verlassen die israelischen Truppen den größten Teil Libanons. Dieser Schritt ist vor allem auf die Guerillatätigkeit der Hisbollah zurückzuführen.

2005 – Mordattentat auf den früheren Premierminister Rafic Hariri, Auslöser der sog. "Zedernrevolution", die, nach 29-jähriger Präsenz im Libanon, zum Abzug der syrischen Truppen führt. Die UN entsendet eine Untersuchungskommission in den Libanon, um zum Mord an Hariri zu ermitteln.Anfang September werden vier Generäle, alle in der Führung des libanesischen Geheimdienstes, wegen Verdachts auf Mittäterschaft verhaftet.

Neue Parlamentswahlen werden abgehalten, führen aber nur zur alten Aufteilung des politischen Einflusses unter die früheren Machthaber.

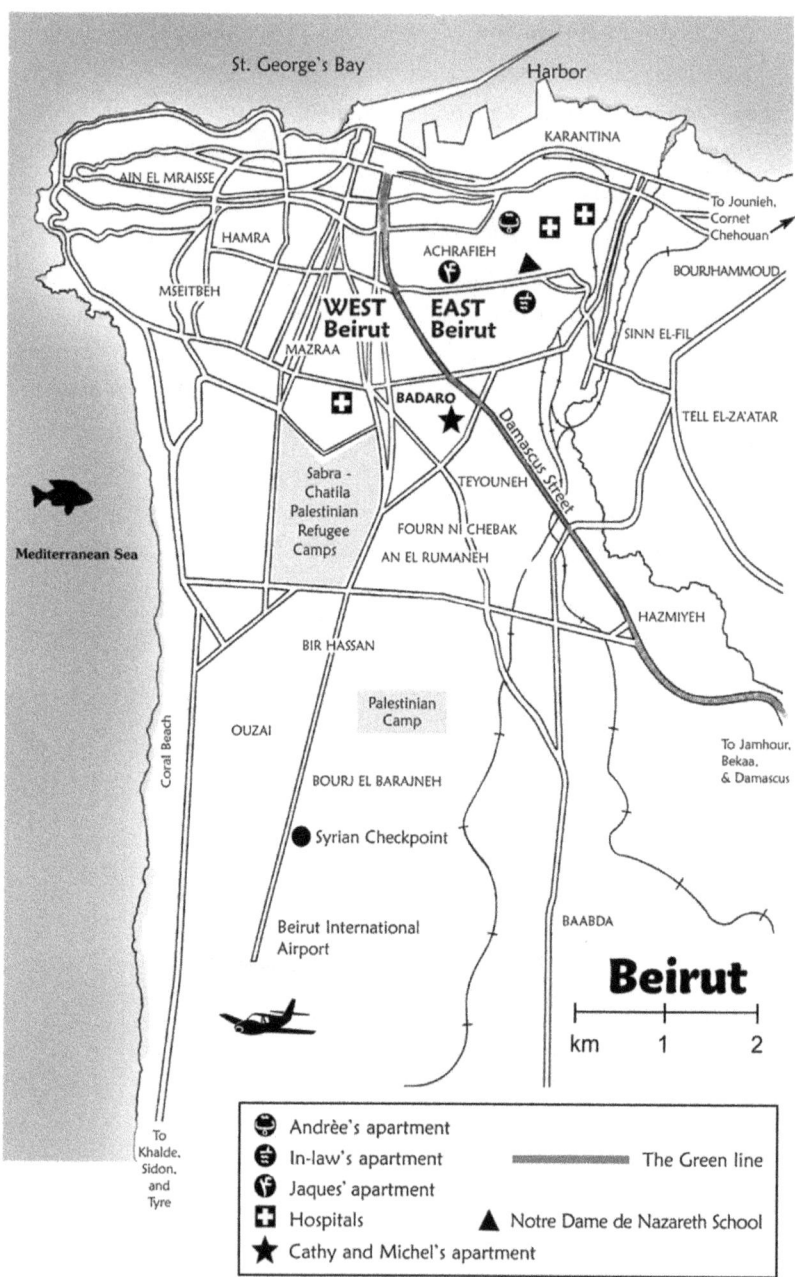

PROLOG
Durchschossene Schürzen

Drei Tage lang stand unser Wohnviertel unter syrischem Granatenbeschuss.

Als wieder Ruhe ist, kehren wir in unsere Wohnung zurück. Die Fenster sind geborsten wie üblich. Ich will die Glasscherben zusammenfegen, gehe in die Küche, um Schürze und Besen zu holen. Die Schürze – lang, fuchsienrot, plastifiziert – hängt hinter der Küchentür an ihrem gewöhnlichen Haken. Wie ich die Hand nach ihr ausstrecke, fühle ich genau in der Mitte ein Loch. Ich stecke den Finger durch, bis ins zersplitterte Holz der Eichentür. Ganz in der Nähe finde ich auf dem Boden, verbeult und gar nicht wie ein Geschoss aussehend, die acht Zentimeter lange Patrone eines Maschinengewehrs. Auf der anderen Seite des Raumes entdecke ich in der linken unteren Fensterecke einen runden Durchschuss. Die Kugel, ein Querschläger, prallte von den weißen Fliesen hinter der Spüle ab, durchdrang Schürze und Tür, bevor sie neben der Barbieküche meiner Tochter landete. Nayla spielt oft hier, umringt von Puppentöpfen und Miniküchengeräten. Sie macht mich gerne nach, wenn ich koche. Mein Sohn Naim schiebt sich an mir vorbei, hebt die Patrone auf: "Für meine Sammlung."

Ich gehe zum Fenster und stecke den Zeigefinger durch das Einschussloch. Ich kann fühlen, wie mir die Kugel in den Rücken dringt, während ich an der Spüle stehe. Ich sehe mich auf dem Küchenboden, bewegungslos, nach Luft schnappend, und ich höre, wie die Schreie meiner Familie schwächer werden.

Mein Mann umfasst mich an der Hüfte, um mir Halt zu geben. Er braucht nichts zu sagen. Ich weiß, er denkt dasselbe: Wir haben mal wieder Glück gehabt.

Und immer noch redet niemand davon, endlich auszuziehen.

Ich wohne jetzt in Eau Claire, Wisconsin, wo die Schürzen unbehelligt an ihren Haken hängen und Gewehrkugeln selten Küchentüren zersplittern. 1983 bin ich aus Beirut in die USA zurückgekehrt, acht Jahre nach Beginn des Bürgerkriegs. Obwohl ich das friedliche Leben auf dem Lande in Wisconsin genieße, freue ich mich selbst nach zweiundzwanzig Jahren noch so aufgeregt auf meine jährliche Reise nach Beirut wie auf das Rendezvous mit einem romantischen Liebhaber. Und ich werde nie enttäuscht. Ich schwelge in der warmen Umarmung Beiruts, weide meine Augen und lausche den Tönen einer sich erneuernden Stadt. Ich liebe die Dinnerpartys, die eleganten Lunches mit Freunden im frisch renovierten Hotel Phoenicia und erfahre bei lokalen Spezialitäten und einheimischem Wein, was ich alles im vergangenen Jahr an Neuigkeiten versäumt habe. Ich wollte immer nach Beirut zurückziehen und mit meinen Freunden dort zusammen alt werden. Aber nun, nach all den Jahren in Eau Claire, kann ich mir nur schwer vorstellen, in ein Beirut zurückzukehren, dessen Entwicklung nach fünfzehn Jahren Krieg stehengeblieben ist.

Das Beirut, das ich in meinem Herzen trage, ist eine blühende Stadt der späten Sechziger- und frühen Siebzigerjahre mit seinen Villen, Stadtparks, uralten Souks, mit seinen Bougainvillien, Wisterien und Eukalypus-Alleen – ein Ort, den es nicht mehr gibt.

Beirut zu verlassen zerriss mir das Herz. Wie ein unvergesslicher Liebhaber hatte sich die Stadt in meine Seele gegraben. Wenn ich Stadt sage, meine ich natürlich die Menschen, die Kultur, die Geschichte und die elegante libanesische Lebensart. Als ich vierzig war, wurde ich gezwungen, dem Ort, den ich in vierzehn Jahren lieben gelernt hatte, den Rücken zu kehren. Heute, all die Jahre später, fühle ich immer noch den Rhythmus dieser chaotischen Stadt. Den anderen sage ich, ich kann nicht anders, aber in Wirklichkeit will ich meine Erinnerungen einfach nicht fahren lassen. Ich spreche immer noch Französisch und Arabisch; die Laute, die mir über die Lippen rollen, sind mir lieb, als wäre ich noch dort, im Gespräch mit meinen Freunden. Jedesmal wenn ich Hummus und Baba Ghanoush* zubereite, mit dem nussigen Geschmack der Kichererbsen und der rauchigen Note der Auberginen mit Tahini, Knoblauch und Zitronensaft, stehe ich mit beiden Füßen in einer Kultur und Cuisine, denen ich mich zugehörig fühle.

Als der Krieg begann, zwangen mich einfach die Umstände dazu, zu bleiben und zu kämpfen. Wenn ich "kämpfen" sage, meine ich das Sich-Durchschlagen einer Hausfrau. Wer den Herd in der Küche warm hält, ist das schlagende Herz der Familie. Du bist die Mutter, die die Kinder in die Arme nimmt, nachdem eine Bombenexplosion ihre halbe Schlafzimmerwand weggerissen hat. Du bist die Ehefrau, die ihren Mann tröstet, nachdem er den ganzen Morgen lang verwundete Zivilisten versorgt oder zerfetzte Körper in die Leichenhalle geschickt hat. Zusammen mit den andern bist du der Puls eines Landes am Rande des Zusammenbruchs. Deine Aufgaben häufen sich, sie nehmen kein Ende.

Das Wasser wird immer wieder abgestellt. Du verlegst das Wäschewaschen auf die ersten Stunden nach Mitternacht, wenn endlich wieder etwas aus der Leitung kommt. Du füllst die Eimer fürs Abwaschen, fürs Blumengießen und für die Toilette. Du sinnst auf Wege, die täglichen Stromausfälle zu umgehen. Die Kinder sitzen bei Kerzenlicht am Küchentisch über ihren Hausaufgaben, während du das Abendessen vorbereitest. Mit der Taschenlampe in der Hand steigst du die sieben Treppen hinunter, um den Hund auszuführen. Trotz des nächtelangen Schussgefechts in deiner Straße sorgst du dafür, dass die Kinder rechtzeitig angezogen sind und gefrühstückt haben, damit sie den Schulbus um viertel vor sieben nicht verpassen. Und wenn die Schulen wegen Krieg geschlossen sind – manchmal ganze Monate lang – stellst du einen Hauslehrer ein, um die Kinder weiterhin geistig zu fordern.

Du hortest Zucker, Mehl, Reis und Konserven. Du stapelst auf dem Balkon extra Propangaskanister fürs Kochen und hoffst, dass sie nicht von Bomben getroffen werden. Du schlenderst nicht mehr sorglos die Straße runter, trittst hier in den Gemüseladen und dort in die Bäckerei. Stattdessen duckst du dich hinter Frachtcontainer, die eigens zur Deckung von Passanten aufgestellt wurden, damit der Heckenschütze auf dem Dach dich nicht treffen kann. Er schießt immer wahllos auf irgendjemanden. Eines Morgens, zu Beginn deiner Besorgungen, entdeckst du einen Nachbarn, der tot auf der Straße liegt, eine Kugel im Kopf. Du streifst dir das schwarze Kleid über und gehst schon wieder auf eine sinnlose Beerdigung. Du betest ununterbrochen für die Sicherheit deiner Familie und die Kraft, alles zusammenzuhalten.

Du ziehst dich in die Küche zurück. Kochen ist meine Beruhigungspille. Meistens sind die Leute an unserem Esstisch in angeregte Unterhaltung vertieft, das hilft der Moral, vor allem bei den Kindern. Du bemühst dich um eine Stimmung der Verbundenheit, der Gemeinschaft. Das mindert die Angst, bekämpft die Verzweiflung und wird zum therapeutischen Akt des Widerstands.

Du versuchst, die Wohnung in Ordnung zu halten. Die Landesväter haben nicht die Kraft und Zielstrebigkeit einer Hausfrau. Sie können die Straßen nicht sauber halten, die Post nicht zustellen und den Müll nicht beseitigen. Du schaffst es, im eigenen Heim Frieden zu bewahren. Du wirst zum gewieften Unterhändler, der immer wieder von der Großfamilie als Friedensstifter herangezogen wird. Deine Landesväter haben den Auftrag, die libanesische Familie friedlich zusammenzuhalten. Trotz der zunehmenden Feindseligkeit überall im Lande haben sie es versäumt, die politischen Parteien daran zu hindern, sich in mordende Milizen zu verwandeln. Sei es persönliche Habgier, politische Sturheit oder pure Inkompetenz, sie waren einfach nicht in der Lage, das ihnen anvertraute Volk zu schützen.

Vor dem Krieg führte ich ein geradezu ideales, üppiges Leben. Ich wurde als Libanesin akzeptiert und geschätzt. Ich lebte in einer prächtigen Wohnung umgeben von Perserteppichen, antiker römischer Kunst und phönizischen Amphoren – Dinge, die ich mit meinem libanesischen Leben assoziiere. Ich hatte wunderbare Freunde und kannte alle meine Nachbarn beim Namen. Mein Mann führte eine blühende Arztpraxis, und unsere Kinder wuchsen mit Englisch, Französisch und Arabisch auf. Wenn du in so vieler Hinsicht gesegnet bist, packst du nicht überstürzt alles zusammen und gehst, nur weil am andern Ende der Straße Maschinengewehrfeuer ausbricht. Erst redest du dir ein, dass es gleich wieder aufhört, dass die Straßenkämpfer wieder Vernunft annehmen. Warum auch nicht, wenn es ums nackte Überleben ihrer ganzen Stadt geht? Du bist naiv. Du ahnst nicht, wie sich der Hass aufstaut, wenn es keine verständigen Politiker gibt, die den sozialen Übelständen abhelfen, die die Ursache dieser ganzen Wut sind.

Denen, die fragen, warum ich geblieben bin, warum ich nicht vernünftig genug war, rechtzeitig in die USA zurückzukehren, kann ich nur eines sagen: Ihr würdet auch so handeln wie ich. Du verlässt keine Erdbebenzone, selbst wenn die Verwerfung direkt unter deiner Straße verläuft, selbst wenn es schon ein paar Mal gezittert hat. Nach der nächsten Erschütterung, wenn deine Straße unpassierbar ist, was machst du dann? Du bleibst; alle die du kennst, bleiben. Stell dir vor, du wohnst in Südflorida. Gott in seiner unergründlichen Weisheit beschließt, deine Gegend hin und wieder mal reinzufegen. Gehst du weg, nachdem der Orkan dein Haus zerstört hat? Nein, du baust wieder auf. Ziehen die Bewohner entlang dem Mississippi weg, nachdem ihnen zwei oder drei Mal das Wasser zum Halse stand? Nein, sie lieben ihr Flusstal.

Sind unsere Entscheidungen unvernünftig? Natürlich! Schließlich sind wir alle nur Menschen.

1
Anfänge

Ich habe mich nicht immer stur an einen Ort geklammert. Ich bin in Washington D.C. aufgewachsen, einer Stadt, die Beirut verblüffend ähnlich ist, nicht wegen ihrer kulturellen Vielfalt, sondern wegen ihres klaffenden Unterschieds zwischen arm und reich. Ein Grund, weshalb ich Washington verließ, war jugendliche Auflehnung. Ich gab meinen Eltern die Schuld für das, was ich für übermäßige Engstirnigkeit und Kälte hielt, und für ihre Überzeugung, dass alles, was der Vater sagt, das Wort Gottes sei und dass Mütter selten wenn überhaupt vermitteln. In Wirklichkeit war ihr Verhalten aber völlig typisch für ihre Generation. Da der Eindruck einer Stadt gewöhnlich von den Menschen abhängt, setzte ich Washington mit der Vorstellung meiner Eltern gleich. Dagegen verband ich Beirut gewöhnlich mit jener Freisinnigkeit, der man sich wie einem Geliebten hingibt. So war es fast das Schlimmste, was einem passieren kann, wenn die Stadt, in der ich neue Wurzeln geschlagen und in die ich mich auf Anhieb verliebt hatte, noch tiefer sank, als Washington je sinken konnte.

Natürlich hatte ich genauso unrecht wie meine Eltern. Ob unter Einzelnen oder ganzen Völkern, in Zwist und Unreife liegen die Keime des Aufruhrs. Wenn es bei Familien – oder bei

Ländern – an der nötigen Reife fehlt, um bei Unstimmigkeiten die Verantwortung zu übernehmen oder Konflikte zu schlichten, kommt es zu Krieg.

*D*ie High School-Zeit war die schrecklichste Periode meines Lebens. Das einzige, was die frommen Schwestern und mich verband, war gegenseitige Abneigung. Nach ihrer Ansicht, aus der sie keinen Hehl machten, war ich ein unverbesserlicher Fehlzünder. Umso überraschender war es dann, dass ich, ihren Klauen endlich entronnen, mich an der Universität ziemlich gut durchgeschlagen habe.

Unentschlossen, was ich nach dem Abschluss machen sollte, fand ich Anstellung als medizinische Assistenzdirektorin beim Providence-Krankenhaus in Washington. Meine Arbeit bestand in der Betreuung von Praktikanten und Klinikumsärzten, meistens Ausländer, die auch in anderen Krankenhäusern arbeiteten. Ich half ihnen bei der Abfassung ihrer Tagesberichte, den Zeitplänen ihrer Patienten und bei der Beschaffung ihrer Unterkunft. Ich schrieb Empfehlungsbriefe und Lebensläufe und half ihnen mit ihrem Englisch. Es gefiel mir, Menschen aus aller Welt kennenzulernen und mich mit ihnen anzufreunden. Ich wurde in ihre Familien eingeführt und zu ihren landesüblichen Festen eingeladen. Das Lachen und Scherzen am gemeinsamen Tisch, die spontanen Küsschen und Umarmungen, die mühelose Vielsprachigkeit der Kinder – alles war so ganz anders als mein Leben zu Hause.

Mit einigen der ausländischen Klinikumsärzte befreundete ich mich enger. Ich stellte mir sogar vor, einen von ihnen zu heiraten und ins Ausland zu ziehen. Da meine Eltern und ich uns sowieso im kalten Krieg befanden, erschien mir diese Idee äußerst attraktiv.

Schon seit Jahren hatte ich mir ausgemalt, irgendwo in Zentralasien zu leben. Ich sah mich auf einem galoppierenden Pferd, hinter einem kräftigen Tadschiken, an dem ich mich umklammert hielt.

Andere Träume führten mich ins südchinesische Meer, auf dem Weg nach Borneo, wo Muskat- und Zimtdüfte die Luft schwängern. Oder ein Sultan hat mich entführt und reitet mit mir bei klarem, sternenfunkelndem Himmel auf dem Kamel durch die Wüste.

Auch meine Zukunft in Beirut begann mit einem Traum: Ich befand mich auf einer windgeriffelten Sandwüste, die sich in ihrer atemberaubenden Schönheit endlos zum Horizont erstreckte. Die Frau in meinem Traum lebte im Zelt mit ihrem Beduinen. Sie war ebenso groß und majestätisch wie ihr Mann. Ihr bodenlanges, blaues, goldbesticktes Gewand glitzerte, wenn sie in die Sonne trat. Die Zöpfe ihres goldenen Haares berührten fast die Erde. Sie war Königin im Stamm ihres Mannes, im exotischen Land Ali Babas aus Tausendundeiner Nacht, wo schwerbeladene Kamelkarawanen über die Dünen zum Markt schwankten.

Meinen eigenen 'Sultan' lernte ich im Dezember 1964 kennen, nicht im Wüstensand meiner Träume, sondern im Washington Hospital Center, wo er sein Praktikum antrat. Ein gemeinsamer Freund, der an der gleichen medizinischen Fakultät in Beirut studiert hatte, machte uns bekannt. In den nächsten sechs Monaten verbrachten Michel (mischél) und ich jede freie Minute zusammen, die ihm alle zwei Tage zwischen seinen Dienstschichten zur Verfügung stand. Er war es, der mich in die Welt der Musik, Kunst, Kultur und Sprachen einführte. Ich erlebte meine erste Oper, besuchte ein Konzert des National Symphony Orchestra, wo ich Jean-Pierre Rampal auf der Flöte hörte. Michel lud mich auch in gemütliche Restaurants in Georgetown ein, wo wir in schummrigen Ecken an kleinen Tischchen beim Kerzenlicht saßen und Champagner bestellten. Zum Geburtstag schenkte er mir goldene, türkisbesetzte Ohrringe. Manchmal schlenderten wir nach einem Konzert in der Washington Cathedral, wo ich das erste Mal Bach und Vivaldi hörte, durch den Rock Creek-Park.

Es war dieser Libanese, Michel Naim Sultan, den ich gerade mal sechs Monate kannte, der mir den Mut gab, entgegen dem Wunsch meiner Eltern von zu Hause auszuziehen. Ich genoss es, wie Michel mich auf Händen trug, mir galant die Tür öffnete und den Stuhl zurückzog. Wenn ich ihm die Hand reichte, streifte er sie mit einem Kuss; wenn er mir in die Augen sah, lächelte er voll Zuversicht und Vertrauen. Er störte sich nicht daran, dass ich sein Englisch, an dem er fortwährend arbeitete, immer wieder verbesserte. Kurz, ich fand alles an Michel liebenswert. Ich liebte, wie seine bronzene sich Haut anfühlte, wenn sie im Sonnenlicht erglühte und zugleich seine schwarzen Augen funkelten. Besonders fasziniert war ich von seinem gelockten Haar, das im Nacken winzige Ringe bildete. Ich liebte es, wie er seine Fingernägel kurz und sauber hielt; ich liebte seine feinen Lederschuhe und Kaschmirsocken, sein Kölnisch Wasser von Chanel, die Art, wie er unter seinen samtweichen Wollanzügen perfekt geschneiderte Baumwollhemden und Seidenkrawatten mit französischen Etiketten trug. Stets befand sich ein sauber gefaltetes Taschentuch in seiner rechten Hosentasche. Ich liebte es, wie er, neben mir im dunklen Theater, meine Hand in die seine legte und mit dem Daumen Kreise in meiner Handfläche zog. Vor allem aber liebte ich seine Sanftheit.

*N*ach all diesen Jahren bin ich immer noch überzeugt, dass ich die Eingebung, Washington zu verlassen, meiner Großmutter mütterlicherseits, Catherine Sheehan, verdanke. 1905 verließ sie mit achtzehn Jahren das hoffnungslos verarmte Irland. Nach ihrer Ankunft auf Ellis Island[1] stieg sie in den Zug nach Washington, wo sie mehrere Vettern und Kusinen hatte. Dort lernte sie William Collins kennen, einen Witwer, Vater von sechs kleinen Kindern, und heiratete ihn. Mit ihm zusammen hatte sie weitere sechs Kinder, von denen meine Mutter, auch eine Catherine, das älteste war. So fiel es ihr zu, sich um ihre jüngeren Geschwister zu kümmerm.

Sechzig Jahre später, als ich zweiundzwanzig war, floh ich

---

1   Eine Manhattan vorgelagerte Insel, auf der Einwanderer untersucht und abgefertigt wurden, bevor sie ans Festland durften. (Übers.)

nicht aus einem verarmten Land. Vielmehr wollte ich der Scheuklappen-Weltsicht meiner Eltern entkommen, um endlich die große weite Welt zu entdecken. Seit meiner frühen Kindheit machte ich meinen Eltern nur Schwierigkeiten. Mein Vater hatte keine Ahnung, wie er mit einem dickköpfigen, aufmüpfigen Kind umgehen sollte, das jeder elterlichen Anweisung trotzte. Freilich hätten offene Gespräche eine gesündere Beziehung gefördert, bestimmt von Liebe und gegenseitigem Verständnis, aber meine Eltern glaubten, dass man ein Kind sehen, jedoch nicht hören müsse. Leider hatte ich ein ausgeprägtes Bedürfnis für Beachtung, und wenn mir diese nicht geschenkt wurde, erzwang ich sie mir durch Aufbegehren, was meine Eltern aber nur noch mehr davon überzeugte, wie verwöhnt und egoistisch ich sei. Als ich zu alt war, um körperlich gezüchtigt zu werden, wurde ich meiner Sache nur noch sicherer und tat einfach, was ich wollte. Bis zu meinem zweiundzwanzigsten Lebensjahr hatten sich die Fronten zwischen meinen Eltern und mir zu einem Dauerzustand von Druck und Gegendruck verhärtet. Wir standen am Rande eines häuslichen Krieges.

Natürlich ist es Wunschdenken – und angesichts der Missverständnisse zwischen den Generationen unrealistisch – aber was wäre gewesen, wenn es meinen Eltern und mir gelungen wäre, über unsere Meinungsverschiedenheiten zu sprechen? Hätte ich mich immer noch nach dem edlen Ritter gesehnt, der mich ans andere Ende der Welt entführt? Hätten die Eltern Michel willkommen geheißen, sich nach seiner Familie, seinem Land, seiner Kultur erkundigt; hätte mein Vater sich die Mühe gemacht, ein paar Brocken Arabisch zu lernen, um Michel eines Tages damit zu überraschen, wäre mein Leben sicher anders verlaufen. Hätte mein Vater Michel zur Seite genommen und angeboten, ihm beim Aufbau einer Praxis zu helfen; oder hätte er etwa gesagt: 'Wir würden uns freuen, wenn du und Cathy in unserer Nähe wohnen würdet, dann könnten wir miterleben, wie unsere Enkelkinder heranwachsen. Was hältst du davon? Es wäre wohl auch sicherer, als zurück in den Libanon zu gehen.' Man stelle sich nur vor, es wäre so gewesen und Michel hätte gelernt, meinen Vater so zu lieben wie ich seinen Vater liebgewonnen hatte. Vielleicht hätte ich dann nicht etwas so Verrücktes unternommen wie das reichste Land der Erde zu verlassen, um im aufgewühlten Nahen Osten zu leben.

*A*n einem späten Junimorgen im Jahr 1965 brachen Michel und ich nach Boston auf, wo er in der Lahey-Klinik sein Klinikum für interne Medizin antrat. Wir sprachen nicht von Heiraten, aber ich wusste, dass er seine Verlobung mit einer jungen Libanesin gelöst hatte. Ein 'Ich liebe dich' wollte nicht über seine Lippen kommen. Was einem Liebesgeständnis am nächsten kam, waren Worte wie: 'Deine grünen Augen haben mein Herz erobert.' Vielleicht hätte ich misstrauisch sein sollen, aber noch nie in meinem Leben war ich meiner Sache so sicher. Ich kann mich nicht entsinnen, ihn absichtlich so an mich binden zu wollen, dass ihm nichts übrig blieb als mir den Heiratsantrag zu machen, aber irgend etwas muss doch in meinem Unterbewusstsein gearbeitet haben, denn ich setzte viel daran, aus unserer Liebesaffäre etwas Dauerhafteres zu machen. Später, als Michel mehr aus sich herausging und über sich erzählte, stellte sich heraus, dass er genauso gedacht hatte wie ich. Darin liegt eben das Geheimnis einer erfolgreichen Partnerschaft: Beide Seiten müssen gleichermaßen am Erfolg interessiert sein. Mir war bewusst, dass Michel nicht die Absicht hatte, nach Abschluss seiner Ausbildung in den Vereinigten Staaten zu bleiben; er wollte sich in Beirut niederlassen, was mir die Aussicht auf eine Ehe mit ihm umso aufregender machte.

Ich hatte sehr romantische Vorstellungen von einem Leben mit Michel, deshalb war mir völlig entgangen, dass ein wesentlicher Teil davon aus Kochen besteht – etwas, was gelernt sein will. Und höchstwahrscheinlich würde ich es sein, der diese Aufgabe zufällt.

Bevor wir nach Boston zogen, hatte ich selten eine Küche

von innen gesehen. Bei mir zu Hause war meine Mutter am Herd Alleinherrscherin, so dass mir die elementarsten Kochkenntnisse fehlten. Am einfachsten erschien mir noch die Zubereitung einer Pute, und so war dies das erste, was ich in Angriff nahm. Eines Freitagabends, bevor wir auf eine Party gingen, holte ich den Vogel, einen kleinen 'Butterball',[2] der im Angebot war, aus dem Tiefkühlfach des Supermarktes. Obwohl es die Nacht zuvor spät geworden war, schlurfte ich schon früh am nächsten Morgen in meinen weißen Pelzpantoffeln in die Küche. Irgendwie hatte ich mir in den Kopf gesetzt, dass die Pute lange und nur bei niedriger Temperatur im Backofen gebraten werden müsse, um das Fleisch saftig zu halten. Bis zum späten Vormittag sollte der Vogel soweit vorbereitet sein, dass er in die Bratröhre konnte, denn dann hätten wir den Nachmittag frei, bis die Pute fertig war. Als ich mühsam die Plastikschrumpfhülle von der Pute abzureißen versuchte, betrachtete ich mich kurz im Spiegel hinter dem Herd. Die Haare standen mir zu Berge wie die Stacheln eines Igels. Ich beobachtete weiter, wie die Muskeln meiner Unterarme hervortraten, während ich den Rest der Plastikhülle herunterpulte und den Vogel dann unter fließendem Wasser abspülte.

"Sieh dich an, Cathy!" sagte ich. "Du bist Küchenchef und deine erste Pute wird großartig werden."

Aus irgendeinem unerfindlichen Grund bildete ich mir ein zu wissen, wie man die Füllung zubereitet. Die Zwiebeln dünstete ich in Pflanzenöl; sie brannten nur ganz wenig an. Dann schüttete ich die vorgemischte Füllung aus der Tüte dazu. Das Ganze wurde sehr hart und trocken, bis mir einfiel, die Anleitung zu lesen: "Wasser dazugeben." Heute ist mir unerklärlich, wie ich so dumm gewesen sein konnte. Nachdem ich glaubte, genug Wasser hinzugegeben zu haben, stopfte ich alles in den Vogel und verschloss die Öffnung mit Zahnstochern. Kurz bevor Michel und

---

2   Meistgekaufte Putenmarke in den USA. (Übers.)

ich uns aufmachten, um am Charles River[3] spazieren zu gehen, steckte ich mein Meisterwerk in den Ofen und stellte die Temperatur auf 150°C.

Nachdem wir zurück waren, bereitete ich den Kartoffelbrei vor, taute Erbsen auf und öffnete eine Dose Preiselbeeren. Dann zog ich mich um und machte mich hübsch für das Festmahl. Als es nach meiner Einschätzung Zeit war, zog ich die Bratpfanne mit der herrlich gebräunten Pute aus der Backröhre, schob den Braten auf eine Servierplatte und setzte ihn stolz auf den Tisch. Erst nachdem die Bratpfanne schon zum Einweichen unter Wasser stand, fiel mir ein, dass ich vergessen hatte, den Bratensaft aufzuheben. Zum Glück fand ich im Küchenschrank noch eine Dose mit Fleischsoße.

Wie ich das Tranchiermesser tief ins Fleisch versenkte, schoss plötzlich ein Blutstrahl heraus und bespritzte sowohl mein Kleid als auch das weiße Tischtuch. Michel warf sich gerade noch rechtzeitig zurück, um sein Oberhemd vor Flecken zu bewahren. Zu meinem Schrecken musste ich feststellen, dass die Pute nur bis auf Daumentiefe durchgegart war, der Rest war noch rohes Fleisch. Mir wurde siedend heiß, mein Gesicht schien zu dampfen. Michel saß schweigend, den Blick gesenkt, die Hände im Schoß. Ich machte mich nun an der Pute auf die Jagd nach durchgebratenen Stückchen, um sie ihm aufzutun, fand aber nichts als ein paar dünne Schnipsel. Auf den fast leeren Teller häufte ich einen riesigen Klacks Kartoffelbrei und eine Menge Erbsen, bevor ich das Ganze in Fleischsoße aus der Dose ersäufte.

"Warte", sagte ich, "bis du erst die Füllung zu kosten kriegst," während ich den Vogel auf die Seite legte, um ans Innere zu kommen. Mehr Blut schoß heraus, gefolgt von dem Säckchen mit den inneren Organen, das mir beim Füllen des Vogels gar nicht aufgefallen war und das ich hätte herausnehmen sollen. Michel stand auf, warf die Serviette auf den Tisch, ging und schloss sich im

---

3   Fluss durch Boston. (Übers.)

Badezimmer ein.

Während sich der Schlüssel im Schloss drehte, ergriff ich die bluttropfende Pute, lief damit in die Küche und warf sie in den Mülleimer. Als Michel wieder herauskam, saß ich auf dem Sofa.

"Hättest du vielleicht Interesse daran, eine verhungerte Dame zum Essen auszuführen?" fragte ich schüchtern.

Am folgenden Morgen ging ich in die Stadt und kaufte The Joy of Cooking,[4] das Kochbuch meiner Mutter, aber richtig fündig wurde ich erst bei Julia Childs Mastering the Art of French Cooking. Da saß ich, die lerneifrige, ehrgeizige junge Köchin, durchblätterte ein Rezept nach dem andern und wurde in die Geheimnisse des Blanchierens, des Ablöschens, des Sautierens eingeführt. Mein altes Ich, von Kind an darauf eingestellt, sich unsicher zu fühlen, hätte gesagt: 'Wieder etwas, wozu du nichts taugst – du kannst nicht einmal kochen!' Aber mein Leben fing an sich zu verändern, und statt mich durch diesen Misserfolg entmutigen zu lassen, war ich nun erst recht entschlossen, Meisterköchin zu werden.

Abends, wenn Michel seine medizinischen Zeitschriften las, studierte ich Rezepte und machte Listen der nötigen Zutaten, die ich auf die Einkaufsliste setzte. Einmal versuchte ich zu Michels Freude etwas ganz Neues: Jakobsmuscheln. Julia Child nennt diese seidigen, runden Scheiben, die sich wie feuchte Zungen anfühlen, bei ihrem französischen Namen Coquilles St. Jacques. Nachdem sie leicht in Weißwein geköchelt hatten, legte ich die Muscheln vorsichtig zurück in ihre Schale auf ein samtenes Bett aus Sahne und Eigelb, rieb etwas Schweizerkäse darüber und stellte sie kurz unter den Backofengrill. Dazu gab es lediglich ein Glas Sauvignon Blanc und geröstete Baguette-Scheiben. Ich war ganz platt über Michels romantische Reaktion, als wir uns frühzeitig ins Schlafzimmer zurückzogen, ganz anders als an jenem Abend mit der blutigen Pute! Einen besseren Ansporn, die Fein-

---

4 Seit seinem ersten Erscheinen 1936 ist Erna Rombauers Joy of Cooking mit bisher über 18 Millionen verkauften Exemplaren das Standardwerk der amerikanischen Küche. (Übers.)

heiten der Kochkunst zu erlernen, konnte ich mir nicht denken.

Nach der erfreulichen Wirkung von Meeresfrüchten auf Michel brannte ich darauf, andere Gerichte auszuprobieren. Mir schwebten die exquisiten Gaumenfreuden des Süßen und des Sauren vor, des Würzigen und des Milden, eines sahnigen Camemberts oder Briekäses, begleitet von der intensiven Erdigkeit eines roten Bordeaux-Weins, und dies an einem kühlen Herbstabend am Cape Cod,[5] auf einem entlegenen Strand vor dem Lagerfeuer.

Jeden Samstag bewaffnete ich mich mit einer Zutatenliste aus Julia Childs Kochbuch und besuchte Bostons Wochenmarkt. Von Stand zu Stand ziehend, entdeckte ich Gemüse, die ich noch nie gesehen hatte: Auberginen, Artischocken, verschiedene Salatsorten – ich hatte immer geglaubt, es gäbe nur eine: Eisberg. Ich kaufte frischen Rosmarin, frisches Basilikum und wusste sogar, wie diese Kräuter bei Geflügel und Rindfleisch eingesetzt werden. Ich staunte über Käse, die mit Schimmel überzogen waren – weißer, grüner, schwarzer. "Isst man das, oder kratzt man das ab?"

Da gab es ganze Rinderhälften, die nach Wunsch zerlegt wurden; Berge von leckerem Frischobst, nicht in Dosen; ganze Fische, von denen ich keine Ahnung hatte, auf Eis ausgebreitet, manche ungeheuerlich aussehend mit riesigen Köpfen und Borsten ums Maul wie die Schnurrhaare von Katzen.

Mein Lockspiel begann, sobald Michel vom Krankenhaus nach Hause kam. Schon bevor ich ihn zum Essen rief, durchströmten aromatische Düfte unsere winzige Wohnung. Bis er sich dann an den Tisch setzte, lief ihm voller Erwartung das Wasser im Mund zusammen. Zur Einleitung reizte ich Gaumen und Appetit mit etwas ganz Einfachem wie gerösteten roten Paprikastreifen, die in Olivenöl, Essig, Pinienkernen, goldenen Rosinen und Knoblauch eingelegt waren, serviert auf getoasteten Baguettescheiben. Es war leichte Kost, die tiefe, warme Farbe des Pfeffers beschwor die Sonne herauf, das Saure des Essigs die Erde. Dar-

---

5   Malerische Landzunge an der äußersten Ostspitze des Bundesstaates Connecticut. (Übers.)

auf folgte vielleicht eine deftige Linsengemüsesuppe, gewürzt mit Kumin und reichlich Knoblauch.

Als ich das nächste Mal zu Thanksgiving eine Pute in Angriff nahm, war sie anständig durchgebraten und gefüllt mit frischen Kastanien und Hackfleisch. Nachdem ich fast sechs Stunden damit verbracht hatte, nur ein paar Pfund dieser begehrten Esskastanien einzuweichen und zu schälen, schwor ich mir, diese Tortur nie wieder auf mich zu nehmen. Natürlich machte ich sie fast zu jedem Thanksgiving doch wieder, denn der Duft von gerösteten Kastanien im fettigen Schweinehack ist einfach unwiderstehlich.

*N*ach all diesen Jahren der Gourmetküche zieht mich Michel immer noch jedes Mal auf, wenn ich Pute brate.

"Vergiß nicht, die Innereien rauszunehmen," versetzt er lachend.

Ich greife nach einem trockenen Schwamm und schleudere ihn in seine Richtung, aber er versteht es, immer geschickt auszuweichen; ich habe ihn nie getroffen, obwohl er es doch so verdiente.

*N*ach acht Monaten kulinarischer Verwöhnung bat mich Michel, seine Frau zu werden. Aufgrund meiner großen und umfassenden Weisheit – ich zählte dreiundzwanzig Jahre – willigte ich ein.

"Sollten wir nicht deine Eltern zur Hochzeit einladen?" fragte er.

Im Kern meiner Natur war ich extrovertiert und drängte schamlos darauf, wie schon erwähnt, beachtet zu werden. Also antwortete ich auf seine Frage: "Das könnten wir schon, wenn du es so haben willst."

Und ich kletterte auf den Tisch und imitierte abwechselnd die Stimme meines Vaters und meiner Mutter. Wenn ich den Kopf nach links legte, sprach mein Vater, den Kopf nach rechts gelegt sprach meine Mutter. Die rechte Seite begann.

"Weißt du irgendwas über ihn?"

"Woher soll ich etwas über ihn wissen? Ich versteh kein einziges Wort von dem, was er sagt."

"Cathy sagt, er sei griechisch-katholisch."

"Soll das bedeuten, dass er ein kein richtiger Katholik ist?"

"Sein Vorname ist Michel. Ich dachte, das wäre ein Mädchenname."[6]

"Mir ist's egal wie er heißt. Ich werde ihn Mike nennen."

Schon lachte Michel, dass ihm die Tränen kamen.

"Ob er wohl Hamburgers und Hotdogs isst?"

"Wenn er so Zeug isst wie das, was sie 'Kibbeh' nennen, bezweifle ich sehr, dass er etwas Anständiges bekommt. Wie spricht man das überhaupt aus, 'Kibbeh'? Klingt wie Hundegebell."

Jetzt musste Michel das Taschentuch hervorziehen, um sich die Augen zu trocknen und sich zu schneuzen. Ich konnte mich selbst kaum mehr halten, aber ich musste mein Publikum bei Laune halten und wollte nicht aufhören. Ich neigte den Kopf nach links.

"Himmel nochmal, ich wette, er weiß nicht einmal, was Football ist."

*M*ichel und ich heirateten am 14. April 1966 im Kreise einiger libanesischer Freunde. Später am Tag rief ich meine Eltern an, um ihnen die gute Nachricht zu übermitteln. Sie wussten, dass ich Michel liebte, denn wenn ich an Weihnachten zu Hause war, sprach ich nur von ihm. In der Aufregung erwartete ich wenn auch keine Jubelrufe, so zumindest eine Andeutung von Freude. Aber mit dem simplen Einwand meines

---

6   Michel, französisch ausgesprochen, ist klanggleich mit der weiblichen Form Michelle. Nur diese wurde in den angelsächsischen Sprachbereich aufgenommen. (Übers.)

Vaters, 'Habt ihr euch wenigstens kirchlich trauen lassen?', hatte ich nicht gerechnet. In meinem jugendlichen Hochmut hatte ich erwartet, dass er meine Ansichten der Sechzigerjahre mit mir teilte. Seinen tiefreligiösen Glauben hatte ich völlig übersehen. Natürlich hätte ich gerne gehört: 'Wunderbar! Ich freue mich für dich, Cathy!' aber so war mein Vater eben nicht. Wäre er fähig gewesen, seine Gefühle besser auszudrücken, hätte er mich wohl tüchtig ausgeschimpft wegen meiner Anmaßung, dass er seine Wertanschauungen auf den Kopf stellen solle, bloß weil ich mit einem Mann weggelaufen bin und ihn geheiratet habe, ohne den Vater je um sein Einverständnis zu bitten.

Ein paar Tage später rief ich nochmal zu Hause an und sprach diesmal mit meiner Mutter. Zu meiner Überraschung sagte sie: "Ach, ich bin so froh, dass du anrufst!"

Im Hintergrund konnte ich hören, wie mein Vater rief: "Vergiss nicht, Cathy zu sagen…"

Beide klangen, als ob sie unter Drogen stünden. Aber dann fiel mir ein, was passiert war: Ich hatte vorher meine Schwestern angerufen und sie gebeten, bei meinen Eltern ein gutes Wort für mich einzulegen. Die eine von ihnen hatte offenbar meine Bitte erfüllt und sie dazu gebracht, etwas freundlicher auf meine Verehelichung zu reagieren. Vielleicht hatte sie ihnen erklärt, dass die Griechisch-Katholiken von den Katholiken, wie wir sie kennen, nicht allzu verschieden sind, und dass Michel und ich gut zueinander passten. Wie dem auch sei, das Ergebnis war eine völlig neue Einstellung meiner Eltern, wofür ich sehr dankbar war.

*I*n den nächsten Monaten wurde ich nach und nach in Michels Familie eingeführt. Ich erinnere mich noch, als ich das erste Mal seinen Bruder Jacques erblickte, wie er turmhoch unseren Türrahmen füllte, mit schalkhaften dunklen Augen. Seine auffallende Nase und sein athletischer Körperbau erinnerten mich an einen griechischen Gott. Er trat ein und schnupperte als erstes die Düfte des Essens, das ich in Vorbereitung hatte. Mit einem Augenzwinkern wendete er sich an Michel: "Tja, da bist du ja wohl richtig gelandet. Schau mal, was ich gebracht habe."

Die Hand hinter seinem Rücken zauberte eine Champagnerflasche hervor. Er drehte sich zu Michel und sprudelte etwas auf Französisch, wovon ich nichts verstand. Ich mochte die weichen Laute der Sprache und wie sie bei ihm im Mund rollten. Und Michel, der bisher wenig Französisch in meiner Gegenwart gesprochen hatte, sprudelte zurück. Plötzlich schauten mich beide an.

"Tut mir leid, sagte Michel, "wir sollten Englisch sprechen, damit du uns verstehst."

"Nein, überhaupt nicht!" lachte ich. "Ich liebe es, wie die Sprache klingt, selbst wenn ich nichts verstehe."

"Aber wir haben über dich gesprochen", witzelte Jacques und lehnte sich herunter, um mich auf die Wange zu küssen. Während ich nach einer passenden Antwort suchte, hörte ich eine Stimme aus dem Hintergrund. "Meine Brüder sind fürchterlich unhöflich."

Hinter ihnen trat jetzt eine elegante Frau hervor, mit kurzen schwarzen Haaren in schickem, perfekt anliegendem Kostüm und Stöckelabsätzen. An die Wand gelehnt, die Arme gekreuzt, lächelte sie mich an.

"Die sind immer so", sagte sie. "Ich weiß nicht, wie du das Leben mit denen aushalten wirst."

Denn Jacques und sein bester Freund Joe Soussou waren drauf und dran, bei uns einzuziehen, während sie am MIT[7] ihren höheren Abschluss anstrebten.

Andrée, Michels Schwester, kam schließlich vollends herein und küsste mich liebevoll auf beide Wangen. "Ich spreche mit dir Englisch, aber ich werde dir auch etwas Französisch und Arabisch beibringen. Dann kannst du immer mitkriegen, was für Streiche

---

7 Massachusetts Institute of Technology in Boston. (Übers.)

diese beiden gerade aushecken."

In unserem kleinen Esszimmer, Zentrum unseres Gesellschaftslebens, wurde immer viel gelacht. Stets hatte ich irgendetwas zum Naschen bereit, was ich zu gegebener Minute auf den Tisch stellen konnte, selbst wenn es nur Karotten- oder Gurkenscheiben waren. Wenn ich dies jemals versäumte, ließen sich meine drei Männer wie angetrunkene Junggesellen Essen ins Haus liefern. Ich beschwere mich zornig darüber, herumkommandiert zu werden, aber nur zum Schein, denn in Wirklichkeit machte es mir nichts aus. An manchen Tagen, selbst wenn es draußen heftig schneite, standen plötzlich Freunde vor der Haustüre, beladen mit Wein verschiedenster Sorte, dann und wann auch mit Essen, das nur aufgewärmt zu werden brauchte. Mir wurde die Arbeit nie zu viel, auch wenn es darum ging, eine volle Mahlzeit vorzubereiten. Ich holte mir ein Glas Wein und nahm von der Küche aus an der Unterhaltung teil.

Meistens waren unsere Besucher Libanesen. Ich brauchte eine Weile, bis ich merkte, wieviel verschiedenen Gruppen sie angehörten: Muslimisch, armenisch, griechisch-orthodox, katholisch-maronitisch mit dicken Halsketten auf behaarter Brust, und griechisch-katholisch, so wie Michel und seine Geschwister. Sie hatten alle angesehene Berufe, zogen sich gegenseitig auf und genossen ihr Zusammensein.

Gelegentlich glitt diese heitere Harmonie ab zu wütenden Auseinandersetzungen auf arabisch. Die Männer erschienen mir dann wie keifende Hunde. Offenbar belustigt über diese Streithähne versammelten sich die Frauen bei mir in der Küche. Mir aber wurde angst und bange. Auf einmal war der Rauch verflogen, als wäre nichts gewesen, und alles lachte wieder.

Gegen Ende von Michels zweitem Klinikumsjahr in interner Medizin stellte ich fest, dass ich schwanger war. Wo wir schon überglücklich waren, bald eine richtige Familie zu haben, verfiel mein Schwiegervater in Beirut geradezu in Ekstase. Er war überzeugt, es müsste ein Junge sein, der nach ihm benannt würde. Alle paar Wochen schickte er uns Geld, um alles Notwendige für den zukünftigen Enkelsohn bereit zu haben. Zu meiner großen Erleichterung enttäuschten wir meinen Schwiegervater nicht. Am 12. Januar 1967 brachte ich einen gesunden Jungen zur Welt. Er wog 3,5 Kilo. Wir nannten ihn Naim Michel Sultan. 'Naim' bedeutet liebenswürdig, gütig.

Es war noch ein gutes Jahr vor unserem Umzug in den Libanon. Nach Abschluss von Michels Ausbildung in Boston hatten wir vor, das verbleibende amerikanische Jahr in Madison, Wisconsin zu verbringen, wo er an der Universitätsklink ein Stipendium für eine Stelle als Assistenzarzt in Gastroenterologie bekommen hatte. Ich war wieder schwanger. Obwohl wir froh waren, dass die Niederkunft noch in den USA stattfinden würde, war der Zeitpunkt denkbar unpassend. Michels erster Arbeitstag in Madison war der 1. Juli 1968, und die Geburt wurde direkt danach erwartet. Es war eine sehr anstrengende und stressige Vorbereitungszeit: Ich führte den Haushalt, kümmerte mich um ein Baby und bereitete täglich für alle ein warmes Abendessen vor.

Meine Eltern machten sich Sorgen, als sie erfuhren, dass wir in den Libanon ziehen wollten. Sie riefen wöchentlich an, um mich von dem Plan abzubringen. Dagegen überraschte mich meine Großmutter Catherine, die sich anbot, nach Boston zu kommen, um uns bei der Vorbereitung zum Umzug nach Madison zu helfen. Ich ahnte aber, dass dies nicht nur aus reiner Nächstenliebe geschah, denn auch sie versuchte ständig, mir den Umzug in den Libanon auszureden.

Bei all diesem Umtrieb in unserem Leben nahm ich kaum Notiz, als am 5. Juni 1967 der arabisch-israelische Krieg (Sechstagekrieg) ausbrach. Für mich war das alles weit weg. Michel sprach laufend mit seinem Bruder darüber, da beide natürlich emotional direkt davon betroffen waren. Als ich merkte, wie besorgt Michel war und ich mit ansah, wie er am Fernseher hing und sehr aufgeregt wurde; wie er sich auf nichts anderes mehr konzentrieren konnte, dämmerte mir, dass hier etwas Wichtiges vorging. Ich hatte ein kleines Kind und ein zweites auf dem Weg. Wir waren drauf und dran, in den Nahen Osten zu ziehen, und das künftige Schicksal meiner Kinder lag mir sehr am Herzen. Ich sah, wie die Amerikaner ihre Regierung in den Bemühungen, Israel beizustehen, unterstützten. Gab es einen legitimen Grund für diese Politik? Waren die Araber die Aggressoren, wie die Zeitungen meldeten? Mir schien das, was ich von unparteiischen libanesischen Beobachtern hörte, der offiziellen Meinung in den USA zu widersprechen. Als ich Michel fragte, schlug er mir vor, meine eigenen Forschungen anzustellen, um den Konflikt im Nahen Osten besser zu verstehen.

Ende Mai 1967 drohte der ägyptische Präsident Gamal Abdel Nasser damit, die Straße von Tiran8 zu blockieren, was den israelischen Frachtschiffverkehr erheblich beeinträchtigt hätte. Die Vereinigten Staaten erarbeiteten zusammen mit den Vereinten Nationen einen von Israel und Ägypten annehmbaren Kompromiss. Bevor dieser in Kraft treten konnte, verübte Israel gegen die auf dem Sinai stationierten ägyptischen Truppen einen Präventivschlag. Die Vereinten Nationen forderten einen sofortigen Waffenstillstand, aber Israel führte die Kriegshandlungen fort und eroberte von Syrien die Golanhöhen, von Ägypten den Gazastreifen und von Jordanien Ostjerusalem und das Westjordanland.

Eines Abends während des Sechstagekrieges sagte Michel beim Essen: "Ich habe heute etwas Interessantes erfahren."

"Hat es etwas mit dem Krieg zu tun?" fragte ich.

"Ich untersuchte einen Patienten," antwortete er. "Er fragte mich, woher ich komme. Eins folgte aufs andere und so kamen

---

8   Die Straße von Tiran verläuft zwischen der Südostküste der ägyptischen Sinai-Halbinsel und Saudi-Arabien, wo bei Sharm El-Sheikh der Golf von Akaba ins Rote Meer übergeht. (Übers.)

wir bald auf den Krieg zu sprechen. Er ist Besitzer einer Zeitungskette im Mittleren Westen, deshalb fragte ich ihn, warum die Berichterstattung so einseitig sei, warum die Araber als Angreifer hingestellt würden und nicht die Israelis."

"'Es geht allein ums Geld', erwiderte der Mann. 'Mein Geschäft hängt von der Werbung ab. Wenn ich das schreibe, was ich für die Wahrheit halte, aber damit eine gewisse Gruppe von Lesern vor den Kopf stoße, spricht sich das herum. Bald bekomme ich dann von den Werbeagenturen keine Anzeigen mehr und ich kann es mir nicht mehr leisten, meine Zeitungen zu drucken; ich bin pleite.'"

"Aber das ist politische Erpressung!" sagte ich

"Genau das habe ich ihm gesagt," entgegnete Michel, "aber der Patient zuckte nur mit den Achseln, als wollte er sagen, dass daran nichts zu ändern sei."

"Amerika will eine Demokratie sein. Warum nicht die Wahrheit sagen, auch wenn Israel dabei in einem schlechten Licht dasteht?"

"Weil hierzulande jüdische Bürger mehr Einfluss haben als arabische."

"Selbst wenn es eine große Ungerechtigkeit ist? Wie ist das möglich?" fragte ich. "Gestern haben die Israelis das Schiff USS Liberty der US-Marine angegriffen. Dabei sind vierunddreißig Seeleute ums Leben gekommen. Sie nannten es einen Unfall. Es war ein amerikanischer Aufklärer, der unter amerikanischer Flagge im Mittelmeer kreuzte. Wie konnte das ein Unfall sein? Was ist los mit unserer Regierung? Warum hat sie so Angst davor, Israel zu beschuldigen, wenn es etwas Unrechtes getan hat?"

"Cathy, du hast es gerade gesagt," meinte Michel, "es ist politische Erpressung."

Ich las weiter und stellte mehr Fragen. Es war schon peinlich, wie wenig ich über den Nahen Osten im Allgemeinen und über Israel im Einzelnen wusste. Die meisten unserer amerikanischen Freunde in Boston waren jüdisch, darunter ein Journalist; ich war also von zuverlässigen Informationsquellen umgeben. Als ich den

Grund für Israels Entstehung erfuhr, stimmte ich der UN-Resolution zu, die dem jüdischen Volk nach dem Holocaust das legitime und moralische Recht auf einen eigenen Staat zuerkannte. Weniger klar war mir, warum Hunderttausende von Menschen, die bereits in Palästina lebten, vertrieben werden mussten, um den jüdischen Einwanderern Platz zu machen. Warum gab es, nachdem die Fakten geschaffen waren, keine gegenseitige rechtliche Anerkennung auf Selbstbestimmung und ein menschenwürdiges Leben?

Mir wurde klar, dass der arabisch-israelische Konflikt – das Ergebnis jahrelanger Intoleranz, Engstirnigkeit und verpasster Gelegenheiten – eigentlich einem Familienstreit glich, einmal begonnen und nie endend, nur weil keiner kompromissbereit war.

*M*ichel ahnte nicht, dass ihn dieser Konflikt nach Madison verfolgen würde. Ein paar Tage nach Beginn seines Stipendiums nahm er an einer Tagung teil. Ein Klinikumsarzt, der neben ihm saß, stellte sich vor.
"Woher kommen Sie?" fragte er.

Auf Michels Antwort versetzte der andere: "Ich habe zugesehen, wie eure Araber in Sinai um Wasser gebettelt haben. Natürlich gaben wir ihnen keins. Es machte viel mehr Spass, sie verdursten zu sehen."

Später sagte mir Michel, dass er sprachlos war und nicht wusste, was er tun sollte. Er stand unter Schock. Am liebsten hätte er den Mann zusammengeschlagen, aber ihm war natürlich klar, was für einen Skandal er damit ausgelöst hätte. Stattdessen stand er einfach wortlos auf und verließ den Saal. Nach einiger Zeit fand er heraus, dass dieser Klinikumsarzt jüdischer Amerikaner war, der sich freiwillig im Sechstagekrieg zur israelischen Armee gemeldet hatte. Er und seine Kameraden ließen die ägyptischen Kriegsgefangenen nicht nur in Sinai verdursten, sie wurden auch gezwungen, ihr eigenes Grab zu schaufeln. In dem Buch Body of Secrets enthüllt James Bamford den eigentlichen Grund für den israelischen Angriff auf die USS Liberty: Das Schiff betrieb unter anderem Aufklärung über dieses Massaker. Der Angriff wurde mit F-16 Kampfflugzeugen und Torpedobooten ausgeführt.[9]

*A*m Tage unserer Ankunft in Madison begannen meine Wehen. Am 27. Juni 1968 erblickte meine Tochter Nayla Maria das Licht der Welt. Sie wog etwas unter drei Kilo. 'Nayla' bedeutet Empfänger eines Geschenks.

Nachdem ich mich von der Geburt erholt und, so gut wie es mit zwei kleinen Kindern geht, mir wieder eine Routine zugelegt hatte, erschien mir unsere Wohnung in Madison mit Blick auf den Mendota-See als der ideale Ort, um mich geistig auf Beirut vorzubereiten. Entscheidungen mussten getroffen werden – was zurücklassen oder verkaufen, was nach Beirut schicken? Ich fing an, auf eigene Faust Französisch zu lernen und versuchte, mich mit Michel darin zu üben. In seiner Vorstellung bestand eine Sprachlektion darin, sich ins Bett zu legen und sich vorlesen zu lassen. Wenige Minuten später war er fest eingeschlafen.

Meine Großmutter Catherine blieb noch zwei Monate bei uns, um mir mit Naim und Nayla zu helfen. Sie ließ sich fortwährend über die wunderbaren Vereinigten Staaten aus. "Vergiß nicht, Darling," pflegte sie zu sagen, "du darfst Amerika nicht verlassen. Es ist das herrlichste Land auf Erden." Je mehr sie redete, umsomehr schaltete ich ab. Eines Nachmittags, während die Kinder schliefen, saßen wir bei Tee auf dem Sofa und blickten auf den See.

"Nun, Cathy", forderte sie mich heraus, "bist du immer noch versessen darauf, Amerika zu verlassen?"

"Grandma, ich habe dir schon so oft gesagt, dass ich dieses Land nicht aufgebe. Ich will mir nur frischen Wind um die Nase wehen lassen."

---

9   Siehe: Bamford, James. Body of Secrets. Anatomy of the Ultra-Secret National Security Agency. New York: Doubleday, 2001, 201f.

"Na ja, ich kann mir einfach nicht vorstellen, wie das aussehen soll. Du weißt, dass Amerika sehr gut zu mir gewesen ist. Wer weiß, was passiert wäre, wenn ich in Irland geblieben wäre."

"Du hast Irland aus ganz anderen Gründen verlassen als ich jetzt Amerika verlassen will. Aber jetzt Schluss damit."

"Ich weiß, Darling. Glaub mir, ich weiß, wie schwer es ist. So geht es eben in Familien. Mein Vater war sehr schwierig, an einem Tag betrunken, am nächsten voller Charme. Wenn er nüchtern heimkam, hätte er dir den Mond geschenkt. Wenn er blau war, kam schnurstracks der Gürtel heraus und er prügelte uns, dass uns Hören und Sehen verging. Jesus, Maria und Josef, das waren Zeiten, wo ich mich eine Woche lang nicht hinsetzen konnte. Du siehst also, es war nicht nur die Armut, die mich vertrieben hat. Sicher, Irland ist bildschön und ich liebe es inbrünstig, aber ich bin trotzdem gekommen. Amerika ist wahrlich das Land, wo Milch und Honig fließen, Cathy."

"Schon gut, Grandma, aber mich lockt die weite Welt. Vielleicht komme ich eines Tages zurück, wer weiß?" Dann rutschte ich ganz nahe zu ihr und sprach, die Lippen geschürzt, in übertriebenem Französisch:"Ma chérie, je cherche quelque chose beaucoup plus exotique."[10]

Catherine blickte mich an und drückte ein Auge zu. "Klar, und schon redest du in einer dieser albernen Sprachen. Ich befürchte, du wirst noch viel anderen Unsinn von dir geben, wenn du zurückkommst."

Ich schenkte ihr mehr von dem heißen Tee ein, den sie gern mit Vollmilch und zwei Zuckerstückchen anreicherte. Die duftenden Dampfschwaden, die der bernsteinbraunen Flüssigkeit entstiegen, verbreiteten ein wohliges Gefühl. Grandma lehnte sich zurück und nippte an ihrer Tasse.

"Ahh," sagte sie, "du bist mein einziges Enkelkind, das es versteht, eine anständige Tasse Tee zu machen. Weißt du, Darling,

---

10 Meine Liebe, ich bin auf der Suche nach etwas viel Exotischerem.

ich will dich wirklich nicht gehen lassen, aber ich weiß, du bist genauso dickköpfig, wie ich es damals war, also werde ich jetzt still sein. Ich werde für dich beten, liebe Cathy, und wünsche dir das Allerbeste."

2
Mein geliebtes Beirut

*D*as erste, was mir beim Anflug auf Beirut am 17. Juni 1969 ins Auge fiel, waren kilometerlange weiße Sandstrände, umspült vom türkisfarbenen Meer. Entlang der Corniche* reihten sich Dutzende weißer Marmorgebäude, die in der Spätnachmittagssonne glitzerten wie Perlen auf einer Kette. Mein Herz klopfte vor Aufregung. 'Genau wie ich gewagt hatte es mir vorzustellen,' dachte ich, 'nur noch besser.' Nach der Landung gab es Applaus in der Kabine. Während die Passagiere vor dem Aussteigen ihre Sachen zusammensuchten, wandten sie sich einander zu, Fremde zu Fremden, mit den Worten 'Hamdalah el salame', was mir Michel übersetzte: 'Willkommen zu Hause. Gott sei gedankt für eine sichere Reise.'

"Warum haben sie geklatscht?" fragte ich, "waren sie erleichtert, dass wir nicht abgestürzt sind?"

Ein älterer Herr, der hinter uns saß, hatte uns gehört. "Mais non, Madame, wir klatschen, weil wir froh sind, wieder in unserer geliebten Stadt zu sein."

Noch nie hatte ich solche Wärme, solche joie de vivre erlebt. Bald sollte ich erfahren, dass diese Einstellung für die sanften, aber dennoch so lebensfreudigen Libanesen der Normalzustand war.

In einer so offenherzigen Stadt wie Beirut wurden die Gläubigen sowohl von den Muezzins auf den Minaretten wie auch von den Glocken auf den Kirchtürmen zum Gebet aufgerufen. In meinen ersten Tagen setzte ich mich gerne auf eine Bank am Märtyrerplatz[11] mitten in Beirut, um all den Geräuschen um mich herum zu lauschen: Die dröhnenden Autoradios – manchmal mit französischen Balladen oder leidenschaftlich tiefkehligen arabischen Weisen – und die Leute um mich herum, die Französisch, Arabisch oder Englisch mit Akzent sprachen. Wenn ich die Augen schloss, hörte ich das Hupen der Autos, das Pfeifen der Flugzeuge, das Rauschen der Palmwedel in der Meeresbrise und das Flattern der Tauben, wenn sie auf dem ausgestreckten Arm der bronzenen Märtyrerstatue landeten. In einem Straßenrestaurant gegenüber schrien sich die Köche an, eilende Kellner räumten klappernd die Teller von den Tischen, und die Taxifahrer riefen, einer uralten Tradition folgend, von ihren Ständen am Rande des Platzes ihre Fahrtziele aus.

Gleich einem ungeduldigen Kind konnte ich es nicht erwarten, bis ich das erste Mal an einem freien Nachmittag in einem der Straßencafés auf der Hamra-Straße[12] unter freiem Himmel eine leichte Mahlzeit bestellen durfte. Danach bummelte ich an den dicht aneinandergereihten Geschäften vorbei und betrat die Buchhandlung The Last Word, um mir die neuesten amerikanischen Bestseller zu sichern. Eine Straße weiter besuchte ich My Fair Lady. In diesem vornehmen Geschäft wollte ich die Cacharel-Seidenkleider, die Kaschmirpullover, die modischen Wollkostüme nur befühlen, bevor ich den Laden ohne etwas zu kaufen wieder verließ. Ich freute mich auf den Tag, an dem ich mir tatsächlich eine dieser Pariser Schöpfungen leisten könnte.

---

11 Im Jahr 1916 wurde ein öffentlicher Park im Herzen Beiruts im Andenken an libanesische Nationalisten, die von den Osmanen hingerichtet worden waren, in Märtyrerplatz umbenannt. 1950 wurde in seiner Mitte zusätzlich eine Gedenkstatue errichtet.
12 Hauptgeschäftsstraße im gleichnamigen Zentrum Beiruts. (Übers.)

Nirgends drückt sich die feine libanesische Lebensart besser aus als in den Kaffeeritualen. Zu jeder Gelegenheit, selbst bei Kondolenzbesuchen, wird Kaffee gereicht. Nachdem ich den Trauernden Gastgebern 'Awat bi Salamtek' (Möge Gott Sie gesund erhalten) gewünscht hatte, setzte ich mich zu den Frauen der Familie. Ein Nachbar oder eine bezahlte Dienstkraft ging von Person zu Person, um Kaffee anzubieten. Vorsichtig hob ich die Mokkatasse mit dem dicken türkischen Gebräu vom Silbertablett und neigte mich zu meiner Nachbarin mit den Worten 'Allah Yer Hamou' (Möge sie/er in Frieden ruhen).

Oft ging ich bei meinen morgendlichen Besorgungen bei einer Freundin vorbei. Der Kaffee war nur ein Vorwand, der wahre Grund war das Vergnügen ihrer Gesellschaft. Leute, die ich kaum kannte, luden mich in ihre Wohnung ein und bestanden mit einer Selbstverständlichkeit, als gehörte ich zur Familie, darauf, dass ich zum Essen bleibe. Nach der üblichen höflichen Ablehnung musste ich aber zumindest den türkischen Kaffee mit ihnen einnehmen. Wie viele Libanesen ließ auch ich mir meine Kleider in einem Schneiderbetrieb anfertigen. Jeden Frühling und Herbst pflegte ich den Brüdern Kassatly, einem Tuchladen im Souk Tawili, einen Besuch abzustatten. An einem langen Tisch wurde mir ein Platz angewiesen und Kaffee serviert, während der Ladenbesitzer seinem Angestellten befahl, einen Stoffballen nach dem andern zu meiner Begutachtung auszurollen – feine Seide, Wolle oder Leinen.

Meine Kochleidenschaft zog mich unwiderstehlich zu Beiruts Straßenmärkten. Im einfachen Sommerkleid und mit festen Schuhen, zwei große Plastik-Einkaufstüten in der Hand, durchkreuzte ich im Zickzack auf zweitausend Jahre alten Pflastersteinen die Gassen dreier Straßenblöcke, von Stand zu Stand, gerade wie in Boston. Aber das war auch schon das einzige, was die beiden Märkte gemeinsam hatten. Im Gegensatz zu Boston kam es mir in Beirut vor allem darauf an, den Gesprächen zwischen Kunden und Verkäufern zu lauschen, um zu lernen, wie man auf Arabisch über den Preis von einem Kilo Tomaten oder Fisch verhandelt. Ich entdeckte fremdartige Früchte, die ich nie vorher gesehen hatte, wie karminrote Granatäpfel, gelbe Quitten, braunorangene Persimmons, stachelige Birnen und gelbe, schrumpelhäutige Pomelos so groß wie Pampelmusen. Fliegende Straßenhändler, die in den engen Sträßchen ihre überladenen Karren durch das Gedränge bugsierten, feilschten mit Hausfrauen und Dienstmädchen um den Preis von Auberginen, Zucchini, grüne Baby-Okra, Tomaten, Zitronen oder grüne Bohnen.

Mein Gang durch die Souks war ein einziges Geruchserlebnis. Gerade noch den verführerischen Duft von Fladenbrot in der Nase, mit Thymian bestreut und mit Olivenöl beträufelt, überfiel mich der beißende Geruch von Desinfektionsmittel, mit dem der Metzger nebenan einen übriggebliebenen Tierkadaver übergoss. Das würzige Aroma von Dunhill-Pfeifentabak, von Kuba-Zigarren und frischgerösteten Kaffeebohnen lockte mich in die nächste Gasse. Doch gerade wie ich um die Ecke bog, überfiel mich der Gestank eines Eselfladens, durchsetzt mit Urin. In einer anderen Gasse lief mir beim Geruch von gebratenen Grillhähnchen mit Knoblauchmayonnaise das Wasser im Munde zusammen. Jedoch nur ein paar Schritte weiter verging mir beim Anblick eines Berges von verfaultem Obst und verwelktem Gemüse wieder jeglicher Appetit.

Obwohl ich von Beirut begeistert war, dauerte es eine Weile, bis ich Zeit fand, mich in die Geschichte der Stadt einzulesen. Als ich endlich so weit war, begann ich zu verstehen, warum ich mich in diese Stadt verliebt habe. Beirut ist mindestens fünftausend Jahre alt. Durch die selben uralten Souks und dunklen Gassen soll im Jahre 48 v.u.Z. schon Kleopatra gewandelt sein. Ich folgte ihren Spuren, während die wärmende Sonne mit den Schatten spielte, von hell nach dunkel, von dunkel nach hell, eine Minute heiß, die nächste so kühl, dass ich auf den Armen Gänsehaut bekam. Wo es vor uralten Zeiten nach Zedernholz und Moschus gerochen hatte, nach Weihrauch und Myrrhe, fiel es nicht schwer, das Bild von Frauen heraufzubeschwören, die den Preis von Goldschmuck oder Bronzegeräten herunterhandelten. Hier verkauften die Phönizier ihre Töpferwaren und kostbaren Purpurfarbstoffe an Perser, Babylonier und Griechen. Ganz am anderen Ende des Souk tauchte im hellen Sonnenlicht ein hübscher Blumenladen auf, gebadet in fröhlichen, frechen Farben: rote Gladiolen, rosa Nelken, gelbe Osterglocken, Gardenien, Rosen, und orangene Tigerlilien. Der Besitzer sprach astreines Englisch. Neugierig geworden, erkundigte ich mich, wie lange sein Laden hier schon steht.

"Schon immer," antwortete er. "Seit über hundert Jahren verkauft meine Familie hier an dieser Ecke Blumen."

Ajami, Beiruts Spitzenrestaurant, lehnte sich an die Rückwand des Souk Tawili. Wer in diesem beliebten Lokal einen Tisch bekommen wollte, musste sich der langen Warteschlange anschließen, die sich bis auf die Straße ergoss. Niemand regte sich darüber auf. Die Vorfreude darauf, die Zähne in einen petersilie-, zimt- und pimentgewürzten, in Hummus getauchten Fleischkabob zu senken, oder in saftiges, mariniertes Lammfleisch, in warmes Fladenbrot gehüllt mit Tahini-, Knoblauch- und Zitronensoße, war das Warten wert. Eine andere Spezialität von Beirut war an frühen Winterabenden der süßliche Duft von gerösteten Maroni, die dutzendweise in die Zeitung des Vortages eingewickelt waren. Ich brauchte nur die heißen, schon halb geöffneten Schalen abzuziehen, während Michel und ich Arm in Arm auf der Corniche flanierten.

In der Römerzeit besaß Beirut die bedeutendste Schule für Römisches Recht, bis die Stadt – damals 'Berytus' genannt – im Jahre 551 u.Z. durch ein Erdbeben größtenteils zerstört wurde. Ich war von dem wandelbaren Namen der Stadt fasziniert. Oft saß ich auf der Terrasse, blickte über die Stadt und sprach ihn mir vor: 'Beryte', 'Berytus', 'Beyrouth', 'Beirut', als ließe ich alle Namen meines neuen Liebhabers von der Zunge rollen.

Als Fremde, die von ihrer Liebhaberstadt verzaubert war, ließ ich mich anfangs leicht von ihrer exotischeren Seite ablenken.

1969 stand die Stadt auf dem Zenit ihres Ruhms. 'Sie befinden sich im Paris des Nahen Ostens,' wurde mir gesagt. Und wahrhaftig, die schicken Hotels, die feinen Restaurants und Nachtklubs, die weißen Strände konnten denen an der französischen oder italienischen Riviera jederzeit das Wasser reichen. Aber die Stadt hatte auch ihre hässliche Seite, die ich schon bei unserer Ankunft bemerkte: Entlang der Zubringerstraße vom Flughafen ins Zentrum erkannte ich Wellblechbaracken hinter Stacheldraht. Es waren die palästinensischen Flüchtlingslager Sabra und Shatila, wo sich der unentsorgte Müll in den Gossen auftürmte. In immer größeren Zahlen trafen hier schiitische Muslims aus dem Süden Libanons ein, wo ihre Dörfer systematisch von der israelischen Armee zerstört wurden. Sie suchten in den Slums auf Beiruts Südseite Zuflucht, einer Gegend, die ich auf den Rat von Freunden hin vermeiden sollte. Die libanesischen Sunni-Muslims der Oberklasse, die in den trendigen Hamra-Cafés mit reichen Christen handelten, rümpften die Nase über die armen Schiiten, die die weggeworfenen Zigarettenstummel auflasen und die Tische abräumten. In den Privatschulen lernten die libanesischen Kinder Arabisch, Französisch und Englisch. Die Lesekompetenz unter Libanesen liegt immerhin bei achtundachtzig Prozent. Die Flüchtlingskinder dagegen, die in den Hinterhöfen und Gassen der Slums, in den mit Resten von überschüssigen Baumaterialien zusammengeflickten Zementblockhäuschen wohnten, erhielten in den UN-finanzierten Schulen lediglich Arabischunterricht.

Von 1969 bis 1975 wohnte ich friedlich mit meiner Familie in einer hübschen Dachgeschosswohnung an der Badaro-Straße. Von dem blumengefüllten Balkon, der sich fast um die ganze Wohnung wand, hatte man einen atemberaubenden Blick über die Stadt. Nachts genoss ich den sternenübersäten Mittelmeerhimmel mit dem Mond, der über den Metn-Bergen aufging, und die sommerliche Brise, gewürzt mit betörendem Jasminduft.

Eines Abends im späten März 1975 saß ich allein auf der Terrasse. Die Kinder schliefen schon und Michel war gerade zu Bett gegangen. Ich wollte noch ein bisschen draußen bleiben und nippte an meinem Wein. Die Stille dieser herrlichen Nacht tat mir gut. Heimlich gratulierte ich der jungen Frau, die in den sechs Jahren, seit wir die USA verlassen hatten, so einiges geschafft hatte. Trotzdem befiel mich große Unruhe. Selbst wenn ich mir vormachen wollte, dass irgendetwas geschehen würde, um das Kommende zu verhindern, konnte ich nicht länger die Augen davor verschließen, dass meine geliebte Stadt – und damit möglicherweise mein ganzes Leben – dem Abgrund entgegensteuerte. Der Grund meiner Sorge waren die Nachrichten über Aufruhr und Massendemonstrationen. Zehntausende von Flüchtlingen strömten in die Stadt, die Arbeitslosigkeit schnellte in die Höhe. Israel bombardierte regelmäßig palästinensische Ziele im Libanon, und der libanesische Präsident Sleiman Frangie hatte gerade eine provokative Ansprache vor den Vereinten Nationen gehalten.

Am Nachmittag des 13. April, ein Sonntag, kam meine Schwägerin Andrée bei uns vorbei. Sie hatte gerade Ghassan Tueni besucht, den Eigentümer der größten arabischsprachigen Zeitung des Libanon An Nahar. Sie erzählte uns von einem ernsten Zwischenfall und warnte uns, dass er sich in eine böse Katastrophe ausweiten könnte.

Pierre Gemayel, Anführer der christlichen Kata'ib-Partei, sollte am Morgen des gleichen Tages an einem Festakt zur Weihe einer neuen Kirche in Ain el Ramanneh teilnehmen, einem Stadtviertel direkt südlich von uns. Gerade als er in die Kirche eintreten wollte, wurde aus einem vorbeifahrenden Auto auf ihn geschossen. Zwei seiner Leibwächter kamen ums Leben, aber Gemayel blieb unverletzt. Nach dem Attentat wurden Angehörige der Kata'ib-Miliz beordert, die umliegenden Straßen zu patrouillieren, um weitere Anschläge zu verhindern. Am gleichen Nachmittag fuhr ein Bus voller Palästinenser durch die Straße, die an der Kirche vorbei führte und von der aus auf Gemayel geschossen wurde. Normalerweise wären die Palästinenser nicht durch dieses christliche Viertel gefahren, sondern über eine große Hauptstraße, die nur wenig entfernt durch die muslimische Enklave Chyah führte. Kata'ib-Milizionäre eröffneten Feuer auf den Bus und töteten siebenundzwanzig Passagiere; neunzehn weitere wurden verletzt. Die Palästinenser beschuldigten Kata'ib, zuerst geschossen zu haben, während die Christen behaupteten, die Palästinenser hätten angefangen. Im Versuch, eine weitere Eskalation zu verhindern, übergab die Kata'ib-Partei die zwei für das Massaker verantwortlichen Schützen der libanesischen Regierung. Allerdings blieb diese Geste erfolglos. In den folgenden Wochentagen häuften sich in den benachbarten Straßen die Zusammenstöße zwischen Christen und Muslims. Kleine Jungen mit M-16 Maschinengewehren postierten sich hinter flüchtig aufgeworfenen Barrikaden und begannen, auf ihre früheren Freunde zu schießen, die jetzt plötzlich der feindlichen Miliz angehörten. Von den Dächern zielten Heckenschützen aus beiden Lagern mit kaltblütiger Willkürlichkeit auf unschuldige Männer und Frauen, als veranstalteten sie Schießübungen auf Zaunpfähle. Von diesem Sonntag an zerrissen Machinengewehrsalven am Ende unserer Straße die paradiesische Stille unserer Nächte.

Meine friedliche, baumgesäumte Straße war eine tödliche Territoriumsgrenze geworden – die berüchtigte Green Line.

3
Lektionen aus dem Bürgerkrieg

Offenbar hatte ich aus meiner ersten Beschäftigung mit Israels Sechstagekrieg im Juni 1967 nichts über die Nahostpolitik gelernt, denn schon sechs Wochen vor dem massiven syrischen Angriff, dem auch meine Küchenschürze zum Opfer fiel, ignorierte ich die Warnung.

Michel und ich waren zu einer Dinnerparty im Hause des Oberst Elie Hayel eingeladen. Zu Gast war auch der Militärattaché der amerikanischen Botschaft, dem wir am Tisch gegenüber saßen. Was mir in Erinnerung blieb, ist nicht das, was er beim Essen plauderte, sondern was er uns beim Kaffee mitteilte. Er wurde auf einmal ganz ernst, lehnte sich quer über den Tisch zu Michel und mir und sagte: "Es gibt etwas, was Sie wissen sollten."

Verdutzt und vielleicht ein bisschen amüsiert über seine plötzlich so düstere Miene fragte ich: "Und das wäre?"

"In ungefähr eineinhalb Monaten werden die Syrer das christliche Ostbeirut angreifen."

Ich lachte nervös. "Was meinen Sie?" fragte ich. "Wie können Sie so etwas wissen?"

Der höfliche Armeeoffizier, der uns bis dahin mit Geschichten aus seiner Kindheit in Greensboro, North Carolina unterhalten hatte, lächelte nicht zurück. "Die Syrer glauben, dass die Christen das Hindernis zu einer friedlichen Lösung dieses Bürgerkrieges sind," sagte er. "Man will ihnen eine Lektion erteilen."

Als er sah, wie ich immer noch süffisant lächelte und ungläubig die Augenbrauen hochzog, wurde er verärgert. "Alles was ich Ihnen sage, ist wahr," fügte er hinzu. Er bat mich dringend, mit meiner Familie das Land oder zumindest die Stadt für den Sommer zu verlassen. Ich blieb höflich genug, um ihm nichts zu erwidern; innerlich aber schlug ich seinen Rat unbekümmert in den Wind. Selbst wenn die Syrer eine solche Attacke planten, wie kann die amerikanische Regierung das wissen, ohne etwas dagegen zu unternehmen?

Am ersten Wochenende im Juli 1978 – der Bürgerkrieg dauerte schon drei Jahre – hatte Michel ausnahmsweise einen freien Samstag. Er war seine Mutter besuchen gegangen, die im Stadtteil Achrafieh wohnte, ungefähr eineinhalb Kilometer entfernt, hatte uns aber versprochen, bis Mittag zurück zu sein, um mit uns am Strand Picknick zu machen. Es war genau eine Woche nach Naylas zehntem Geburtstag, den wir mit einer großen Party gefeiert hatten. Kurz vor Mittag klingelte Michel an und teilte uns mit, dass seine Mutter, wie schon oft, darauf bestand, ihn zum Mittagessen dazubehalten.

Es überraschte mich, dass es den Kindern nichts ausmachte, zu Hause zu bleiben, statt ans Meer zu gehen. Sie wollten lieber gleich essen, pflanzten sich vor dem Kühlschrank auf und bettelten: "Wir haben Hunger, Mommy, komm gib uns was zu essen!" Gnadenlos begannen sie, mich zu bedrängen, weil ich, enttäuscht von Michels Absage, nur zögernd reagierte. Aber das Strandpicknick war schon vorbereitet. Nayla und Naim halfen mir, das Geschirr auf den Balkon zu tragen. Inzwischen wickelte ich die Spargelquiche und die Leberpastete aus, zog die aufgewärmte Baguette aus dem Ofen, und wir setzten uns zum Essen. Bald hatte ich meinen Ärger wegen Michels Mutter vergessen und wir genossen den ruhigen Nachmittag. Die Stille war so angenehm, so entspannend, dass ich in die Küche zurückging, die Schürze abnahm und an ihren Haken hinter der Tür hängte, mir ein Glas Rotwein einschenkte und wieder hinaus ging. Es war, als hätte die gesamte Bevölkerung von Beirut, alle eineinhalb Millionen, uns den Gefallen getan, die Stadt völlig uns zu überlassen.

Ich erkannte das Geräusch sofort. Das Weinglas glitt mir aus den Fingern und zerschellte auf dem Boden. Bevor die erste Rakete eineinhalb Minuten später in unserer Nähe einschlug, waren die Kinder und ich schon wieder drinnen. Nach drei Jahren Krieg wusste ich haargenau, was ich zu tun hatte. Aus dem Schlafzimmerschrank holte ich die schwarzlederne Aktentasche, in der wir unsere Pässe aufbewahrten, Michels Diplomurkunde, seine anderen amerikanischen Unidiplome, unsere libanesischen Personalausweise, Schmuck und Geldscheinbündel. Dann verpackte ich alles Essen aus dem Kühlschrank und wir rannten runter ins erste Stockwerk, wo Michel seine Praxis hatte, und verschanzten uns, gerade als die ersten Granaten einschlugen. Naim und Nayla waren auch vorbereitet und hatten Taschen mit Büchern und Spielen vollgestopft.

Als die Kinder und ich die Treppe hinunter eilten, hörte ich Michel atemlos heraufhasten. Von der Wohnung seiner Mutter aus hatte er unser Gebäude von den explodierenden Raketen in solch dicken grauen Rauch eingehüllt gesehen, dass er sofort nach unten zu seinem Auto gestürmt war. Ich konnte aus dem Rhythmus seiner Schritte auf der steinernen Treppe entnehmen, dass er zwei Stufen auf einmal nahm. Irgendwo zwischen dem vierten und fünften Stockwerk trafen wir zusammen. Er drehte um, nahm die Kinder an die Hand und führte sie schnell mit ihren Trippelschritten nach unten zu seiner Praxis. Ich ließ mir nun mehr Zeit, denn meine chronischen Knieschmerzen machten mir zu schaffen und wurden fast unerträglich.

Eine Granate explodierte. Ich konnte nicht ausmachen, ob sie unser Gebäude getroffen hatte, aber das Treppengeländer zitterte. Ich stolperte und schlug mit der Schulter hart gegen die Wand.

Vor lauter Angst vergaß ich meine Knieschmerzen und bevor ich es merkte, stand ich unten hinter Michel.

Er schaute mich ungläubig an. "Wie hast du das geschafft? Tun dir die Knie nicht weh?"

"Jetzt schon," sagte ich lachend.

Als der Krieg anfing, lagerte ich vier Matratzen, Decken, Kissen und Bettlaken in einem unbenutzten Wandschrank in Michels Praxis. In einen leeren Nebenraum mit Waschbecken und Theke stellte ich einen kleinen Herd und Kühlschrank und vergaß nicht die nötigsten Kochutensilien.

Außerdem schleppten wir über zwei Dutzend französische Comicbücher nach unten: Tintin, Asterix, Chick Bill, Corto Maltèse, alle fest gebunden, wie man sie nur in Europa und dem Nahen Osten erhält. In unserer Wohnung oben reihten sich in der Diele auf einem Bücherregal, das vom Boden bis an die Decke reichte, an die fünfhundert solcher Bände, nach Serien geordnet. Sobald wir die Matratzen auf dem Boden ausgebreitet hatten, legten wir die Bücher stapelweise daneben, so dass wir alle sie erreichen konnten, egal welches – wir kannten ja schon alle Geschichten in- und auswendig.

Am Morgen des vierten Tages, als die Syrer einem Waffenstillstand zustimmten, konnten wir aus Michels Praxis wieder ausziehen. Während des Treppensteigens zur siebten Etage schöpfte ich beim Anblick des anbrechenden Tages durch die zersprungenen Fensterscheiben auf jedem Treppenabsatz neue Hoffnung.

Beim Eintreten in unsere Küche entdeckte ich das Loch in der Schürze. Auf dem Balkontisch schwirrte eine Wolke von Wespen und Fliegen um die verdorbenen Reste unseres überstürzt unterbrochenen Picknicks. In den Blumentöpfen und -kästen, die sich entlang dem Balkongeländer auf fünfundzwanzig Metern um die Wohnung ringten, fand Michel zahlreiche Granatsplitter und Schrapnellstücke von den explodierten Raketen.

Unsere Nachbarin von nebenan war bei dem dreitägigen Granatenhagel ums Leben gekommen. Mrs. Rayes pflegte morgens, wenn ich im Kinderzimmer die orangebraunen Vorhänge zurückzog und auf das gegenüberliegende Fenster blickte, auf ihrer Bettkante zu sitzen. Dann erblickte sie mich, lächelte und winkte auf ihre besondere Weise. Dieses Ritual wiederholte sich seit fünf Jahren. Langsam hatte ich den Eindruck bekommen, dass sie absichtlich auf ihrem Bett wartete, nur damit wir uns zuwinken konnten, wenn ich am Kinderzimmerfenster erschien. Ich betete, dass sie keine Schmerzen litt, als die Explosion ihre Wohnung zerstörte. Wenn ich nun aus dem Fenster blickte, sah ich nur ein zerfetztes Stück Gardine im Wind flattern, als winkte es mir.

Beim gleichen Angriff fiel eine Sprenggranate durch das Dach einer malerischen alten Villa gerade gegenüber von unserer Wohnung. Sie höhlte alle drei Stockwerke aus. Von den roten Dachziegeln stürzten die meisten auf die Badaro-Straße. Es schien, als ob die noch stehende Fassade sich nicht recht entscheiden konnte, ob sie zusammenfallen sollte oder nicht. Die grünen Fensterläden baumelten schief in den Angeln, die Balkone hingen herunter wie eingestürzte Fußbrücken. Nach Wochen und Monaten stand die Ruine immer noch. Ich hätte schwören können, dass die vordere Fassade immer mehr einem Gesicht glich. Die zwei runden, scheibenlosen Fenster zur Rechten und Linken des oberen Treppenhauses waren die Augen. Dann ereignete sich etwas Erstaunliches. Schon nach wenigen Wochen bemerkte ich, wie vor dem Haus unter den schweren Steintrümmern, die den Garten unter sich begraben hatten, ein oder zwei Pflanzenstengel mit hellgrünen Blättchen hervorlugten. Jeden Tag standen sie ein bisschen höher, bis eine ganze Reihe von jungen Jasmintrieben sich in den schwarzen Gitterzaun zur Straße eingeflochten hatte und weiter empor strebte.

Während des syrischen Angriffs hatte ich die Warnung des Militärattachés, die Stadt zu verlassen, völlig vergessen. Nun, als ich unser Viertel mit all der Zerstörung überblickte, kamen mir seine Worte zurück. Ich drehte mich zu Michel. "Wann war das wieder, das Abendessen mit dem Attaché?"

Er schloss die Augen und dachte nach. "Vor sechs Wochen ungefähr."

Wir sahen uns gegenseitig an und nickten im Einverständnis. Wir waren nichts als Bauern im Schachspiel des Nahen Ostens. Es gab noch so viel zu lernen zur Geschichte dieses Konflikts, zum politischen Hintergrund des Bürgerkriegs und dem seiner Anführer.

Im Jahr 1970 wurden Yasser Arafat und seine Palästinensische Befreiungsorganisation (PLO) von König Hussein aus Jordanien ausgewiesen, weil sie von jordanischem Boden aus Angriffe auf Israel verübten. Hussein befürchtete israelische Gegenangriffe, die sein Land zerstören könnten. So verlegte Arafat sein Hauptquartier nach Beirut, in die Sabra- und Shatila-Flüchtlingslager.

Die Stadt hat sich nie davon erholt.

Schon seit 1968 litten die schiitischen Muslims im völlig verarmten Südlibanon unter der PLO-Präsenz in ihren Dörfern. Von dort aus nämlich verübten die Palästinenser Angriffe auf Israel. In Vergeltungsschlägen zerstörten die Israelis Anpflanzungen, Häuser und manchmal ganze Dörfer. Nach israelischem Standpunkt wurden die Einheimischen dafür bestraft, PLO-Kämpfer auf ihr Gebiet zu lassen. Wollten sie weitere Repressalien seitens der Israelis vermeiden, mussten sie die PLO-Kämpfer ausweisen. Doch ohne Unterstützung und ohne Waffen konnten die Dörfler gegen die schwerbewaffneten PLO-Guerillas nichts ausrichten.[13]

Die libanesische Regierung war nicht in der Lage, ihnen zu helfen. Unter der Devise, dass eine neutrale libanesische Armee weder für Israel noch für Syrien eine Bedrohung darstellt, hielt sie sich aus allen Regionalkonflikten heraus. Die Palästinenser ihrerseits betrachteten den Kampf gegen Israel als ihre heilige Pflicht, denn Israel hatte sie ihres Landes beraubt.

---

13   Siehe: Fisk, Robert. Pity the Nation. The Abduction of Lebanon. New York: Atheneum, 1990, 74.

1971 beschnitt Präsident Frangie die Befugnisse des Deuxième Bureau, Libanons Gegenstück zum amerikanischen FBI. Gerüchten zufolge konnten sich Frangie und der Vorsitzende des Bureau, Johnnie Abdou, gegenseitig nicht ausstehen. Frangie wollte Abdou entmachten. Dieser persönliche Racheakt hätte zu keiner schlimmeren Zeit kommen können. Ein Geheimdienst, dem die Flügel gestutzt wurden, hatte nicht die Mittel, die immer weiter fortschreitende Aufrüstung der Palästinenser in Beirut zu überwachen.

Die Folgen für das Land waren fatal.

Im April 1973 schlichen sich Mitglieder eines israelischen Geheimkommandos in ein dicht bevölkertes Viertel im nordwestlichen Stadtteil Hamra, ermordeten drei prominente palästinensische Anführer und entkamen. Mir erschien dies nur als eines der häufigen palästinensisch-israelischen Scharmützel, aber die arabischen Regierungen waren nicht gewillt, diesen Anschlag auf ihre Sunni-Religionsgefährten so leichtfertig hinzunehmen.

Im Mai ließ Präsident Frangie die Sabra und Schatila Flüchtlingslager durch sechs Kampfflugzeuge bombardieren. Die libanesische Regierung hatte es satt, die israelischen Einfälle und die darauffolgenden palästinensischen Vergeltungsaktionen weiterhin tatenlos mit anzusehen. Libanon fühlte sich durch die Führung der Palästinenser, die sich in den Flüchtlingslagern benahm, als seien diese ihr eigener souveräner Staat, brüskiert. Doch die Palästinenser weigerten sich, die libanesische Polizei in die Lager zu lassen, selbst wenn es um Verhaftungen nach Straftaten ging, wo sie dann lieber ihre eigene Form von 'Recht und Ordnung' hochhielten. Der Bombenangriff galt als Warnung an Arafat und die anderen PLO-Anführer, die Geduld der Libanesen nicht zu überziehen. Nach diesem Zwischenfall schien die Stadt wieder zum gewohnten Alltag zurückzukehren. Wir schlossen daraus, die Palästinenser hätten begonnen, mit den libanesischen Behörden zusammenzuarbeiten.

Es war an einem Freitagnachmittag Anfang Dezember 1974. Meine Kinder und ich befanden uns auf dem Weg zu einer Geburtstagsfeier in Westbeirut, als wir mitten in einen israelischen Bombenangriff hineinfuhren. Wenn Naim und Nayla in unser Auto stiegen, kletterten sie normalerweise nach hinten. Obwohl unser VW-Käfer damals noch keine Sicherheitsgurte hatte, glaubte ich die Kinder auf der engen Rückbank vor dem ziemlich kleinen Rückfenster in einiger Sicherheit. Ich brauchte nie Angst zu haben, dass sie aus dem Auto fallen oder von bewaffneten Kämpfern herausgezerrt werden könnten. Jedesmal wenn sie sich auf dem Rücksitz einrichteten, folgten die kleinen Räuber einem Ritual: Sie knieten sich nach hinten gewendet auf das Polster und untersuchten den kleinen Stauraum zwischen Lehne und Rückfenster, wohin ich meine unbezahlten Strafzettel für rechtswidriges Parken geworfen hatte. Das Spiel bestand darin, nachzuzählen, wieviele neue Strafzettel sich seit dem letzten Mal angesammelt hatten und dann mich damit zu quälen, dass sie es Poppy erzählen würden.

Als wir das Ende der Badaro-Straße erreicht hatten, umfuhren wir den halben Teyouneh-Kreisel und nahmen westlichen Kurs in Richtung Meer. Ich weiß nicht mehr, wie dieser Boulevard hieß. Niemand in Beirut macht sich die Mühe, Straßennamen zu merken, mit Ausnahme der großen Arterien wie die Damaskus- oder Badaro-Straße, oder die Corniche Mazra. Wenn ich Freunden den Weg zu unserer Wohnung erklären wollte, sagte ich ihnen, sie sollten auf der Damaskus-Straße zwei Straßen nach dem Nationalmuseum beim Buick-Autohändler rechts abbiegen, dann auf der linken Seite nach den Boutiquen Colifichet und Lunettes Ausschau halten, links abbiegen und den Wagen parken.

Beirut war an jenem Tag ruhig. Deshalb dachte ich mir nichts dabei, den üblichen Weg um die Flüchtlingslager Sabra und Schatila zu nehmen. Kurz bevor der Boulevard die Lager erreichte, führte er durch einen Hain von Schirmpinien, die in diesen Breiten des Mittelmeeres einheimisch sind. Sie standen auch auf dem Mittelstreifen; mit ihrem struppigen dunklen Geäst sahen sie aus wie verkohlte Reste eines Waldbrandes. Als wir uns der letzten Kreuzung direkt vor dem Lagereingang näherten, hörte ich plötzlich wiederholtes schrilles Pfeifen, gefolgt von gewaltigem Krachen. Mit dem Kopf nach vorne gegen die Windschutzscheibe gedrückt, konnte ich am Himmel drei Jagdflugzeuge erkennen, die das Lager bombardierten. Es waren israelische Maschinen. Sie unterschieden sich deutlich von den libanesischen, die das Lager eineinhalb Jahre früher angegriffen hatten.

Ich legte sofort den Rückwärtsgang ein, wendete über den Mittelstreifen und raste mit Vollgas zurück nach Hause. Vor unserem Gebäude parkte ich den Wagen mehr schlecht als recht und wir rannten schnell hinein. Sobald ich die Tür zu Michels Praxis öffnete, überfiel er mich mit der Frage: "Hast du die Flugzeuge gesehen?"

"Was heißt, 'Hast du die Flugzeuge gesehen?'" gab ich zurück. "Wir wurden beinahe von einer Bombe getroffen! Deshalb sind wir wieder hier und nicht auf der Geburtstagsfeier."

Michel schien mich nicht gehört zu haben. Er klang wie ein kleiner Junge, der davon fasziniert war, wie Jagdflugzeuge im Tiefflug über seine Stadt brausten. Dagegen war ich eine Frau mit zwei kleinen Kindern, die dieselben Flugzeuge vor ihrer Nase gesehen hatte und beinahe von ihren Bomben getroffen wurde. Ich warf die Hände in die Luft. "Michel, wir wären beinahe umgekommen!" Er ließ seinen Satz unvollendet und kam kleinlaut auf uns zu. Dann wollte er uns in die Arme nehmen, doch ich entzog mich ihm. "Wie kannst du nur so gefühllos sein?"

"Tut mir leid," sagte er.

"Was haben die Palästinenser in Beirut verloren, unser Leben derart auf den Kopf zu stellen?" fragte ich. "Klar, sie tun mir leid, aber mein Gott, heißt das, dass die Kinder und ich auch sterben müssen, wenn die Israelis kommen, um sie auszubomben?"

Michel brachte mich mitten in meiner zornigen Tirade zum Verstummen, indem er jenes arabische Allerweltswort 'Wallouw' einwarf, das so etwas bedeutet wie: 'Wie kannst du nur so etwas sagen?'

"Du übertreibst wirklich," meinte er.

"Das stimmt nicht," warf ich ein. "Die Kinder und ich sind da unten knapp dem Tod entronnen, und das macht mich wütend."

"Beruhige dich, Cathy. Es tut mir leid, dich geärgert zu haben, aber in Wirklichkeit bist du auf Arafat und seine PLO böse. Ich bin nicht Arafat."

Es gab tasächlich einen Unterschied zwischen Arafat mit seiner PLO und den armen Palästinensern, die entweder Sunni-Muslims oder Christen sind. Ich stieß einen tiefen Seufzer aus und sagte: "Du hast Recht. 'Tschuldigung."

Im Mai 1974 hielt der libanesische Präsident Frangie vor den Vereinten Nationen im Namen der aus neunzehn Mitgliedern bestehenden Arabischen Liga eine Ansprache. Er plädierte für die Wiedereinsetzung der Völkerrechte für die Palästinenser. Dann stellte er Yasser Arafat der Generalversammlung vor. Ich erinnere mich, wie geschickt es Frangie verstand, die Gegensätze zwischen der libanesischen Regierung und den Palästinensern aus dem Weg zu räumen und das Klima des gegenseitigen Misstrauens zu verbessern. Oder vielleicht versuchte er nur, die überwiegend sunnitische Welt des Islam, die das übermäßig harte Vorgehen der maronitischen Christen gegen die Palästinenser kritisierte, zu beschwichtigen. Im Anschluss an Präsident Frangies Rede, in der er mit den Israelis für ihre Behandlung der Palästinenser schwer ins Gericht ging, trat Arafat mit versöhnlichen Worten an das Rednerpult. Fragte ich heute willkürlich fünfzig Leute auf irgendeiner Straße in Beirut, würden drei Viertel von ihnen vorgeben, dass Frangies Verurteilung Israels einer der Funken war, die den libanesischen Bürgerkrieg entfachten. Bevor Mac Godley, damals amerikanischer Botschafter in Beirut, in die USA und zu den Vereinten Nationen aufbrach, besuchte er Frangie in seinem Präsidentenpalast. Gerüchten zufolge soll er Frangie angefleht haben, die Ansprache nicht zu halten, aber der Präsident ließ sich nicht abbringen. Als Frangies Maschine in New York landete, setzte die Drogenpolizei an drei Kontrollpunkten Schnüffelhunde ein, um das Begleitpersonal und sein Gepäck auf Haschisch zu untersuchen.14 Frangie akzeptierte Präsident Fords mündliche Entschuldigung nicht und machte die Rückkehr des amerikanischen Botschafters nach Beirut von einer formalen schriftlichen Entschuldigung abhängig. Seit Frangies Präsidentschaft haben sich die Beziehungen zwischen den USA und dem Libanon verschlechtert und nie wieder erholt.

Im Januar 1975 verursachte der Tod eines beliebten lokalen Anführers in Sidon, im Süden des Landes,[15] schwere Unruhen. Seine Beerdigung artete in eine riesige Antiregierungs-Demonstration aus. Ich hielt dies alles für ein Problem der südlichen Bezirke, wurde aber am 13. April 1975 eines Besseren belehrt, als mein friedliches grünes Badaro-Viertel zur tödlichen Territoriumsgrenze wurde.

*N*iemand war auf den Bürgerkrieg vorbereitet; wir wussten nicht, was es wirklich bedeutete. Als die ersten Raketen auf unsere Straßen herunterregneten, wussten wir nur, dass wir schnellstens in Deckung gehen mussten, gewöhnlich in das nächstliegende Gebäude oder einen Keller. Aber in einem Bürgerkrieg handelt es sich nicht um eine einzige Raketensalve. Zu Beginn konzentrierten sich die Kämpfe zwischen Christen und Palästinensern, die sich mit den Drusen verbündet hatten, auf das Ain el Remmaneh-Shiah-Gebiet, das an das Badaro-Viertel grenzte, während der Rest von Beirut verschont blieb. Aber dann breiteten sie sich allmählich aus wie ein Krebsgeschwür. Immer mehr Mörsergranaten fielen willkürlich tage- oder sogar wochenlang auf andere Stadtteile. Schließlich hatte der Bürger-

---

14 Siehe: Randal, Jonathan C. Going All the Way: Christian Warlords, Israeli Adventurers and the War in Lebanon. New York: Vintage, 1984, 156.

15 Am Meer liegend, ca. 40 km südlich von Beirut, Hauptstadt des Gouvernements Süd-Libanon. Linksgerichtete Phalange-Mitglieder, unterstützt durch die PLO, sollen den früheren Bürgermeister der Stadt, Marouf Saad, erschossen haben. (Übers.)

krieg alle Stadtteile verschlungen. An Kreuzungen, in den Nebengassen, zwischen Häusern bekämpften sich die Milizen. Im Touristenviertel zerbombten sie gegenseitig die eroberten Hotels, bis Beiruts Wahrzeichen – das Hotel St. George, das Phoenicia, das Holiday Inn – nur noch Ruinen waren. Im Stadtzentrum um den Märtyrerplatz gab es erbitterte Kämpfe um jede einzelne Straße, wobei die zweitausend Jahre alten Souks zerstört wurden. Am Ende blieb kaum ein Monument, ein Gebäude oder eine Stätte von historischer Bedeutung intakt.

Man stelle sich seine eigene Stadt vor: Vielleicht eine große Metropolis mit eng beieinander stehenden Hochhäusern so wie New York. Auf einmal schlagen mitten auf deiner Straße in Bronx[16] Mörserraketen ein, die von Staten Island[17] gefeuert wurden und ringsum alle Fenster zerschmettern. Oder rivalisierende Milizen beschießen sich gegenseitig mit 150mm Mörserraketen von beiden Seiten des Potomac-Flusses zwischen deinem Wohnviertel in Washingtons Innenstadt und Arlington im Bundesstaat Virginia.[18] Oder verfeindete Gangs in Chicago tragen ihre Differenzen hinter deinem Gebäude aus, indem sie sich hinrichtungsmäßig niederschießen und ihre maskierten Mitglieder die Michigan Avenue[19] patrouillieren und Verkäufer und Kunden gleichermaßen terrorisieren. Oder Heckenschützen auf den Dächern des Marshall Field-Gebäudes an der Nicollet Mall[20] in Minneapolis nehmen dich aufs Korn, während du auf dem Weg zur Arbeit bist.

---

16 Stadtteil von New York City nördlich von Manhattan. (Übers.)

17 Eine der Südspitze von Manhattan vorgelagerte Insel. (Übers.)

18 Arlington liegt nur wenige Kilometer südlich von Washington D.C. (Übers.)

19 Chicagos Einkaufs- und Flaniermeile. (Übers.)

20 Kaufhaus im Fußgänger-Einkaufszentrum von Minneapolis. (Übers.)

Monate vergehen; das sinnlose Morden und Kidnapping greift weiter um sich. Explosionen werden zur Alltagserscheinung. Du versuchst sie zu ignorieren. Du machst einfach weiter – deine Einkäufe erledigen, deinen Mann zur Arbeit verabschieden, deine Kinder in den Schulbus setzen. Junge Männer von nebenan, die du schon gekannt hast, als sie noch Kinder waren, sind von einem Tag auf den andern plötzlich Milizsoldaten. Sie errichten Barrikaden und nehmen ahnungslose Zivilisten fest. An jeder Ecke in der Stadt findet man täglich neue Leichen. Dein Mann verschwindet auf dem Heimweg vom Büro. Stunden später taucht er wie durch ein Wunder wieder auf und erzählt dir, dass er ausgeraubt, zusammengeschlagen und als totgeglaubt liegen gelassen worden ist. Dein Lebensmittelhändler von gegenüber, den du seit Jahren kennst, wird über Nacht aus religiösen Gründen zum Feind. Der Taxifahrer, mit dem du regelmäßig fährst, weigert sich plötzlich, dich mitzunehmen, weil du christlich bist; er wagt sich aus Angst, die Kehle durchgeschnitten zu bekommen, nicht mehr in dein Stadtviertel.

Über kurz oder lang wird deine Wohnung direkt von einer dieser Raketen getroffen. Durch die Explosion wird dein halber Hausrat zerstört. Da wegen der Bombardierung die ganze Straße oder gar der Stadtteil keinen Strom mehr hat, ist auch der Aufzug ausgefallen und du gehst jetzt die sieben Stockwerke zu Fuss rauf und runter. Ohne Strom gibt es auch kein heißes Wasser, wenn es überhaupt Wasser gibt. Dein Auto, das vor dem Gebäude geparkt ist, wurde von Schrapnell übersät und sieht aus wie Schweizer Käse. Trotzdem bist du dankbar, dass der Motor nicht getroffen wurde und du noch fahren kannst.

Dieser Krieg beginnt im Frühjahr. Du bist überzeugt, dass die Kriegsparteien bis zum Winter Vernunft angenommen und sich geeinigt haben werden. Dann kommt der Winter und niemand hat sich geeinigt. Wenn eine feindliche Miliz sich in dein Viertel gekämpft hat und es unter ihre Kontrolle zu bringen versucht, fängst du an, dich als Besitzer deiner Straßen zu fühlen, du glaubst, sie beschützen zu müssen. Wenn 'deine eigene' Miliz den Kampf aufnimmt, tritt dein Mann ihr bei. Und bevor du es merkst, ist dein Stadtviertel zur Kriegszone geworden. Du hältst durch, entschlossen, so lange zu kämpfen, bis du die Kontrolle über deine Straßen zurückgewonnen hast. Du bist dir gewiss, dass deine gute Sache die Oberhand behält und du am Ende siegen wirst.

Der Krieg zieht sich durch den Winter. Deine Zentralheizung funktioniert nicht mehr. Und immer wieder redest du dir ein, dass du dich nicht unterkriegen lässt. Du kümmerst dich um dich selbst, damit du dich besser um deine Familie kümmern kannst. Es fällt dir schwer, immer wieder von einem Tag auf den andern neuen Mut zu finden. Es fehlen dir die nötigsten Dinge, jeder Handgriff wird zur Herausforderung.

Das Benzin wird knapp. Jedesmal, wenn du an einem geparkten Auto vorbeifährst, fürchtest du, dass es hochgehen könnte. Deine Haare sträuben sich vor Angst, wenn du die Straße runter gehst. Du bist nicht sicher, auf welchem Dach der Heckenschütze wartet. Dein Hund muss täglich raus, trotz der Raketen, wenn du sein Geschäft nicht unter dem Bett finden willst. Egal wie müde du bist, deine Kinder brauchen dich bei ihren Hausaufgaben. Trotz deiner chronischen Erschöpfung bist du bemüht, immer mal wieder um den Esstisch herum flüchtige Augenblicke der Freude zu erhaschen und festzuhalten, mit Familie und Freunden bei gutem Essen und Wein. Es gelingt dir selten. Und am Ende eines langen Tages, wenn du mit dem Mann, den du liebst, ins Bett kriechst, bist du derart erledigt vom Überlebenskampf, dass Sex das Letzte ist, was dir in den Kopf kommt.

Du lebst mit den Kugeln, die durch die Fenster geflogen kommen, selbst den Achtzentimeter-Geschossen, die in der Spüle landen, gerade als du dich weggewendet hast. Du vergisst das Loch in der Schürze, die du dir abgenommen und hinter die Küchentür gehängt hast. Wenn du den Verstand nicht verlieren willst, musst du so tun, als ob die Kugeln Wespen wären, nichts als lästige Wespen, die stechen aber nicht töten. Du triffst Vorsichtsmaßnahmen, aber manchmal reicht das nicht und du stirbst.

Oft war es schwierig, sich an seine Routine zu klammern und im Bewusstsein, dass dein Leben jede Sekunde ausgeblasen werden konnte, kühlen Kopf zu bewahren. Ich bin nicht stolz auf mein unverantwortliches Verhalten in der prekärsten Phase meines Lebens. Ich hätte nie so lange mit meinen Kindern in Beirut bleiben dürfen. Ich hätte auf Michel hören sollen, wenn er mich immer wieder anflehte, ich solle mich mit ihnen in die Berge zurückziehen. Stattdessen bestand ich hartnäckig darauf, dass es – selbst in Beirut – wichtiger sei, die Familie zusammenzuhalten als sich zu trennen, wo ich dann doch dauernd um die Sicherheit meines Mannes besorgt wäre.

Deine Liebesaffäre mit Beirut trübt dein Urteilsvermögen auf völlig irrationale Weise, als wolltest du, wie in jeder ungesunden Beziehung, unbedingt betrogen werden. Deine Liebhaber-Stadt, ganz gleich wie verrückt sie sein mag, ist klug genug, um dich jedes Mal, wenn Du sie verlassen willst, wieder zurückzulocken. Irgendein glaubwürdig klingendes Gerücht oder der Staatsbesuch eines ausländischen Würdenträgers wiegt dich in die falsche Hoffnung, dass der Horror endlich aufhören wird. Wenn ein Waffenstillstand verkündet wird, bist du die erste, die jubelt: "Siehst du, ich hab's dir ja gesagt!" besonders wenn er länger anhält und das Leben allmählich wieder normale Formen annimmt. Erst wenn der Krieg für dich zur Gewohnheit geworden ist, wenn die täglichen Scharmützel in wochenlange Schlachten ausarten, wirst du auf einmal süchtig. Deine Logik lässt dich im Stich und du denkst nicht mehr ans Weggehen.

Wegen der maschinengewehrbewaffneten Jugendlichen, die an den Barrikaden standen, unbedingt meinen Ausweis sehen wollten und scharf fragten, ob ich Ausländerin sei, wurde mein Aktionsradius auf Ostbeirut beschränkt. Mit der Zeit entwickelte ich einen Instinkt für drohende Gefahr. Unerwartete Geräusche und plötzliche Stille waren ominöse Vorwarnungen. Ein schrilles, lauter werdendes Pfeifen verkündete eine heranfliegende Rakete. Mir wurde gesagt, dass ich genug Zeit hätte, in Deckung zu gehen und nicht zu sterben, wenn ich das Geräusch einer hereinkommenden Granate tatsächlich hören könnte. Sowohl die PLO als auch die libanesischen muslimischen Milizen heuerten Söldner als Heckenschützen an. Die christliche Kata'ib-Miliz beschäftigte auch Heckenschützen, aber normalerweise aus den eigenen Reihen. Die Söldner der PLO in unserer Gegend knallten jeden, der vor ihren Gewehrlauf kam, willkürlich ab. Um zu überleben, flitzten wir von einer Sandsackmauer zur nächsten oder duckten uns hinter Frachtcontainer – rechteckige Metallkästen, fünf Meter lang, zweieinhalb Meter breit – die eigentlich zum Gütertransport auf Schiffen bestimmt waren. Die Männer unserer Miliz hatten die geniale Idee, diese Container zu Schutzwällen umzufunktionieren. Im Schutze der Dunkelheit hatten sie sie von den Verladedocks am Hafen gestohlen, per Gabelstapler auf Lastwagen gehoben und mindestens einen in jedes unserer Wohnviertel gestellt. Der unsrige stand, quer wie eine Barrikade, ungefähr auf halbem Wege der Badaro-Straße gegenüber der Alouf-Apotheke, zwei Häuserblocks von unserer Wohnung entfernt.

Trotz des Einfallsreichtums der Miliz in unserem Viertel gelang es den Heckenschützen immer noch, unschuldige Passanten zu töten, auch meine Nachbarin Sonia. Wir sahen uns immer im Gemüseladen an der dritten rechten Straßenecke von Badaro. Eines Morgens, wie ich mich dem Geschäft näherte, sah ich vor dem gegenüberliegenden Gebäude einen Menschenauflauf. Alle starrten auf eine Leiche mitten auf der Straße. Ich wusste sofort, es war Sonia. Sie lag mit dem Gesicht nach unten in einer Blutlache.

Zuerst konnte ich nicht verstehen, wo das viele Blut herkam. Alles was ich sah, war ein kleines Loch in Sonias Nacken. Als ich aber meinen Sehwinkel änderte, merkte ich, dass die Kugel beim Austritt sprichwörtlich ihr Gesicht weggerissen hatte. Oh Gott, ich wünschte, ich hätte es nie gesehen! Sie sah aus wie die angeschwollene, fleischige Masse eines geschlachteten Tieres, aus der noch das Blut sickerte. Wie hätte diese elegante Dame solch einen Anblick verabscheut! Sie verließ nie ihre Wohnung ohne Make-up und sorgfältig hergerichtete Frisur. An diesem Morgen trug sie einen kurzen schwarzen Rock. Als sie niederstürzte, rutschte dieser so weit nach oben, dass der Bund ihrer Strumpfhose sichtbar wurde. Automatisch, ohne zu denken, streifte ich meine schwarze Strickjacke ab, lief auf die Straße und breitete sie über ihre Beine aus, damit sie nicht so entblößt aussah. Ich hörte, wie die Leute hinter mir schrieen, aber ich war zu betäubt, um den Irrsinn meiner Reaktion wahrzunehmen oder mir bewusst zu werden, dass mich der Heckenschütze aus seinem Versteck beobachten könnte. Schließlich brüllte ein Mann so laut nach mir, dass ich aus meiner Trance erwachte und zurück zum Gehweg eilte, wo mich jemand packte und schützend an die Gebäudewand drückte. Ich starrte noch lange auf Sonia. Der herausgefallene Inhalt ihrer Einkaufstasche war unter ihrem Körper begraben. Aus zerquetschten Eiern quoll der Dotter und zog gelbe Fäden im Eiweiß. Ich konnte sehen, wie Sonias Blut sich mit der Eimasse vermischte und über den Asphalt floss. Ich weiß nicht mehr, wie lange ich so stehen blieb. Ich erinnere mich auch nicht mehr, wie ich zurück nach Hause lief. Erst als ich in die Wohnung trat und Michel sah, kam ich wieder zu mir.

Ich habe nie einen Heckenschützen gekannt, im Gegensatz zu unseren Freunden George und Marie Claire. Marie Claire erzählte uns, wie sie auf einer Dinnerparty kurz nach Kriegsbeginn neben einem Franzosen saß, den jeder, auch die Gastgeberin, für einen reisenden Geschäftsmann hielt.

"Was machen Sie denn beruflich?" fragte Marie Claire beim Kaffee.

Er antwortete: "Je suis franc-tireur, Madame."[21]

Sie sagte uns, dass sie auf diese nüchterne und zugleich kühne Antwort die Fassung verlor. "Sie fürchterlicher Mensch," rief sie, "wie können Sie so etwas Schreckliches tun?"

"Es ist nur ein Job," erwiderte er gelassen, "und sehr gut bezahlt." Mit verblüffender Offenheit schilderte er, dass er von

---

21   Ich bin Heckenschütze, Madame.

Beruf Söldner sei. Als Heckenschütze hing sein Lohn direkt von der Zahl der Leichen ab, die er am Ende des Tages aufgetürmt hatte.

*I*n der ganzen Zeit zwischen meiner Ankunft in Beirut 1969 und dem Beginn des Bürgerkrieges hörte ich nie jemanden sagen, "Er ist Muslim" oder "Das ist ein Christ." Daraus folgerte ich, dass in Beirut Christen und Muslims harmonisch zusammen lebten. Zu meinen Lieblingsbeschäftigungen gehörte es, früh aufzustehen, auf einer großen Straße, die um sieben Uhr noch schlief, die zwei Häuserblocks runterzugehen und die Frühmesse zu hören. Durch dicke Eichentüren trat ich in die Kirche Notre Dame des Anges ein, schlich mich auf Zehenspitzen zwischen den Bänken auf der linken Seite nach vorn, wobei ich den anderen Besuchern freundlich zunickte, und setzte mich auf meinen gewohnten Platz. Zedernholzgewürzter Weihrauch erfüllte die Luft im Kirchenschiff, während der Priester Verse in einer Mischung aus Lateinisch und Arabisch verlas, welche wohl dem Aramäischen sehr ähnlich war, das Jesus gesprochen hatte – einer Sprache, die heute noch in der Gegend von Maaloula nördlich von Damaskus gesprochen wird.

Mehrere der siebzehn religiösen Sekten Libanons spielten im Krieg maßgebliche Rollen. Die libanesischen Christen bestehen aus drei machtvollen Minderheiten: Die Maroniten – deren Name von dem Eremiten Maroun abgeleitet ist, der im fünften Jahrhundert lebte, die Griechisch-Orthodoxen und die Griechisch-Katholiken. Die nach französischem Vorbild konzipierte Verfassung des Landes schreibt vor, dass der Präsident des Landes nur Maronit sein darf.

Die Sunni-Muslims, die sich als einzige rechtmäßige Nachfahren Mohammeds verstehen, sind vorwiegend Händler, Kauf- und Geschäftsleute. Ihren ausgeprägten Geschäftssinn verdanken sie dem früheren Umgang mit den osmanischen Türken, die ebenfalls Sunni waren.

Die schiitischen Muslims erheben ihrerseits Anspruch auf den 'wahren' Islam, seit ihr Führer Ali, Schwiegersohn Mohammeds, im achten Jahrhundert ermordet wurde. Sie glauben, dass Alis Nachkommen, die Imams, die legitimen Erben Mohammeds seien. Im Osmanischen Reich waren sie bei den herrschenden Sunnis verachtet und wurden in die armen Dörfer im Süden des Libanon abgeschoben.

Die Drusen sind eine von dem ägyptischen Fatimid-Kaliphen Al Hakim im Jahre 997 u.Z. gegründete Sekte. Ihre Lehre wurde durch den Prediger Darazi verbreitet, nach dem die Sekte benannt ist. Die Theologie gründet sich auf Elemente des Islam, des Christentums und griechischer sowie hinduistischer Philosophie. Die Drusen glauben an Wiedergeburt und Seelenwanderung. Sie sind Todfeind der Maroniten, mit denen sie in den Chouf-Bergen eine blutige Geschichte verbindet.

An einem friedlichen Sonntagnachmittag bemerkten Michel und ich einen Lieferwagen, der vor dem Gemüseladen eines Muslims auf der Straßenseite gegenüber geparkt war. Ein gutes Dutzend bewaffneter Männer, Mitglieder der christlichen Kata'ib-Miliz, war damit beschäftigt, das gesamte Inventar des Ladens ins Auto zu packen. Während ich am Fenster blieb, ging Michel über die Straße und fragte, was sie da machten. "Das geht dich nichts an," sagte einer von den Männern und setzte Michel das Gewehr auf die Brust. "Du hast eine Minute, um zu verschwinden."

Als Michel sich nicht regte, drückte der Mann die Waffe noch fester gegen seine Rippen. Michel wich nach hinten aus, dann kehrte er auf unsere Straßenseite zurück.

Die drei christlichen Sekten Libanons bekämpften sich normalerweise nicht und noch weniger innerhalb derselben Sekte. Aber am 13. Juni 1978 ließ Bachir

Gemayel, der junge Anführer der christlichen Kata'ib-Miliz, seinen politischen Rivalen Tony Frangie, ebenfalls Maronit, in Ehden in den nordlibanesischen Bergen ermorden. Dieser war der Sohn des früheren Präsidenten Sleiman Frangie und hoffte, sein Nachfolger zu werden. Außer ihm tötete die Kata'ib seine Frau Vera und seine dreijährige Tochter Jehane, abgesehen von sechsunddreißig anderen Opfern. Nur sein Sohn Sleiman, der nach dem Großvater benannt war, entkam, da er zu dieser Zeit in Beirut im Internat war.

Auch Muslime bekämpften sich selten. Eine Ausnahme ereignete sich 1990, als eine Koalition aus Drusen und Sunni-Palästinensern in einer blutigen Schlacht Amal, die schiitische Miliz, bekämpfte, die versuchte, sich in Beirut festzusetzen.

Unser Wohnblock beherbergte einen Mikrokosmos der verschiedenen libanesischen Religionsgruppen. Michel ist griechisch-katholisch. Der Besitzer des Gebäudes, Ali Acar, war Schiite. Seine früheren Mieter waren Sunni, griechisch-orthodox, syrisch-katholisch und maronitisch. In Abwesenheit eines Concierge übernahm Michel während des Krieges die Rolle des Hauswarts. Da der Hausbesitzer, dessen Wohnung direkt unter uns lag, mit seiner Familie vorübergehend nach Westbeirut gezogen war, blieben wir im siebten Stock die einzigen Bewohner des Gebäudes. Die übrigen Stockwerke waren als Büroraum vermietet, der nur tagsüber besetzt war, wenn im Viertel Ruhe herrschte. Abends schloss Michel die Eingangstüre zum Gebäude ab und stieg dann die sieben Treppen hoch. Auf jedem Stockwerk lauschte er an den Türen, um sicherzustellen, dass überall die Toilettenspülung abgestellt war, sonst wären die Wassertanks leergelaufen. Eines Abends, als es kein Wasser gab, bemerkte Michel Ali Acars Wagen, der vor dem Gebäude geparkt war. Hatte der Besitzer aus irgendeinem Grunde das Wasser abgestellt? Michel ging die eine Treppe hinunter und klingelte an der Türe Acars. Keine Antwort. Nach dem zweiten Klingeln gab er auf und kam wieder hoch. Wenig später hörte ich Lärm von der Straße. Über die Balkonbrüstung gebeugt, sah ich mitten auf der Straße sechs Wagen der libanesischen Sicherheitspolizei wild durcheinander geparkt. Im selben Moment klingelte es an unserer Haustüre. Es war unser Freund Kassab, der Lebensmittelhändler von gegenüber – offiziell eigentlich unser Feind. Er wollte wissen, ob wir von Drohungen gegen Ali Acar und seine Familie gehört hätten. Michel antwortete nur: "Ich habe Ali Acar nicht gesehen. Vorher habe ich bei ihm geklingelt, aber hat er nicht aufgemacht."

Als Michel nach dem zweiten Klingeln aufgegeben hatte und sich wieder nach oben wendete, hatte Ali Acar durch den Türspion gespäht. Er sah die Pistole, die Michel hinten im Gürtel stecken hatte und nahm an, dass Michel gekommen war, um ihn umzubringen. Deshalb hatte er die Sicherheitspolizei angerufen. Trotz Michels Beteuerungen, dass es sich um ein Missverständnis handelte, bestand er darauf, dass er, seine Frau und seine acht Kinder von der Polizei zurück nach Westbeirut eskortiert würden. Als Michel später mit Ali Acar reden wollte, bat er einen Freund, der Sunni-Muslim war, den Vermittler zu spielen. Michel hoffte, Ali Acar würde einem anderen Muslim eher Gehör schenken als ihm. Aber Michels Freund lehnte ab. "Du willst, dass ich mit diesem Schiitenhund eines Wohnungsvermieters rede? Niemals!"

Manchen unserer Freunde diente unsere Wohnung als Beobachtungsposten zum Kriegsgeschehen. Schon früh am Morgen riefen sie fast ununterbrochen an, weil wir nur drei Häuserblocks von den ersten Straßenschlachten in Ain el Remmaneh-Chiah entfernt wohnten. Sie wollten wissen, ob die jeweils vergangene Nacht 'ruhig' gewesen wäre und ob sie ihre Kinder zur Schule schicken sollten.

'Mensch,' wollte ich schreien, 'wie kannst du mich das fragen? Wie kann ich dir sagen, was du tun oder lassen sollst?' Mir selbst fiel es schon schwer genug zu entscheiden, ob ich unsere eigenen Kinder – die damals acht und sieben waren – zur Schule gehen lassen sollte. Es wurde mir fast schlecht, wenn ich auf dem Balkon stand und unten den knallig bermudablauen Schulbus sah, der sich durch den Verkehr schob, besonders nach einer Nacht, in der wir in Michels Praxis Schutz suchen mussten. Ich fand es einfach unverantwortlich, nach einer Nacht mit heftigen Gefechten zu erwarten, dass die Kinder in die Schule gehen. Das Bildungsministerium versicherte uns, die Schulbusfahrer wüssten genau, wie sie die 'hot spots' vermeiden konnten.

Für Naim und Nayla war der Krieg ein aufregendes Abenteuer. Sie freuten sich genauso wie ich über Schulschließungen. Wenn die Schulen wieder aufmachten, ließen sie den Kopf hängen, besonders Nayla. Sie war eine ausgezeichnete Schülerin und liebte es zu lesen, aber die Schule konnte sie nicht ausstehen. Lesen passte zu ihrem schüchternen und zurückgezogenen Wesen. Seit sie fünf war, kuschelte sie sich gern auf ihr Bett und entfloh stundenlang in die Welt ihrer Heldinnen.

Ihr achtjähriger Bruder ging ihr manchmal auf die Nerven. Wenn Nayla bei Tisch etwas sagte, schoss Naim mit seiner eigenen, meist entgegengesetzten Meinung zurück und übertönte sie mit lauter Stimme. Sie gab klein nach, ohne ihn herauszufordern. Selbst wenn draußen der Krieg tobte, war Naim im Vorteil: Seine Freunde, die in der Nähe wohnten, kamen dann immer zu uns herüber, und die Jungen spielten auf dem Esstisch Risiko oder Monopoly. Naylas beste Freundinnen Sylvia und Susie lebten weit weg, und Naim war beleidigt, wenn ihre Schwester bei ihnen mitspielen wollte.

"Das sind meine Freunde, nicht ihre."

Oft, wenn Nayla dann den Tränen nahe war, nahm ich Naim auf die Seite. Er wusste genau, was jetzt kam.

"Was möchtest du dieses Mal dafür, dass du Nayla mit dir und deinen Freunden spielen läßt?"

"Die Kit Kats, die sie in ihrer Kommode hortet."

Im Gegensatz zu Nayla war Naim von Schlachten, Milizen und Waffen fasziniert. Aus zuverlässiger Quelle war mir bekannt, dass er und seine Freunde im Schulbus von nichts anderem redeten. Eines Abends fragte er mich vor dem Schlafengehen, was

Krieg sei. Ich wusste beim besten Willen nicht, wie man einem achtjährigen Kind erklärt, auf welche Weise eine friedliche Stadt plötzlich, wie vom Teufel geritten, Appetit auf eine besondere Form der Gewalt bekommt. Der libanesische Bürgerkrieg war im Wesentlichen ein Konflikt zwischen religiösen und ethnischen Splittergruppen: Palästinenser und Muslims gegen Christen. Wie konnte ich ihm erklären, dass die Kämpfer folterten, bevor sie töteten, die Toten verunstalteten, indem sie ihnen Kreuze in die Brust schnitten, die Leichen an Jeeps gebunden in den Straßen herumschleiften und selten Gefangene machten? Wenn er jetzt noch nicht verstand, was los war, würde er es bald genug verstehen. Was um Himmelswillen sollte ich noch sagen, wenn er schon mitangesehen hatte, wie Kata'ib-Milizionäre Autofahrer zwangen, an der Ecke von Fourn ni Chebak und Sami Sohl absichtlich eine Leiche zu überrollen, die man vor den Wagen geworfen hatte?

*I*n Zeiten, wenn wir uns unter heftigem Beschuss befanden, hielt mich Adrenalin über Wasser. Entsprechend erlebte ich dann einen heftigen 'crash', wenn alles wieder vorbei war. Noch hatte ich nicht gelernt, auf den Knopf in meinem Kopf zu drücken, der mir sagte: 'Ist gut, Cathy, mach nur weiter.' Allmählich aber gewöhnte ich mich an die Alltäglichkeit des Krieges und wurde resoluter. Nach einigen Monaten bekam ich die Situation so ziemlich in den Griff. Für meinen Mann und meine Kinder war ich schon seit langem das Barometer ihres Wohlbefindens. Während sie meine Bewegungen und mein Minenspiel aufs Genaueste verfolgten, richteten sie sich durch die Ruhe auf, die von mir ausging. Ich hatte mich an das Geknatter von Maschinengewehren gewöhnt; ich zuckte nicht mehr zusammen, wenn in der Nähe eine Sprenggranate explodierte; ich hängte meine Wäsche zum Trocknen auf, obwohl ich wusste, dass mich vielleicht ein Heckenschütze im Visier hatte; ich kaufte Riesenmengen von Konserven, Mehl und Zucker auf Vorrat; ich schleppte jedes Mal gleich mehrere Kanister Kochgas nach Hause, ohne mich um die Möglichkeit zu kümmern, dass sie bei einem Treffer auf unsere Wohnung hochgehen konnten.

Mit der Zeit legte ich mir Strategien zu, mit denen ich der absurden Funktionsstörung, die ein Krieg auslöst, begegnen konnte. Zu Beginn wollte ich alles wissen; ich las die französisch- und englischsprachigen Zeitungen und ließ mir von Michel die arabischen Nachrichten übersetzen. Immer wenn ich den Mut verlor – die verpassten Gelegenheiten für eine friedliche Lösung, die Waffenstillstandsverletzungen, die steigenden Zahlen der Todesopfer, die Entführungen, die willkürlichen Bombardierungen – lockte mich diese zerrüttete Stadt, mein schöner Liebhaber, teuflisch verführerisch zurück, mit dem ewigen Versprechen, sich zu bessern.

Im Zuge der zunehmenden Gewalt zog sich meine Welt immer mehr zusammen. Gegenüber den Ereignissen um mich herum wurde ich abgebrühter. Wenn die Bomben irgendwo anders in der Stadt fielen, sagte ich mir: 'Gottseidank, nicht schon wieder wir! Jetzt sollen mal andere drankommen.'

Im Juni 1978, als wir während einer Feuerpause nach Westbeirut entflohen, sollte ich mich an diese Worte erinnern. Nach ungefähr eineinhalb Kilometern kamen wir auf der Corniche Mazra beim Barbir-Krankenhaus an eine Kreuzung. Ich dachte, wir wären in ein anderes Land gefahren, wo lange Staus und verstopfte Gehwege die Norm sind. Die Menschen gingen ihren alltäglichen Geschäften nach, als wüssten sie nicht, dass unser Viertel nur ein paar Straßen weiter ein Schlachtfeld war. Ich fühlte mich tief beleidigt von dieser scheinbaren Gleichgültigkeit, bis ich einsah, dass diese Menschen auch nur durch den Tag kommen wollten, genauso wie ich. Und ich schwor mir, von jetzt an, wenn ich mein 'Gottseidank, nicht schon wieder wir'-Dankgebet losschickte, an diese Menschen zu denken. Wir alle sitzen im gleichen Inferno, konzentrieren uns auf das, was wir kontrollieren können, und ziehen unsere Scheuklappen herunter, damit wir die hässliche Welt um uns herum nicht sehen müssen.

Kurioserweise wirkte sich der Krieg vorteilhaft auf unsere

Ehe aus. Vor Beginn des Krieges war ich es, die sich um die Kinder und ihren Tagesablauf kümmerte. Überhaupt war ich für die häusliche Verwaltung einschließlich Finanzen und Soziales verantwortlich, und zwar weniger, weil ich die Rolle einer arabischen Hausfrau übernahm, als die einer Arztfrau. Die vielbesuchte Praxis meines Mannes nahm ihn derart in Anspruch, dass ihm wenig Zeit für anderes blieb. Während des Krieges änderte sich dieses Verhältnis. Michel arbeitete nicht mehr vollzeitlich. Seinen muslimischen Patienten war es zu gefährlich, ins christliche Ostbeirut zu kommen, um sich von ihm behandeln zu lassen, und viele seiner christlichen Patienten waren in sicherere Teile des Landes geflohen. Und wenn es sich nicht um einen absoluten Notfall handelte, wagten sich die Leute bei blutenden Magengeschwüren, akuten Darminfektionen oder Leberbeschwerden nicht mehr ins Krankenhaus. Selbst in ruhigen Perioden wurde sehr vorsichtig abgewogen, ob man sein Geld für den Arzt oder lieber für ein Kilo Lammfleisch ausgeben sollte. Wenn Michel also die Vormittage im Krankenhaus verbrachte, so war es mehr ein Bereitschaftsdienst für den Fall, dass ein Patient einen Gastroenterologen brauchte.

Im Gegenzug schienen sich meine häuslichen Pflichten zu vervielfachen. Egal ob draußen Granaten fielen oder ob ich eine schlaflose Nacht hinter mir hatte, die Wohnung musste sauber gehalten, die Einkäufe mussten erledigt und in der ungeheizten Küche täglich zwei Mahlzeiten vorbereitet werden, alles bei Wasserknappheit und häufigen Stromausfällen. Michel war nun länger zu Hause. Als er sah, wie ich mit meinen schlechten Knien die Einkaufstaschen sieben Treppen hochschleppte, weil der Aufzug wieder einmal ausgefallen war, trug er sie für mich hoch. Als er miterlebte, wie viele Stunden ich in der Küche auf den Beinen war, um für die Familie und die häufigen Gäste zu kochen, fing er an zu fragen, wie er helfen könne.

Der Krieg hatte eine ernüchternde Wirkung auf Michel. Mit ansehen zu müssen, wie die Schwerverwundeten ins Krankenhaus eingeliefert wurden, wie der sinnlose Tod das Leichenschauhaus füllte, bewegte ihn zutiefst. Das Bewusstsein der Hilflosigkeit angesichts der willkürlichen Grausamkeit stärkte seine Fähigkeit zu Sanftheit und Geduld, was auch in unsere Ehe einfloss. Er begann zu verstehen, dass die Aufgabe, als Familie zu überleben, nicht allein auf meinen Schultern lastete; wir mussten sie uns teilen.

So einfache Besorgungen wie den Müll rausbringen wurden durch den Krieg zu größeren Unternehmen. Bevor der Konflikt begann, brauchte ich draußen im Flur nur die Klappe vom Müllschlucker zu bewegen und der Abfall sauste in einem Schacht nach unten. Dann aber wurde in der ganzen Stadt die Müllabfuhr eingestellt. Deshalb designierte unser Badaro-Viertel, so wie auch die anderen Stadtteile, besondere Müllsammelstellen. Als Nachbarn anfingen, das Leergrundstück neben unserem Gebäude als wilde Mülldeponie zu benutzen, musste Michel eingreifen. Jeden Nachmittag verbrannte er den Müll, um den Platz sauber und die zunehmende Rattenplage in Schach zu halten.

Das Wasser wurde täglich gesperrt. Wenn wir es endlich, meist spät abends, wieder in den großen Tank über uns auf dem Dach gluckern hörten, stand Michel auf und füllte die Eimer, die wir zur Toilettenspülung verwendeten. Ich konnte das Tankwasser auch zum Geschirrspülen und Kochen hernehmen, musste es aber vorher abkochen. Das Trinkwasser kaufte ich in Flaschen. Wenn das Wasser lang genug floss, wässerte Michel die Pflanzen auf dem Balkon, während ich ein oder zwei Ladungen Wäsche wusch.

Ich hatte die leichteren Aufgaben. Als die Post nicht mehr zugestellt wurde, mietete ich ein Postfach. Einmal pro Monat ging ich auf die Ämter und bezahlte Strom und Telefon. Das Wasser wurde jährlich an einen Gebühreneinzieher bezahlt, der an unsere Haustüre kam.

Wir konnten die meisten Dinge, die wir brauchten, finden. Dies war vor allem den gewieften libanesischen Geschäftsleuten zu verdanken, die heute noch ihr Handwerk bis auf ihre phönizischen Vorfahren zurückführen, die ersten und vielleicht geschicktesten Handelsleute der Welt. Als ihre Läden in den alten

Souks zerstört waren, siedelten ihre Inhaber sich nach Jahrhunderte alter Sitte in anderen Teilen der Stadt an. Trotz der täglichen Behinderungen versorgten sie die Stadt mit Gemüse, Obst und Fleisch. Nach der Schließung des Hafens von Beirut verlegten sie sich auf andere Anlegestellen, um Benzin und Kochgas einzuführen. Bäckereien erhielten ihr Mehl, Apotheken und Krankenhäuser ihre Medikamente und Verbandsmaterialien, die Kinos und Videogeschäfte ihre neuesten Filme. Sogar die Modegeschäfte bekamen ihre letzten Kollektionen.

Der gesamte Handel in Beirut wickelte sich nur in Bargeld ab. Ob es ein Kühlschrank war, ein Auto oder Kleidung, alles was wir kauften, wurde sofort in barer Münze bezahlt. Was wir nicht auf der Stelle bezahlen konnten, wurde nicht gekauft. Deshalb hatten wir auch keine Schulden. Viele Menschen verloren während des Krieges ihre Arbeit. Nur wenige hatten das Glück, am Ende jeden Monats ihr volles Gehalt zu bekommen. Als Freiberuflicher musste Michel mitansehen, wie sein Einkommen zunehmend schrumpfte. So überlegten wir es uns sehr genau, wofür wir unsere wenigen libanesischen Pfund ausgeben wollten.

Es war vor allem meiner Liebe zum Kochen zu verdanken, dass ich nicht durchdrehte. Die Speisen auf dem Tisch verbanden Familie und Freunde und schenkten uns Augenblicke des gemeinsamen Frohsinns. Fast täglich waren Freunde an meinen Tisch geladen. Je mehr kamen, umso fröhlicher war die Stimmung, besonders bei den Kindern. Ich gewann die Überzeugung, dass Naim und Nayla psychisch geschützt wären, solange sie fest in den Kreis unserer Familienmitglieder und Freunde eingebunden waren, mit denen wir unsere Kriegserlebnisse und unseren Überlebenswillen teilten.

Jede normale Person, die nicht im Libanon lebte, hätte mein Verhalten lächerlich gefunden. Irgendwo in meinem Hinterkopf erinnerte ich mich wohl noch, was 'normal' hieß, aber da es um mich herum keine normalen Menschen gab, war dies kaum von Bedeutung. Die surreale Welt des Krieges, die mich und alle um mich herum zwang, anders zu denken und zu handeln, verlieh dem Begriff 'normal' neue Bedeutung. 'Normal' war es jetzt, auf der Straße an die Gebäudewände gepresst vorwärts zu schleichen, damit ein Heckenschütze mich nicht sehen konnte. 'Normal' war es, dass ich Naim und Nayla befahl, sich vor dem Rücksitz des Käfers auf den Wagenboden zu drücken, wenn wir eine Kreuzung überquerten, um auch dort nicht Zielscheibe eines Heckenschützen zu werden. 'Normal' war es, die Kinder nach einer Bombennacht in die Schule zu schicken. Und 'normal' war es, dass sich Michel beim Blumengießen auf dem Balkon niederkniete, um seinerseits einem Heckenschützen nicht ins Fadenkreuz zu geraten.

Aber ich war nicht die einzige, die nach den ersten drei Monaten Krieg den Begriff 'normal' neu definierte. Meinem Mann und den Kindern ging es ähnlich. Die groteske Ästhetik einfallender Granaten zog uns in den Bann. Wenn das Feuer von Tel el Zaatar, einem palästinensischen Lager in den östlichen Bergen, in unsere Richtung zielte, standen wir vier im Dunkeln zusammengedrängt in unserer Badewanne, von der aus wir durch ein darüberliegendes quadratmetergroßes Milchglas-Ausstellfenster nach Osten blicken konnten. Um es zu öffnen, brauchten wir nur den Hebel so weit wir es wagten nach außen zu schieben, bis das Fenster in einer der Kerben einrastete. Dann starrten wir wie hypnotisiert durch die Öffnung auf die hereinkommenden Phosphorgeschosse. Wie grell leuchtende Feuerbälle verwandelten sie die Nacht zum Tag, bevor sie mit einer gewaltigen, donnernden Explosion gerade mal ein paar Häuser weiter einschlugen. In dem Moment duckten wir vier uns in die Badewanne. Während die letzten Schallwellen noch in den Ohren vibrierten, erhoben wir uns wie süchtige Voyeure in der falschen Sicherheit unseres verdunkelten Badezimmers und spähten wieder hinaus und warteten, schwindelig vor Aufregung. Als sich unser 'Badezimmer-Aussichtspunkt' herumsprach, wurde er zum begehrten Ziel unserer Besucher. Sie reagierten genauso wie wir. Beim Nahen des Feuerballs duckten sie sich, doch auf das Verlangen hin, mehr zu sehen, schoben sie den

Kopf ganz langsam, Zentimeter um Zentimeter, wieder nach oben in die Fensteröffnung.

Wenn ich eine Demonstration oder eine feindselige Menschenansammlung sehe, erinnere ich mich an den Tag – drei Monate nach Kriegsbeginn – als wir uns während einer Waffenpause sicher genug fühlten, um auszugehen. Die Kinder und ich beschlossen, den Tag in unserem Klub Coral Beach in Westbeirut zu verbringen, wo Michel uns zum Lunch traf. Nachdem er um vierzehn Uhr wieder gehen musste, um seine Sprechstunde zu halten, blieben wir noch länger. Solch einen strahlenden Tag am Meer wollten wir bis zur Neige auskosten. Statt auf der Heimfahrt die vestopfte Corniche Mazra zu nehmen, eine von Beiruts verkehrsreichsten Adern, wählte ich meine bewährte Abkürzung die Ouzai-Straße hinauf, an der kuweitischen Botschaft vorbei und um die palästinensischen Flüchtlingslager Sabra und Schatila herum. Eine Straße vor dem Lagereingang bemerkte ich plötzlich viele Menschen, die in meiner Fahrtrichtung rannten. Ein paar Sekunden später befand ich mich mit meinem VW-Käfer mitten in einer wogenden Menschenmenge. Zu einer anderen Zeit hätte es ein Triumphmarsch sein können, aber hier war der Anlass offenbar alles andere als fröhlich. Die Leute umringten uns wie drohende Riesen. Meine Hände begannen zu zittern. So schnell ich konnte, kurbelte ich mein Fenster hoch und ließ mich vorsichtig von der sich vorwärts wälzenden Menge treiben. Anders ging es einfach nicht. Die Kinder saßen mucksmäuschenstill auf der Rückbank, nur ihre Augen huschten von einer Seite zur anderen, um die errregte Meute zu verfolgen. Ich versuchte sie zu beruhigen, oder zumindest glaubte ich es zu tun. Wie von der Menge geschoben, erreichten wir den Lagereingang. Hier wurde die Stimmung der Leute deutlich wütender und aufrührerischer. Ich hörte sie laute Parolen rufen, aber achtete nicht auf ihre Bedeutung. Weiter vorn sah ich schwarze Rauchsäulen aufsteigen. Wie wir näher kamen, konnte ich durch die Menge erkennen, was los war. Während eine Gruppe von Jungen Autoreifen auf die Straße warf, war eine andere damit beschäftigt, sie anzuzünden. Mir blieb nur eine Wahl. Ich befahl Naim und Nayla, sich auf den Boden zu legen und die Hände über den Kopf zu halten. Dann legte ich die eine Hand auf den Hupenknopf und hielt ihn gedrückt. Die Menschen um uns herum drehten sich erschrocken um; wie konnte so was Kleines wie ein VW-Käfer solch einen Lärm machen? Ich presste den Fuß aufs Gaspedal und preschte nach vorne. Es fiel mir nicht ein, auf die Menschen Rücksicht zu nehmen. Sie sprangen panisch auf die Seite, während ich auf den Gehweg fuhr, die brennenden Reifen umkurvte und die Flucht ergriff.

Naim und Nayla gingen zur Jamhour-Schule, dieselbe jesuitische Lehranstalt, die auch ihr Vater und ihre Onkels besucht hatten. Hier hatte sich über die Jahrhunderte wenig geändert. Der Unterricht wurde auf Französisch und Arabisch abgehalten; die Schüler trugen Uniformen in marineblau und weiß; täglich wurden ihnen mehrstündige Hausarbeiten aufgegeben. Aber der Krieg brachte zwei unerhörte Veränderungen. Da die Milizionäre ihre zweistündige Mittagspause gewöhnlich gegen dreizehn Uhr antraten, verlegten alle Schulen das Unterrichtsende auf diese Zeit, damit die Schüler zu Hause sein konnten, bevor um fünfzehn Uhr die Kriegshandlungen wieder einsetzten. Um die verlorene Unterrichtszeit zumindest teilweise wettzumachen, wurde die Mittagspause um die Hälfte gekürzt. Außerdem wurde nur noch in den Kernfächern unterrichtet. Die zweite Veränderung bestand darin, dass Jamhour – bis dahin eine Knabenschule – nun auch für Mädchen geöffnet wurde. Die Jesuiten hatten sich überlegt, dass es für die Eltern weniger stressig war, wenn alle Geschwister auf die gleiche Schule gingen. Denn wenn die Schießerei schon während der Unterrichtszeit beginnen sollte und die Schulbusse nicht mehr fahren konnten, hätten die Eltern zumindest nur die Sorge, eine einzige Schule zu erreichen, um ihre Kinder abzuholen.

Sechs Monate nach Kriegsbeginn trat mein sanftmütiger Mann der Tanzeem-Miliz unseres Viertels bei. Strategisches Hauptziel war, ein mögliches Eindringen der Palästinenser ins Badaro-Viertel zu verhindern oder zumindest zu erschweren. Die palästinensischen Lager Sabra und Shatila lagen ja nur auf der anderen Seite des Teyouneh-Kreisels am Ende der Badaro-Straße. Als nom de guerre wählte Michel 'Timur', nach dem berühmten mongolischen Krieger und der beliebten Cartoon-Figur aus der Spirou-Serie. Obwohl ich mir natürlich Sorgen um seine Sicherheit machte, wenn nicht um sein Leben, beneidete ich ihn auch darum, dass er nun direkt am Krieg teilnehmen durfte. Ich erinnere mich, wie erleichtert ich war, als ich erfuhr, dass er der Einheit von Kassab, dem Lebensmittelhändler zugeteilt wurde, einer der nettesten, rücksichvollsten Männer, die wir kannten. Er war auch sehr stark. Er konnte mit einem Tritt Türen aufbrechen und an einem Finger einen Bierkasten hochheben. Mit einem Vorderschaftrepetiergewehr ausgerüstet schob Michel hinter einer Sandsackbarrikade vor unserem Gebäude Wache, vier Abende pro Woche. Gleichzeitig stand ich oben auf dem Balkon, von dem ich den ganzen Horizont übersehen konnte, auf Ausguck. Da die Palästinenser das eine Ende der Badaro-Straße kontrollierten, die Syrer in der entgegengesetzten Richtung beim Museum einen Häuserblock weiter eine Barrikade besetzten und andere christliche Milizen immer wieder versuchten, unsere Gegend zu infiltrieren, um ihren Einflussbereich zu vergrößern und verlassene Wohnungen auszurauben, hing die Gefahr von Straßengefechten wie ein Damoklesschwert über uns.

Eines Abends, als Michel auf Wache war, hörten die Kinder und ich eine Explosion. Ich befahl ihnen, im Innern der Wohnung zu bleiben, kroch auf den Balkon und schob den Kopf vorsichtig über die Brüstung. Der Knall kam von der Badaro-Straße weiter oben. Ich sah auch mehrere Männer, die in diese Richtung schossen. Andere kamen von dort zu ihrer Stellung vor unserem Gebäude zurückgerannt. Meinen Beobachtungen zufolge schienen unsere Milizionäre irgendwelche Eindringlinge abgewehrt zu haben. Ich irrte mich.

"Als wir heute abend unsere Wachtposten bezogen, bekamen wir den Befehl, Punkt 21.30 Uhr in Richtung oberes Ende der Badaro-Straße Feuer zu eröffnen," erklärte mir Michel später. Angeblich erwartete Kata'ib eine palästinensische Offensive und verlangte von uns Unterstützung."

"Und so ist es passiert?" fargte ich.

'Nein," sagte Michel lachend, "als wir anfingen zu schießen, jagte die Kata'ib das Kentucky Fried Chicken-Schnellrestaurant in die Luft. Durch unser Feuer wollte sie die Annahme erwecken, dass wir auf Saboteure zielten, die sich ins Restaurant eingeschleust hätten."

"Was wollte die Kata'ib damit bezwecken?" fragte ich weiter.

"Sie wollte dem muslimischen Besitzer des Restaurants klarmachen, dass er auf der Badaro-Straße nicht willkommen ist."

An einem anderen Abend wurden Michel und seine Kameraden informiert, dass man mit einem Einbruchversuch beim Buick-Autohändler an der Ecke von Damaskus- und Badaro-Straße rechnete. Um Mitternacht tauchte tatsächlich ein Auto an dieser Kreuzung auf. Vier Männer stiegen aus. Michel sagte mir später, dass er überzeugt war, es seien die Einbrecher gewesen. In dieser Minute war er der einzige, der hinter der Sandsackbarrikade stand. Ich schaute vom Balkon aus zu, wie er mit seinem Repetiergewehr auf die Einbrecher feuerte. Die Männer fielen zu Boden. Mir blieb der Atem weg; ich war sicher, dass mein Mann sie getötet hatte. Als aber einer der Männer sich bewegte und aufstand, schöpfte ich wieder Luft. Er hob die Hände hoch und lief in die Mitte der Badaro-Straße. Auch die anderen drei erhoben sich langsam wieder. Der erste Mann lief auf Michel zu und wies sich als Kata'ib-Kämpfer von Fourn ni Chebak aus. Er und seine drei Kollegen waren gekommen, um einen Gefangenenaustausch mit der libanesischen Armee zu vollziehen. Nur wenige Minuten später fuhr ein Armee-Jeep heran. Michel beobachtete, wie sich Männer zwischen den beiden Fahrzeugen kreuzten. Er war nun sicher, dass die Person, die ihn und seine Miliz über den geplanten Einbruch beim Buick-Händler informiert hatte, ein agent provocateur war, der zwischen den christlichen Milizen Zwietracht säen wollte.

Trotz dieses Zwischenfalls setzte Michel seine Wachtpostenrolle fort, zumindest bis zu jener Nacht, als er und Kassab zum 'hottest spot', zum gefährlichsten Punkt unseres Viertels geschickt wurden, zum Teyouneh-Kreisel.

Als er kurz nach Mitternacht zur Türe hereinkam, war sein Gesicht von Grauen gezeichnet, ein Anblick, den ich nie vergessen werde. Ich warf mich ihm in die Arme und umklammerte ihn fest. Seine leise Stimme war kaum zu hören: "Ich wäre beinahe gestorben heute nacht."

Er und Kassab waren beauftragt, im obersten Stockwerk eines verlassenen Gebäudes am Ende der Straße Stellung zu beziehen. Darüberhinaus lautete der Befehl, in regelmäßigen Zeitabständen eine berüchtigte Palästinenser-Position auf der anderen Seite des Kreisels unter Beschuss zu nehmen.

Michel machte eine Pause und lehnte den Kopf mit geschlossenen Augen an die Wand. Er war den Tränen nahe, was ich bisher nie bei ihm gesehen hatte. Er und Kassab zielten immer wieder von der gleichen Stelle, ohne daran zu denken, dass das Mündungsfeuer ihrer Gewehre im Dunkeln ihre Position verriet. Innerhalb von Minuten zogen sie schweres Gegenfeuer auf sich. Die Palästinenser schossen mit Panzerabwehrraketen auf das Gebäude. Eine von ihnen trat durch eine leere Fensteröffnung ein, schwirrte ungehindert durch den Raum, wo Michel und Kassab standen, und wie durch ein Wunder durch ein zweites Fenster wieder hinaus. Sie explodierte auf der Hinterseite des Gebäudes. Ich wusste, dass Michel und Kassab auf der Stelle getötet worden wären, wenn die Rakete die Wand oder den Boden berührt hätte.

Von dieser Nacht an kehrte Michel nicht mehr zu seinem Wachtposten zurück. Er sah ein, dass sterben in Beirut bedeutete, sinnlos zu sterben. Im Ende war dies eine Lektion, die wir alle lernen mussten.

4
Wenn Familie und Freunde nicht gewesen wären...

Meine Schwiegermutter, die ich mit Michel erbte, heißt Wadia. Ich erwartete in ihr die liebevolle Mutter, die mir Michel oft beschrieben hatte, eine Mutter, die ihren ältesten Sohn anbetete, als wäre er ihr einziges Kind. Ich hatte gehofft, mich vollkommen in Michels Familie einzuleben. In seiner Großfamilie könnte ich mich endlich entfalten und weiter entwickeln. Als Wadia mich im Juni 1969 am Flughafen begrüßte, küsste sie mich auf beide Wangen und drückte mich an ihren fülligen Busen. Ich fühlte mich in meinem Traum bestätigt, ihre geliebte Schwiegertochter zu werden. Was mich überraschte, war Wadias pechschwarzes Haar. Ich hatte es mir grau mit einem Knoten vorgestellt. Stattdessen trug sie es schulterlang wie ein junges Mädchen. Mit ihren fünf Zentimeter hohen Absätzen war sie so groß wie ich, ein Meter achtundsechzig. Ich rieche noch ihr Chanel-Parfüm in den Falten ihres Seidenkleides, den Hauch von Knoblauch in ihrem Atem, fühle die Kühle ihrer Bernstein-Halskette an meinem heißen Hals, als sie mich an sich zog und in einer mir völlig unverständlichen gutturalen Sprache losprudelte.

Mein Schwiegervater Naim hieß mich auf typisch französische Art willkommen: "Tu es la bienvenue, ma chérie."[22]

'Na, das ist ja nicht so schwer', dachte ich, 'alles was ich tun muss, ist eine gute Libanesin und pflichtbewusste Schwiegertochter zu werden.' Ich nahm mir vor, dem Beispiel der anderen Sultan-Kinder zu folgen und Michels Eltern 'Maman' und 'Papa' zu nennen, obwohl die meisten Libanesinnen ihre Schwiegermutter mit französisch 'Tante' anredeten. Amerikanerinnen besaßen im Libanon den Ruf der Forschheit und kindlichen Sorglosigkeit; ich war entschlossen, dieses Klischee Lügen zu strafen, indem ich mich bemühte, einen Mittelweg zu finden, der die Vorzüge beider Kulturen in sich vereinigte. Ironischerweise sollte ich sehr schnell erfahren, dass nicht nur die Amerikanerinnen forsch und kindlich waren.

Als Michel und ich uns am Anfang entschieden, bei seinen Eltern zu wohnen, bis wir uns eine eigene Wohnung leisten konnten, hatte ich keine Bedenken. Die Schwiegereltern wohnten in einem siebengeschossigen Wohnblock in einer ruhigen Nebenstraße von Achrafieh, ein höhergelegener, vornehmer Stadtteil im Zentrum Beiruts, wo die Wohlhabenden die heißen Sommermonate zu verbringen pflegten. Von der geräumigen Wohnung im vierten Stock konnte man ganz Beirut überschauen. Naim und Nayla teilten sich ein Schlafzimmer. Das Zimmer von Michel und mir war sehr komfortabel. Auf dem Balkon blühten Rosen, Gardenien, Geißblatt, Hibiskus, Geranien und Jasmin.

Ich fand Zeit, mich in das Studium des Französischen und Arabischen zu vertiefen, weil Mamans Haushaltshilfe Nademe einen Teil des Tages die Kinder beaufsichtigte. Es war auch hilfreich, dass wir in einem Haushalt lebten, wo nur unsere Kinder, Michel und ich Englisch konnten. Umso eifriger saugte ich die anderen beiden Sprachen auf, vor allem Französisch, das mir natürlich leichter fiel als Arabisch, aber auch das forderte meine ganze Energie. Oft wollte mir abends beim Schlafengehen der

---

22   Du bist willkommen, meine Liebe.

Kopf zerspringen, und in meinen Träumen vermischten sich Französisch und Arabisch mit dem Englischen. Michels Tintin- und Spirou-Comicbücher halfen beim Erlernen der französischen Umgangssprache. Besonders nützlich war es, die Wörter, die ich im Alltagsgespräch nur gehört hatte, geschrieben zu sehen.

Selbst wenn ich mich lediglich auf das libanesische Umgangsarabisch konzentrieren wollte, fiel mir das Erlernen des Arabischen nicht leicht. Die Aufgabe wurde auch dadurch erschwert, dass es abgesehen von den verschiedenen Landesdialekten noch das kompliziertere Hocharabisch gibt, das vom mir unverständlichen klassischen Arabisch abgeleitet ist und nur in den Medien und auf dem diplomatischen Parkett benutzt wird.

Es dauerte mehrere Monate, bis ich mein erstes Erfolgserlebnis hatte, nämlich als es mir gelang, bei einem Beiruter Taxifahrer den Fahrpreis runterzuhandeln. Ich wollte auf die andere Seite der Stadt, um einen neuen Freund zu besuchen. Michel brauchte das Auto für einen Patientenbesuch. So stellte ich mich auf den Sassine-Platz in Achrafieh und winkte das erste Taxi herbei. Als es vor mir anhielt, fragte ich den Fahrer, wieviel es nach Hamra kosten würde, "Adesh bit reed min hon la Hamra?" Er nannte mir eine lächerlich hohe Summe. Ich tat, was die Libanesen tun, wenn sie nein sagen wollen: Ich zog die Augenbrauen hoch und schnalzte mit der Zunge. Dann bot ich "Homestash", was die Hälfte war. Er musterte mich, grinste schief, dann wies er mit einem Kopfnicken zur Wagentüre, ich solle einsteigen. Es hatte zu regnen angefangen, und als ich mit dem Taxifahrer verhandelte, trat ich unversehens in eine Pfütze. Aber ich spürte meine nassen Füße kaum, während ich mich mit einem Siegeslächeln auf dem Rücksitz niederließ. Beim Losfahren kostete ich das enorme Vergnügen aus, draußen den Wolkenbruch zu verfolgen, der die Straßen überflutete.

Mit meinem Französisch glaubte ich schon ziemliche Fortschritte gemacht zu haben, bis Wadia begann, mich auf meine Fehler aufmerksam zu machen. Das erste Mal, als wir zusammen im Schlafzimmer der Kinder saßen und ich mit der falschen

Verb-Vergangenheitsform antwortete, lachte sie und sagte: "O Cathy, du wirst nie Französisch lernen!" In der Annahme, dass sie es humorvoll meinte, lachte ich auch.

"Aber Maman," erwiderte ich, "ich fange ja gerade erst an!"

Ein anderes Mal, als sie mein "il manque moi" mit "il me manque"[23] verbesserte, schrie sie wie eine wütende Lehrerin, "Tu es incapable d'apprendre le français."[24] Ich fühlte mich so beleidigt, dass ich aufstand und auf den Balkon rausging. Während ich über die Stadt schaute und, um meine Selbstachtung zurückzugewinnen, zu verstehen versuchte, warum Wadia so unfreundlich war, kam ich zu dem Schluss, dass sie meinen Ehrgeiz testen wollte. Ich hielt es für natürlich, dass sie gegen mich eingenommen war. Schließlich hätte Michel ohne weiteres in die High Society von Beirut einheiraten können.

In den frühen Sechzigerjahren verursachten die Amerikanerinnen in Beirut einen Skandal. Mehrere von ihnen hatten libanesische Ärzte geheiratet, die zum Studium in die Vereinigten Staaten gegangen und nach ihrem Klinikum mit ihren Frauen nach Beirut zurückgekehrt waren. Über kurz oder lang vermochte es keine von ihnen, sich an das Leben in Beirut anzupassen. Sie gingen alle wieder in die USA zurück und nahmen die Kinder mit. Vor unserer Hochzeit sprachen Michel und ich sehr eingehend über diese Möglichkeit, aber ich ließ mich nicht beirren. Meine angeborene Widerstandsfähigkeit hat mir in den ersten zweiundzwanzig Jahren gut gedient und würde mir sicherlich auch helfen, mich in Beirut und meiner Ehe einzuleben. Ironischerweise half sie mir auch, eine sehr zerstörerische Beziehung zu diesem Ort aufrechtzuerhalten.

Auf der allerersten Dinnerparty, die zu Ehren des Krankenhauspersonals gegeben wurde, stieß ich auf einen Arzt, der sich mir gegenüber äußerst kalt benahm. Ich wollte von Michel wissen warum.

---

23 mir fehlt...
24 Du bist unfähig, Französisch zu lernen.

"Seine erste Frau war eine von jenen Amerikanerinnen, die wieder zurückgegangen sind."

Ich konnte nie in Erfahrung bringen, wie viele es genau waren, die ihre libanesischen Männer verlassen haben; einige meinten vier, andere sechs, aber die Geschichten über diese Frauen wurden in fast mythische Dimensionen aufgeblasen. So dachte ich erst, dass Wadias unsinniges Benehmen mir gegenüber mit diesen Amerikanerinnen zu tun hatte. In meiner offenen Art fühlte ich sogar Mitleid mit ihrer Zurückhaltung. Auf der anderen Seite stand mein Vater, der überzeugt war, dass ein Libanese mich nur heiraten würde, um die amerikanische Staatsbürgerschaft zu bekommen. Aber Wadias Reaktion ähnelte auch erschreckend der meiner Mutter, die meine früheren Liebschaften sensationssüchtig verfolgte und sich manchmal wie ein eifersüchtiger Liebhaber aufführte.

Sicher sah Wadia in mir eine Bedrohung ihres Einflusses auf Michel. Die Eifersucht, die sie an den Tag legte, ging weit über die Furcht hinaus, ich könnte Michel verlassen; es war die Eifersucht eines verschmähten Liebhabers.

Ich brauchte lange, um zu merken, dass das Verhalten von Michels Eltern nicht, wie ich geglaubt hatte, mit dem meiner eigenen Eltern vergleichbar, sondern noch wesentlich unreifer war. Während ich mich im Hause meiner Eltern gefangen fühlte, war es hier noch schlimmer, weil ich es mir nicht erlauben konnte, der Frau, in deren Wohnung wir zu Gast waren, die Stirn zu bieten. Ihre Neigung zum Sarkasmus war allseits bekannt, und sie prüfte eine jede meiner Handlungen mit kritischem Blick. Bei meinem Mann, der nicht ohne Mitgefühl mit ansah, wie ich mit seiner Mutter auszukommen versuchte, konnte ich mich nicht beschweren. Es blieb mir keine andere Wahl, als die ergebene Tochter zu spielen. Aber auch dies wurde mir von Wadia immer wieder schwer gemacht.

Nicht lange nachdem wir in die Wohnung von Michels Eltern eingezogen waren, wurde ich von einer Amerikanerin angerufen, die meinen Namen von der amerikanischen Botschaft erhalten hatte. Sie lud mich zu einem Lunch zusammen mit anderen Amerikanerinnen ein, deren Ehemänner entweder an der American University von Beirut lehrten oder bei amerikanischen Firmen arbeiteten. Als ich ich zurückkam, war Wadia ausnehmend freundlich. Sie wollte jede Einzelheit wissen: Was es zu essen gab, wie die Frauen gekleidet waren und was sie über ihre Männer erzählten.

"Ehrlich gesagt waren sie mir nicht sehr sympathisch," sagte ich. "Sie redeten dauernd nur über ihr Bridge-Spiel und beschwerten sich über ihre Dienstmägde. Sie sprechen weder Arabisch noch Französisch und ihre Kinder gehen auf die amerikanische Schule."

"Eh alors?"[25] sagte sie. "Hast du etwas anderes erwartet?"

"Ich weiß nicht," erwiderte ich, "Ich hatte gedacht, sie würden die Gelegenheit wahrnehmen, die Lebensweise eines anderen Landes kennen zu lernen. Stattdessen könnten sie genau so gut zu Hause in den USA leben."

"Mach dir keine Illusionen, Cathy," sagte Wadia, "eines Tages wirst du genau so sein wie sie. Bald wird dir die Anpassung hier zu mühevoll werden und du wirst zurückkehren."

"Nein, Maman, so weit wird es nie kommen. Ich bin viel zu dickköpfig dazu."

Eines Nachmittags befahl mir Wadia, mich zu ihr auf den Balkon zu setzen. Die Vorstellung, mit ihr alleine zu sein, ließ mich innerlich erzittern, aber ich wagte nicht abzulehnen. Mit der Hand bedeutete sie mir, meinen Stuhl heranzuziehen. Im Gespräch bestand sie darauf, die andere Person nahe bei sich zu haben, nicht um ihr liebevoll den Arm zu drücken, sondern weil sie zur Untermauerung ihrer Argumente gerne Püffe verteilte. Obwohl mir ihre dauernden Stöße gegen

---

25 Na und?

meinen Arm auf die Nerven gingen, wagte ich nicht ihn wegzuziehen. Sie wollte mir die Geschichte ihrer Jugend erzählen.

"Ich war das schönste Mädchen in Latakia, in Syrien," begann sie. "In jeder Gesellschaft war ich der Mittelpunkt." Sie zählte mir ihre vielen Verehrer auf – mehrere französische Offiziere, ein bekannter Geschäftsmann – alle danach schmachtend, sie an den Arm nehmen und auf den Bällen mit ihr tanzen zu dürfen.

"Viele machten mir einen Heiratsantrag," sagte sie, "aber ich spielte mit ihnen, machte ihnen Hoffnung, dass ich vielleicht annehmen würde, aber am Ende habe ich sie alle abgewiesen." Sie gab vor, dass heute noch, wenn ein früherer Verehrer sie erblickte, er dahinschmolz und seufzte: 'O Wadia, du warst so schön!' worauf Wadia ihm dann in die Augen sah und ihn neckte: 'Und jetzt bin ich nicht mehr schön?'

Wadia wurde als ältestes von sechs Kindern – fünf Mädchen und ein Junge – 1912 in Tarsus in der Türkei geboren. Ihre Mutter Ramza war Griechin, aber wuchs in Alexandria in Ägypten auf. Der Vater, Fourjallah Chalfoun – auch in der Türkei geboren – war maronitischer Christ, dessen libanesische Eltern aus Mount Lebanon[26] in die Türkei eingewandert waren. Wadias Vater war Schneider, besaß mit der Zeit auch etwas Land, während seine Brüder durch größeren Landbesitz steinreich wurden.

Als das Osmanische Reich 1918 zusammenbrach, besetzte Frankreich Kilikien, einen zwischen Taurusgebirge und dem südlichen Mittelmeer liegenden Streifen der heutigen Türkei. Die wichtigsten Städte waren Tarsus, Mersine und Adena. Die christlichen Familien in Tarsus, vor allem die Chalfoun-Familie, feierten das Ende des alten Reiches in aller Offenheit. In einer öffentlichen Rede hieß Hend, ein Vetter Wadias väterlicherseits, lautstark die Franzosen willkommen. Darüber waren die Türken sehr aufgebracht. Immerhin, so glaubten sie, waren die Christen unter osmanischer Herrschaft gut behandelt worden.

---

26 Der größte von Libanons acht Verwaltungsbezirken bzw. 'Gouvernements'. (Übers.)

Wadias Onkel Amine, Hends Vater, trug den Titel Bey, was für Christen eine Ehre war. Der Titel Bey – die französische Version des türkischen Beg – wurde Offizieren in der türkischen Armee und hohen Würdenträgern in der türkischen Verwaltung verliehen. Der Bey verhält sich zum Pascha wie der Herzog zum Prinz. Als die Türken 1915 begannen, die Armenier unter dem Vorwand, sie seien in russischen Diensten stehende Partisanen, niederzumetzeln, rettete Amine Hunderte von ihnen. So wie Flüchtlinge in einer Kirche Zuflucht finden konnten, war auch jeder Armenier vor Verfolgung sicher, solange er sich im Hause eines Bey befand.

Bevor die Franzosen 1921 ihre Truppen von Tarsus abzogen, weil ihnen ihr Unterhalt zu teuer wurde, informierten sie heimlich die Christen darüber, denn nun wurden Christen, die die französische Besatzungsmacht im Süden der Türkei unterstützten, von der türkischen Justiz zum Tode verurteilt. Als achtzigtausend französische Soldaten Tarsus verließen, schloss sich die Chalfoun-Familie ihnen an. Mit einem großen Schatz von Goldmünzen, der in Sättel und Gürtel eingenäht war, zogen Fourjallah und seine Angehörigen im Schutze der Dunkelheit los. Das Ziel war Latakia[27] in Syrien. Fourjallahs Brüder gingen nach Tripoli in Nordlibanon (nicht zu verwechseln mit dem bekannteren Tripolis in Libyen).

Wadias bunte Geschichte, die von verschiedenen Ländern, Grenzübergängen, von Invasionen und Einflusssphären handelte, veranlasste mich, die Rolle der Franzosen in der Geschichte der Türkei, des Libanon und Syriens genauer zu untersuchen.

Im Jahr 1916 unterzeichneten Frankreich und Großbritannien das geheime Sikes-Picot-Abkommen, welches den Nahen Osten – auf Papier zumindest – in unabhängige Staaten aufteilte. Frankreich, historisch gesehen Schutzmacht der libanesischen Christen, gewann im Libanon und in Syrien die Vorherrschaft.

---

27 .Wichtigste Hafenstadt Syriens, ca. 100 km nördlich von Beirut. (Übers.)

Großbritannien, das schon Ägypten besetzt hielt, bekam Basra und Bagdad[28] dazu. Das restliche Gebiet, nämlich Palästina, wurde Gegenstand der Auseinandersetzung zwischen den beiden Westmächten. Schließlich einigte man sich darauf, dass Großbritannien den Hafen Haifa bekam und Frankreich die Bucht von Alexandretta im Norden Syriens, die aber auch das türkische Tarsus, Mersine und Adena mit einschloss.

Tarsus, unter den Römern eine der bedeutendsten Städte Kleinasiens, ist der Geburtsort des Apostel Paulus. Alexander der Große holte sich beim Baden im Tarsus-Fluss beinahe den Tod, während Kaiser Friedrich Barbarossa gute 1500 Jahre später auf dem dritten Kreuzzug im selben Fluss ums Leben kam. Die Byzantiner und Perser haben sich hier Schlachten geliefert, ebenso wie Dschingis Khan und Timur, der mongolische Eroberer, der im vierzehnten Jahrhundert mit seinen nomadischen Horden aus Samarkand in Zentralasien Persien, Syrien und die Türkei überrannte.

Am 23. Mai 1926 wurde dem Libanon gestattet, sich eine eigene Verfassung zu geben, obwohl das Land französisches Protektorat blieb. Charles Debbas wurde zum ersten Präsidenten gewählt. Am Ende seiner Amtszeit 1932, als Émile Edde und Bechara el-Khoury um die Nachfolge wetteiferten, wurde das Land beinahe gespalten. Nun nutzte der Präsident der Deputiertenkammer, Muhammed el-Jisr, den Disput aus und erklärte sich selbst zum dritten Kandidaten. Aber um die Wahl eines Muslims zu verhindern, erklärte Frankreich prompt die Verfassung für ungültig. Erst 1936 machten die Franzosen die libanesische Verfassung wieder rechtskräftig, aber nur die beiden ersten Kandidaten wurden aufgestellt, nämlich Edde, der mit Frankreich liiert bleiben wollte, und el-Khoury, der pro-britisch war und für einen völlig unabhängigen, der arabischen Welt gegenüber offenen Libanon plädierte. Émile Edde gewann.

---

28 Also ungefähr die südliche Hälfte des heutigen Irak. (Übers.)

Als 1939 der Zweite Weltkrieg begann, setzte Frankreich erneut die libanesische Verfassung außer Kraft. Es folgten wütende Proteste auf den Straßen. Die Lebenshaltungskosten explodierten und es herrschte Nahrungsmangel.

Auf französischen Druck dankte Émile Edde ab, und Marschall Pétain, der das deutsch-besetzte Frankreich regierte, ersetzte ihn sofort durch einen neuen, ihm genehmeren Präsidenten.

Am 8. Juni 1941 marschierte die britische Armee – flankiert von einem Bataillon von Charles De Gaulles Freiem Frankreich in London – von Palästina aus im Libanon ein und verjagte Pétain und seine Leute. Flugzeuge des Freien Frankreich warfen Tausende von Flugblättern ab, auf denen der Libanon zum freien, unabhängigen Staat erklärt wurde. Die Erklärung war von General Catroux im Namen Charles de Gaulles unterzeichnet. Der Libanon erzielte seine offizielle Unabhängigkeit aber erst 1943; die letzten französischen Truppen verließen das Land endlich drei Jahre später.

Mein Schwiegervater Naim Michel Sultan kam aus einer Familie, die bis auf die Tadschiken in Zentralasien und Persien zurückreicht. Ein Teil der Sultans ließ sich im syrischen Aleppo nieder, während der Rest in der Türkei lebte. Papa war griechisch-katholisch. Er wurde 1910 als viertes von sieben Kindern in Adena geboren. Sein Vater Michel war Direktor der Poste de Téléphone et Télégraphe. Papas ältere Brüder studierten in Europa Jura und Maschinenbau. Als Papa ins Studienalter kam und sich fürs Fach Pharmazie, seine lebenslange Leidenschaft, einschreiben wollte, verkündete ihm sein Vater, dass er keine Mittel mehr für seine weitere Ausbildung hätte. Er müsse sich Arbeit suchen. Auf Anhieb wurde er Direktor einer französischen Fabrik in Syrien, die grignon herstellte, ein Nebenprodukt der Olivenölgewinnung, das als Brennstoff eingesetzt wurde. 1946 erwarb er einen Autoreparaturbetrieb in Beirut, wohin auch seine Familie zog. Als er mit diesem Unternehmen scheiterte, gründete Papa in Latakia eine Transportfirma und belieferte eine Schweizer Zementfabrik in Chekka nicht weit von Tripoli im Nordlibanon mit Gips, einem Hauptbestandteil zur Zementherstellung. Er war ein geschickter Geschäftsmann, der im Laufe seines Lebens manche Verluste einfuhr, aber auch immer wieder neues Vermögen aufbaute.

Nach althergebrachter Familientradition der Sultans werden die erstgeborenen Söhne immer abwechselnd 'Naim' und 'Michel' genannt. Mein Schwiegervater hieß Naim, weil der älteste Sohn frühzeitig gestorben war. In der Kultur des Nahen Ostens ist der erstgeborene männliche Nachwuchs von höchster Bedeutung. Er führt den Familiennamen fort und trägt die Verantwortung für die weiblichen Familienangehörigen.

Wenn Wadia ihre Wutanfälle bekam, wagte weder Michel noch sein Vater auch nur anzudeuten, dass sie überreagierte; sie hatten genug damit zu tun, in Deckung zu gehen. Eines Morgens wusch ich die Kinderkleider mit kaltem Wasser. Sie kam in die Waschküche, sah, was ich machte und begann mich zurechtzuweisen: "Ihr amerikanischen Frauen könnt überhaupt nichts richtig machen. Kinderkleider müssen heiß gewaschen werden.
"Nein, Maman," gab ich zurück, "dann gehen sie ein."
"Was unterstehst du dich, in diesem Ton mit mir zu reden!" fauchte sie und zog davon. Ironischerweise war sie auf einem Ohr taub, aber sie benahm sich, als wollte sie gar nichts hören, jedenfalls keine Kritik an ihr oder ihren Methoden.

Ich ließ ihre verletzenden Bemerkungen an mir abprallen und erwiderte nichts. Kurz nach meiner Ankunft in Beirut hatte ich das Glück, eine sehr weise Person namens Eva Hayek kennenzulernen. Sie riet mir, mich nie zwischen meinen Mann und seine Mutter zu stellen. Natürlich hatte sie Recht. Durch meine

Beschwichtigungsversuche gegenüber Michels Mutter erwarb ich mir weit mehr Respekt bei Michel und der übrigen Familie, als wenn ich sie herausgefordert hätte.

Meine Schwiegereltern pflegten oft nach ihrer Nachmittagssiesta Gäste zu empfangen. Dann waren sie froh, wenn ich mit den Kindern auf ein paar Stunden das Weite suchte. Meistens ging ich mit ihnen runter zum Haupteingang des Gebäudes, wo auf einer freien Fläche genug Platz für sie war, um mit ihrem Dreirad herumzufahren oder mit ihren Sachen zu spielen. Einmal fuhr ein Wagen heran und parkte in der Nähe des Eingangs. Das Paar, das ausstieg, sprach Englisch. Offenbar wohnten sie auch in diesem Gebäude, denn sie brachten ihre Einkäufe mit. Ich war ganz aufgeregt, englischsprechende Nachbarn zu haben und stellte mich vor.

Edith und Fouad wohnten zwei Stockwerke über meinen Schwiegereltern. Edith war Holländerin und lebte seit fünf Jahren in Beirut. Wie die meisten Holländer sprach sie perfekt Englisch. Sie konnte aber auch Französisch, Arabisch und Deutsch. Ihr Mann, griechisch-orthodoxer Libanese, war Banker. Ihre Kinder MaryAnn und Rami, mit zweieinhalb und einem Jahr genauso alt wie die meinen, taten sich ebenso leicht mit Sprachen. Wir sahen uns so oft wie möglich. Edith arbeitete an den Vormittagen bei Ericsson, der schwedischen Telefonfirma. Unsere Kinder wurden unzertrennlich. Sie spielten entweder in Naylas und Naims Schlafzimmer oder zwei Stock höher unter der Aufsicht von Ediths Haushaltshilfe. Sobald Edith von der Arbeit kam und gegessen hatte, tranken wir zusammen Tee, während die Kinder spielten. Die Freiheit, an jedem beliebigen Nachmittag die Wohnung meiner Schwiegermutter zu verlassen, zwei Treppen nach oben zu gehen und von einer warmherzigen Person freudig in meiner Muttersprache begrüßt zu werden, machte meine täglichen Reibungen mit Wadia erträglicher. Edith lieh meinen Klagen ein offenes Ohr und verstand, dass es sich bei Wadia um einen Menschen handelte, der fortwährend im Rampenlicht stehen wollte. Nachdem sie mir geduldig zugehört hatte, konnte sie nicht nur meine Gefühle nachvollziehen, sondern auch in einer

Weise darauf eingehen, die mir Halt gab, obwohl sie nicht aus eigener Erfahrung sprechen konnte. Wenn ich mein ganzes Herz ausgeschüttet hatte, verlangte sie, dass ich die Sache vergesse und mit neuer Kraft nach vorne schaue. Dieses Einfühlungsvermögen machte Edith zur Freundin und zugleich zur Stütze.

Eines Tages fragte ich Wadia, ob sie und ihre Haushaltshilfe Nademe auf die Kinder aufpassen könnten, während ich im Haus des amerikanischen Botschafters zum jährlichen Tee eingeladen war.

"Warum sollte ich dir einen Gefallen tun?" schoss sie zurück. "Du wohnst in meinem Hause und lächelst fast nie."

Ihre plötzliche Attacke überraschte mich, aber nach genauerer Selbstprüfung musste ich zugeben, dass ihre Beschwerde nicht grundlos war. Unsere dauernden Zusammenstöße waren mir ebenso zuzuschreiben wie ihr. Es war nicht leicht, in Gegenwart meiner Schwiegermutter ein Lächeln an den Tag zu legen. Da mich ihr Verhalten so sehr an das meiner Mutter erinnerte, begann ich wohl genauso darauf zu reagieren, indem ich Wadia aus meinem Leben zu verdrängen suchte.

Hätte ich geahnt, dass Wadia aus diesem scheinbar harmlosen Zwischenfall ein Schicksalsdrama machen würde, hätte ich mich sofort bei ihr entschuldigt. Nach ihrer Attacke erhob sie sich von ihrem Stuhl, ging zum Schrank, ergriff Mantel und Handtasche und stürmte hinaus mit den Worten, dass sie von nun ab bei ihrer Tochter Andrée leben würde, denn "Ich weigere mich, mit einer Person unter einem Dach zu leben, die nicht lächelt."

Wenn mich nicht panische Angst davor ergriffen hätte, Michel zu eröffnen, dass ich seine Mutter aus ihrer eigenen Wohnung vertrieben hatte, wäre ich womöglich versucht gewesen, einen libanesischen Filmregisseur anzurufen und ihm vorzuschlagen, Wadia für melodramtische Rollen einzusetzen. Doch weit von diesem Spaß entfernt, sah ich meine Welt zusammenstürzen, als die Tür hinter ihr zuschlug. In meinem Schock ließ ich sofort jeglichen Gedanken an eine Teeparty fallen. Zwar hätte Edith für mich auf die Kinder aufpassen können, aber ich wollte auf keinen Fall den Eindruck erwecken, dass ich die Krise, die ich mit ausgelöst hatte, nicht ernst nehme.

Wenn ich gehofft hatte, Michel würde zwischen mir und seiner Mutter vermitteln, täuschte ich mich.

"Du hast dich schon dutzendmal bei ihr entschuldigt. Warum nicht jetzt auch?"

Das sagt sich so leicht. Michel hält nichts von Entschuldigungen; lieber wartet er, bis sich der Sturm von alleine gelegt hat.

Ich bebte vor Nervosität, als Michel mich am folgenden Nachnittag zur Wohnung seiner Schwester begleitete. Wadia thronte wie eine Königin auf einem hohen, dickgepolsterten Armsessel im Wohnzimmer, bereit, ihre abtrünnige Untertanin zu empfangen. Mit klopfendem Herzen trat ich vor sie und sagte: "Maman, es tut mir leid, dass ich nicht genug gelächelt habe. Ich verspreche, mich zu bessern." Mit zitternden Knien drehte ich mich weg und ging auf Michel zu. Er küsste mich auf meine heißen Wangen, bevor die Reihe an Papa und Andrée kam.

Papa war für mich der aufmerksame, liebende Vater, den ich selbst nie hatte. Bei meinen häufigen Konflikten mit Wadia und Michels Weigerung, mich bei seiner Mutter zu verteidigen, hatte ich das Gefühl, dass Papa mein einziger Freund war. Er war unglaublich gutaussehend, was zum großen Teil seinem schönen Gesicht mit prominenter Nase sowie der Erhabenheit seines wohlgeformten, sonnengebräunten, oben kahlen Kopfes zuzuschreiben war. Seine funkelnden braunen Augen schienen hinter der dunkel eingefassten Brille zu tanzen. Was immer an grauen Seitenhaaren verblieb, war tadellos getrimmt und glatt gebürstet. Im Bewusstsein seines Alters und seiner Lebenserfolge hielt er sich kerzengerade, stehend oder in Bewegung, und strahlte ganz das Flair des Gentleman aus. Papa trug stets dreiteilige Anzüge; aus der Westentasche prangte die goldene Taschenuhrkette. Seine Schuhe waren derart auf Hochglanz poliert, dass man sich in den Spitzen spiegeln konnte, die Fingernägel immer tadellos zugeschnitten. Er besaß eine ganze Hutsammlung, für jeden Anlass einen besonderen Hut. Wenn Papa den Schrank öffnete, konnte ich die Hüte riechen. Begegnete er einer Dame, zog er den Hut und sprach die gewählten Worte, 'Mes hommages, Madame',[29] anstatt des weniger respektvollen 'Enchanté'.[30] Papa hatte auch eine sehr angenehme Stimme. Oft sang er, besonders wenn er alleine in seinem Zimmer arbeitete. Dabei klang er wie der korsische Tenor Tino Rossi. Meine Kinder waren selig, wenn ihr jeddo[31] Naim sie in die Arme nahm, mit ihnen ums Zimmer tanzte und sie herumwirbelte, mit einem Song von Rossi auf den Lippen.

Als Michel seine Praxis eröffnete, war er selten zu Hause. Nur manchmal trafen wir alle vier uns mit Fouad, Edith und ihren Kindern zu einem Sonntagspicknick an einem verlassenen Strand nördlich von Byblos32 oder mit den Kindern auf dem Rücken zu einer Wanderung in den Metn-Bergen33 zur Zeit der Schneeschmelze, an rauschenden Wasserfällen vorbei. Papa gab uns großzügig ein oder zwei Flaschen Chambolle-Musigny34 mit auf den Weg, die er aus seinem Weinkeller hervorzauberte. Da Michel zu viel zu tun hatte, war es Papa, der mich zu einem ortskundigen Beirut-Insider machte.

Ausländer, die in Beirut wohnen, brauchen einen besonderen Ausweis. Deshalb empfahl mir Samir, ein Mitarbeiter in der amerikanischen Botschaft, für mich und die Kinder die libanesische Staatsbürgerschaft zu beantragen, da wir auf Dauer hierbleiben wollten. Papa wusste genau, wen er zu bestechen hatte (wasta) und wieviel Bakschisch* es erforderte, um die Aufgabe so ein-

---

29 Habe die Ehre!
30 Freut mich.
31 (arabisch) Großvater. (Übers.)
32 Größte Stadt des Verwaltungsbezirks Mount Lebanon, ca. 40 km nördlich von Beirut. (Übers.)
33 Bergiges Erholungsgebiet östlich von Beirut. (Übers.)
34 Roter Burgunder. (Übers.)

fach wie möglich erfüllt zu bekommen. Zusätzlich brauchten wir als Ausländer eine unbefristete Aufenthaltsgenehmigung, die jährlich erneuert werden musste. Dies konnte wasta allein nicht für uns bewerkstelligen, wir mussten persönlich erscheinen. Aber zumindest sorgte der wasta dafür, dass wir morgens auf dem Ministerium an der Warteschlange vorbei an die Spitze gehen und den Minister sehen durften, sobald er sich an seinem Schreibtisch niederließ.

Einmal jährlich mussten die Autos unserer Familie einer amtlichen Inspektion unterzogen werden. Da es dem Verkehrsamt gleich war, wer das Auto brachte, fand Papa immer jemanden, der es für uns tat. Auch schaffte er es, die Strafgebühr für meine unbezahlten Parkknöllchen herunterzuhandeln.

Als ich bei der Fahrprüfung für meinen libanesischen Führerschein das dritte Mal durchfiel, weil ich es nicht schaffte, einen handgeschalteten Jeep den erforderlichen Sandhügel rauf und runter zu manövrieren,[35] erwirkte Papa die Erlaubnis, den Test in meinem VW-Käfer zu absolvieren. Zudem bezahlte er zwei Polizisten, die sich auf die Rückbank setzten, in der Absicht, den Prüfer einzuschüchtern. Es hat funktioniert.

Eine Institution in Beirut waren die 'Services', alte Mercedes, die als fünfsitzige Taxis dienten. Als Papa mich zu meiner ersten Taxifahrt mitnahm, schärfte er mir ein, dass ich als unbegleitete Frau die beiden freien Vordersitze bezahle und mich vorne ans rechte Fenster setze, damit der Chauffeur mich nicht aus Versehen berühren konnte. Sollte die Vorderbank schon besetzt sein, müsse ich für die ganze Rückbank zahlen, damit ich dort allein sitzen könne.

Nach einiger Zeit bei unseren Schwiegereltern stellte Papa, um mir einen Gefallen zu tun, ein Kindermädchen ein. Doch sollte ich bald merken, dass Nademe, die Haushaltshilfe meiner Schwiegermutter, es nicht leiden konnte. Eines Morgens, nach-

---

35   In den USA wird die Fahrprüfung nur auf Wagen mit Automatikgetriebe abgenommen. (Übers.)

dem Michel ins Krankenhaus gegangen war, kamen Maman und Nademe in mein Zimmer und warfen mir vor, ich hätte dem Kindermädchen geklagt, wie schwierig das Leben mit meinen Schwiegereltern sei. Sicherlich hatte ich begonnen, die Klugheit unseres Bleibens bei ihnen in Frage zu stellen, aber diese Zweifel anderen anzuvertrauen, besonders meinem Kindermädchen, wäre mir nie in den Sinn gekommen. So wies ich diesen Vorwurf entschieden zurück, aber ohne Beweise stand nur die Aussage des Außenseiters gegen die ihrige.

Im Oktober 1970, als wir noch bei meinen Schwiegereltern wohnten, erlitt Papa einen leichten Herzanfall. Daraufhin verlangte Wadia, dass die Kinder und ich die Wohnung verlassen. Papa bedürfe absoluter Ruhe. Unsere Gegenwart, vor allem das bisschen Lärm, das die Kinder verursachten, würden ihn stören. Ich war anderer Meinung und dachte, kurze Morgenbesuche seiner Enkelkinder, die sich auf seinen Bettrand setzten und ihm die Hand hielten, seien die beste Medizin für eine schnelle Genesung. Sollte sich der Fall verschlimmern, oder sollte Papa sogar im Sterben liegen, wäre nichts schöner für ihn als die Enkelkinder um sich herum zu haben, die ihm ins Ohr flüsterten, dass sie ihn lieb hätten. Ich hatte auch Angst, ihn jetzt zu verlassen, Angst, meinen Freund und Mitverschwörer nie wieder zu sehen. Aber Wadia war unerbittlich. Die Kinder und ich mussten packen und ins Sommerhaus meiner Schwägerin ziehen, das schon für den Winter abgeschlossen war. Wir hielten es zwei Wochen aus.

Im Dezember 1970, als wir endlich in unsere eigene Wohnung einzogen, rief mich Papa in sein Zimmer.
"Ich weiß, es war nicht einfach für dich diese letzten eineinhalb Jahre. Du sollst wissen, wie sehr ich deine Höflichkeit gegenüber meiner Frau schätze. Das Leben mit ihr ist wahrhaftig

nicht leicht." Er bat mich noch um einen Gefallen.

"Natürlich, Papa," sagte ich, "was kann ich für dich tun?"

"Sag ihr bitte etwas Nettes. Sie sitzt in ihrem Schlafzimmer und weint."

Als ich bei ihr eintrat, erblickte ich im Sessel eine jämmerlich zusammengesackte Figur. Ich fühlte plötzlich tiefes Mitleid mit dieser Frau, die fast ihr ganzes Leben damit verbrachte, sich mit anderen Leuten zu zanken. Sie schaute auf und schluchzte: "Ah, ma chérie, je ne vais plus te voir."[36]

"Weine nicht, Maman," sagte ich und umarmte sie. "Du wirst uns so oft sehen, dass du schwören wirst, wir wären nie ausgezogen."

Beim Rausgehen musste ich lächeln. Irgendwo in meinem Herzen regte sich ein Triumphgefühl. Ich hatte, wenn auch nur für einen Augenblick, einen Draht zu Wadia gefunden. In mancher Hinsicht befanden wir uns im permanenten Kriegszustand. Selbst wenn es am Ende keinen erklärten Sieger gibt, so bleibt zumindest ein Anschein des Friedens. Aber ich täuschte mich, wenn ich annahm, ich hätte den Krieg gewonnen. Es war nur eine Feuerpause.

In den ersten zwei Monaten des richtigen Krieges gab es an die zwanzig Feuerpausen.

Ende Juni 1975, als das Bildungsministerium das offizielle Ende des Schuljahres verkündete, überließ uns unser Freund Lucien Cassia sein Landhaus in Faraya.[37] Für Michel und mich bot sich damit die einzigartige Möglichkeit, Naim und Nayla mal länger aus Beirut rauszubringen, deshalb nahmen wir die Einladung an. Während der normalen Wintermonate nahm ich die Kinder samstagmorgens gewöhnlich nach

---

36 Ach, meine Liebe, ich werde dich nicht mehr sehen.

37 Wintersportzentrum nordöstlich von Beirut. (Übers.)

Faraya zum Skifahren. Auf dem mit knapp zweitausend Metern höchsten Berg Sannine – nur eineinhalb Autostunden von Beirut entfernt – fällt von November bis April reichlich Schnee. Aber auch im Sommer ist Faraya ein beliebtes Ausflugsziel, wenn die Berge statt einer weißen Schneedecke mit einem lila-, rot- und weißfarbigen Blumenteppich aus Iris, Mohn und Margariten geschmückt sind. Als sich herausstellte, dass mehrere Freunde ebenfalls mit ihren Kindern in Faraya Erholung suchten, schloss ich mich ihren täglichen Aktivitäten an. An den Wochentagen verbrachten wir die Vormittage am Pool. Währen die Kinder im Wasser planschten, plauderten wir oder spielten nebenan eine Runde Tennis. Die Bewegung tat mir gut, trotz meiner schlechten Knie.

An den Wochenenden kam auch Michel. Oft brachen wir sonntagmorgens noch vor Sonnenaufgang zu einer Bergwanderung auf. Zweimal schafften wir es bis Uyan Al-Siman[38] am Gipfel des Sannine-Berges, wo wir Picknick machten. Von dort konnten wir in der Ferne die zartgrüne Bekaa-Ebene und Mount Herman sehen. Ich erinnere mich noch, wie idyllisch alles aussah, während wir die Nachmittagssonne genossen, und in welch scharfem Kontrast zu den Ereignissen auf unserer Seite des Gebirges.

Mitte September kehrten wir nach Beirut zurück, um die Kinder auf das neue Schuljahr vorzubereiten, das von Oktober bis Juni lief. Am fünften Oktober, direkt nach Schulbeginn, verkündete das Bildungsministerium, dass die Schulen aufgrund erneuter Gefechte und mangelnder Sicherheit wieder schließen müssten. Naim und Nayla sprangen in die Luft vor Freude. Wir hatten uns noch nicht an ein Leben im Krieg gewöhnt, aber ich war nicht bereit, wegen des neu aufflackernden Kriegsgeschehens meine Kinder ihrer Schulbildung zu berauben. Jede längere Untätigkeit hätte ihrer geistigen Entwicklung geschadet. Zum Glück fand ich in Michels Vetter Samir, der an der Amerikanischen Universität Pharmazie studierte, die perfekte Lösung.

---

38   Größtes Wintersportzentrum im Nahen Osten.

Da auch seine Kurse abgesagt werden mussten, bat ich ihn, bei uns einzuziehen und für die Kinder Hauslehrer zu sein.

Am 6. Dezember – es war ein Samstag – ließen wir Samir über das Wochenende allein in unserer Wohnung. Michel, die Kinder und ich packten die nötigsten Sachen in Michels Fiat und machten uns auf den Weg, um Fouad und Edith in Qurnat Schehwan, etwa 40 Kilometer nördlich, zu besuchen.

Auf dem Weg hielten wir am St. George-Krankenhaus, wo Michel noch einmal seine Runde bei den Patienten machen wollte. Als wir auf den Parkplatz fuhren, sahen wir Dutzende von bewaffneten Männern, die sich um den Krankenhauseingang scharten. Ein paar Krankenhausangestellte, die jetzt zur Kata'ib-Miliz gehörten, erkannten Michel und liefen zu unserem Auto.

"Marhaba Hakeme (Guten Tag, Doktor), haben Sie gehört, was passiert ist?"

Michel schüttelte den Kopf. Jemand hatte vier Christen zu Tode gemetzelt. Die Opfer wurden am frühen Morgen entdeckt und jetzt gerade zum Leichenschauhaus gebracht.

Nabil, der in der Cafeteria arbeitete, trat vor. "Hakeme, die chebab (Leute) drinnen werden verrückt. Sie rennen durchs ganze Krankenhaus und schreien: 'Tod allen Muslims!' Nehmen Sie Ihre Familie und schauen Sie, dass Sie wegkommen, solange es noch geht."

Mir bleiben noch die Blicke in Erinnerung, die Michel und ich austauschten, als wir diese schreckliche Nachricht hörten. Der Ruf 'Tod allen Muslims!', von christlichen jungen Männern voller Wut und Fanatismus hervorgestoßen, lähmte mir das Bewusstsein. Eine ungewisse, düstere Vorahnung schien mich zu ermahnen, dass uns eine schwarze, unbeschreibliche Schreckenszeit bevorstand. Kurzzeitig war mir, als befände ich mich in einem Albtraum.

Michel saß eine Weile in tiefen Gedanken, dann startete er den Motor. Ohne ein Wort zu sagen, fuhr er aus dem Parkplatz, was mich noch mehr beängstigte. Wenn Michel seine Patienten im Stich lässt, kann es nur bedeuten, dass direkte Gefahr bevorsteht. Ich bekam kalte Hände und begann zu zittern.

"Was wird aus uns werden?" flüsterte ich, damit es die Kinder auf der Rückbank nicht hören konnten. Michel warf mir einen kurzen Blick zu, aber antwortete nicht.

Wie wir von Achrafieh in die Stadt hinunterfuhren, im Rennfahrerstil langsam in die Kurven, dann in den Kurven beschleunigend, verschwamm vor meinen Augen unser dichtgewebtes christliches Viertel mit seinen vielstöckigen Apartmenthäusern, seinen Kinos, Kirchen und Geschäften – die Rollläden schon am Boden verriegelt – in verwaschene Striemen. Erst später erinnerte ich mich, an den Ecken auch Gruppen von Milizionären gesehen zu haben, die mit Pistolen, Gewehren und Messern bewaffnet waren.

In ganzen fünf Minuten hatten wir die Küstenstraße erreicht, in die wir nach rechts einbogen und in nördlicher Richtung am Meer entlang fuhren. Schon nach hundert Metern wurden wir an einem Kontrollpunkt der libanesischen Armee angehalten.

Ein Offizier trat an unser Auto heran. "Hier können Sie nicht durch," sagte er.

"Warum nicht?" fragte Michel.

"Die Kurden schießen vorne an der Brücke auf die Autos." Er meinte die Bewohner von Karantina, einer Wellblechbarackensiedlung – verarmte Kurden, die sich der Muslim-Palästinenser-Koalition angeschlossen hatten, um die Christen zu bekämpfen. Sie bildeten eine potentiell tödliche Hürde für alle, die diese Brücke, die einzige Verbindung nach Norden, überqueren wollten.

"Sie müssen umdrehen," sagte der Offizier.

"Unmöglich. Die Hölle ist los. Die Christen und Muslims schießen wieder aufeinander."

"Wir haben davon gehört," sagte der Offizier. "Wie schlimm ist es denn?"

"Alle Geschäfte machen zu. Im St. George-Krankenhaus liegen vier Leichen. Kinder rennen herum und schreien: "Tod den Muslims!""

"Scheiße," stieß der Offizier aus. "Das fehlte gerade noch. Also, wenn Sie's riskieren wollen, treten Sie aufs Pedal und fahren mit mindestens 150 Sachen über die Brücke. Nur so kommen Sie lebend durch."

"Okay, mach ich!" erwiderte Michel.

Ich starrte meinen Mann an. "Bist du wahnsinnig? Das schaffen wir nie. Dreh um!"

"Kommt nicht in Frage," warf er zurück. "Wir bleiben nicht in Beirut, bis alles explodiert. Dies ist unsere einzige Chance rauszukommen."

"Naim, Nayla," rief ich nach hinten, "ihr wisst, was zu tun ist, meine Lieben. Runter auf den Boden, Gesicht bedeckt, und rührt euch nicht, bis ich es euch sage!"

Selbst bei diesem Tempo, mit heulendem Motor und dem Windgebrause der offenen Fenster sah ich im Geiste, wie eine Kugel ins Auto und in Michels linken Arm drang. Er stöhnte auf und ließ die Hände vom Steuer sinken. Wir kamen ins Schleudern und rasten in die Leitplanke am Brückengeländer. Ich hörte Schreie, während der Wagen sich überschlug und in Zeitlupe nach unten fiel, um endlich unten im Tal auf den Felsen zu zerschellen.

Ich war noch in meinen Albtraum vertieft, als Michel mich am Arm berührte. "Du kannst die Augen wieder aufmachen, Cathy. Wir haben es geschafft."

Als wir in Qurnat Schahwan ankamen, erfuhren wir von Edith, dass Fouad am Vormittag nach Westbeirut gefahren war, um zu seiner Bank zu gehen, und dass sie ihn am Nachmittag zurück erwartete. Aus der fröhlichen Art, in der sie uns begrüßte, entnahm ich, dass sie noch nicht das Neueste gehört hatte. Sie war glücklich, dass wir rechtzeitig zum Lunch da waren. Aus den Augenwinkeln verständigte ich mich schweigend mit Michel, Edith nichts zu sagen.

Endlich sahen wir am späten Nachmittag Fouads grauen Wagen um die letzte Kurve biegen. Die Zufahrt endete weiter unten ungefähr einen Kilometer vom Haus entfernt. Dort ließ man die Autos stehen und stieg den steilen Pfad zum Haus hinauf. Wir gingen zu Fouad hinunter und kamen gerade an, als er aus dem Auto schwankte und zu Boden stürzte. Sein Schluchzen, anfangs fast unhörbar, wurde so laut, dass ich erschauderte. Immer wieder küsste er die Erde, deren Staub er einatmete, bis er plötzlich zu husten anfing. Spuckend, mit keuchender Brust, erhob er sich auf die Knie, um Luft zu holen.

Er hob das Gesicht, schloss die Augen und murmelte: "O mein Gott, was für schreckliche Dinge musste ich heute mit ansehen!"

Michel eilte zu ihm und half ihm hoch. Auf dem Weg zum Haus stützten ihn Edith auf der einen, Michel auf der anderen Seite. Ich folgte, Fouads Aktentasche im Arm. Dann erzählte er uns alles.

Um viertel nach eins ungefähr hatten Fouad und sein Freund Ali – ein Mitarbeiter, den wir alle kannten – die Bank verlassen. Ali, der am Morgen mit einem Service-Taxi zur Arbeit gekommen war, bat Fouad, ihn nach Hause zu fahren. Da Alis Wohnung in Dora[39] praktisch am Weg nach Qurnat Schahwan lag, erfüllte Fouad die Bitte gern. Sie ahnten nichts Böses, bis sie nach Ostbeirut kamen.

Als griechisch-orthodoxer Christ konnte Fouad weitgehend unbehelligt durch ganz Beirut fahren, weil diese Gemeinde zu den anderen sechzehn religiösen Gruppen gute Beziehungen unterhielt. Dagegen hatte ein Muslim wie Ali in Ostbeirut Schwierigkeiten.

Um von Hamra nach Ostbeirut zu kommen, benutzte Fouad die 'Ring'-Überführung. Am Fuße der Abfahrtsrampe unterhalb von Achrafieh stieß er zu seiner Überraschung auf eine Straßensperre, die von bewaffneten Männern in Kapuzenshirts besetzt war. Ali merkte, wie einer von ihnen hinter dem Rücken ein Messer verborgen hielt, von dem Blut auf die Erde triefte. Panikerfüllt schaute er Fouad an, der flüsterte: "Sag kein Wort. Überlass das Reden mir."

Fouad gab einem der Männer ihre Ausweise. "Was ist hier los?"

---

39   Vorort im Nordosten von Beirut. (Übers.)

"Das geht dich einen Dreck an," antwortete dieser, während er die Ausweise prüfte. Dann gab er Fouad seinen Ausweis zurück und schaute ins Auto. "Du da, raus!"

Einer der Bewaffneten riss die Beifahrertüre auf, während der andere unter Flüchen und Verwünschungen Ali an den Schultern packte, ihn herauszerrte und gegen die Wagenseite warf.

"Da Heelkum (ich bitte euch)," flehte Fouad und sprang aus dem Auto. "Dieser Mann ist mein Freund. Verschont ihn. Ali lebt friedlich in Dora mit seinen christlichen Nachbarn zusammen," sagte er. "Ein Heckenschütze hat letzte Woche auf einen kleinen Jungen geschossen. Er war daran zu verbluten. Ali rannte auf die Straße, hob das Kind auf seine Arme und fuhr es zum St. George-Krankenhaus. Er rettete sein Leben. Und solch einen Ehrenmann wollt ihr töten?"

Schweigend ließ der Mann Ali los und deutete ihm mit der Hand, zurück ins Auto zu steigen. Fouad konnte sich nicht erinnern, ob er dem Bewaffneten für Alis Verschonung gedankt hatte oder nicht. Der Kopf hämmerte ihm derart vor Schmerzen, dass er nur noch den Gang einlegen und wegfahren konnte. Er glaubte zu fühlen, dass er Durchfall bekäme und wusste nicht, was er in dem Fall tun könnte. Dann kam das unglaubliche Schuldgefühl, dass er selbst solch Glück hatte. Nur weil er nicht Muslim war, würde er nicht abgeschlachtet wie ein Tier. Aus reiner Willkürlichkeit wollten die Männer Ali die Kehle durchschneiden.

"Wahnsinn, reiner Wahnsinn!" rief er und schlug mit der Hand aufs Lenkrad, während Ali nur vor sich hinstarrte, als hätte er bereits seine Seele verloren.

Am nächsten Kontrollpunkt mussten sie zusehen, wie ein vornehm gekleideter Mann unter den Blicken seiner Frau und seiner Kinder aus dem Auto vor ihnen gezogen wurde. Sie warfen ihn auf die Motorhaube. Einer der Bewaffneten hielt seinen Bart fest, während der andere ihm die Gurgel durchschlitzte, so dass das Blut über die Windschutzscheibe spritzte. Sein Körper erschlaffte und rutschte von der Haube auf die Straße. Zwei Milizsoldaten packten seine Füße und schleppten ihn weg, eine rote

Blutspur nach sich ziehend. Sie packten den Toten jeweils an Arm und Bein und schleuderten ihn auf den Leichenhaufen am Rande der Straße.

Der eine Soldat steckte den Kopf ins Auto und befahl der Frau loszufahren.

"Aber ich kann nicht autofahren," schrie sie. Der Soldat verfluchte und bedrohte sie, bis sie den Fahrersitz einnahm. Als sie endlich den ersten Gang gefunden hatte, hopste das Auto vorwärts, blieb wieder auf einen Ruck stehen, bis es endlich weiter stotterte wie eine erschöpfte Lokomotive, die kurz davor war, den Geist aufzugeben.

Als Ali das sah, drehte er sich zu Fouad. Unter Anstrengung, das eigene Entsetzen zu unterdrücken, wiederholte Fouad so ruhig wie möglich das, was er schon vorher gesagt hatte: "Kein Wort. Ich rede."

Schließlich erreichten sie Dora. Ali suchte vergebens nach Worten. Stattdessen ergriff er Fouads Hand und küsste sie, bevor er ausstieg.

Am Ende dieses Schwarzen Samstags, wie dieser Schreckenstag später benannt wurde, hatten beide Seiten jeweils dreihundert unschuldige Männer umgebracht.

Nachdem Edith und Fouad 1971 ihr Wochenendhaus in Qurnat Schahwan gekauft hatten, waren meine Kinder und ich ihre ersten Gäste. Damals, wie es am äußersten Ende des Dorfes auf dem Rande einer Klippe saß, mit herabhängendem Balkon und zerbröckelnden Terrassen, schien es hoffnungslos verwahrlost. Aber während der folgenden Jahre legte Fouad neue Kabel und Wasserleitungen und verwandelte das verlassene Anwesen allmählich in ein gastliches Refugium, entfernt vom Chaos in Beirut.

Nach dem Schwarzen Samstag wurden die Straßenkämpfe immer heftiger, was uns zwang, drei Wochen in Qurnat Schahwan zu bleiben. Der Fairness halber einigten wir uns mit Edith und

Fouad darauf, im Haushalt mitzuhelfen und die täglichen Ausgaben zu teilen. Jeden Morgen gab Michel den Kindern Mathe- und Leseaufgaben. Dann hackte er genug Holz, um den Ofen tagsüber warm zu halten. Nachdem Nayla und MaryAnn ihre Aufgaben erledigt hatten, machten sie Fingermalerei, spielten Haus und verkleideten sich aus Ediths Garderobe. Wenn Langeweile aufkam, kletterten sie zu den Jungen ins Baumhaus. Unter strengster Aufsicht durften Naim und der sechs Monate jüngere Rami Fouads Maschinengewehr ausprobieren.

Edith und ich hielten Ordnung, versorgten die Wäsche, kochten und holten Wasser vom Brunnen. Wenn alles getan war, machten wir 'glögg' – ein schwedischer Glühwein aus Wodka, Rotwein und Gewürzen – legten die Füße auf einen Hocker und streckten uns vor dem knisternden Bullerofen aus.

*D*ie Kriegsparteien benahmen sich oft äußerst sonderbar. Abgesehen von den Freiwilligen der Nachbarschaftsmilizen wie unserer Tanzeem waren die Berufsmilizionäre besoldet. Am Ende jeden Monats wurden die Feindseligkeiten eingestellt, damit die chebab40 ihr Gehalt kassieren konnten. In einer Gegend wie Ain el Ramaneh-Chiah, wo zuvor muslimische und christliche Familien einträchtig zusammen gelebt hatten, kannten sich die Kinder und gingen oft auf die gleiche Schule. Der Krieg sonderte sie in zwei feindliche Lager, aber wenn eine der Mütter an einer Barrikade mit Kaffee und Kuchen erschien, so dachte sich niemand etwas dabei, die ehemaligen Kameraden einzuladen. Es war auch üblich, an religiösen Festtagen unter den Milizen Waffenstillstände zu vereinbaren. Als sie sich darauf einigten, zu Weihnachten die Gefechte zu unterbrechen, bekamen wir die Gelegenheit, von Qurnat Schahwan nach Hause zurückzukehren; aber bis zum 25. Dezember hatten

---

40 Junge Kämpfer. (Übers.)

die Milizen offenbar bereits vergessen, wofür sie sich verpflichtet hatten und nahmen unsere Gegend unter heftiges Feuer.

In trotziger Widerstandslaune ließ ich die Jalousien herunter, breitete ein rotes und goldenes Damasttuch über den Esstisch, holte mein feinstes Geschirr und Silberbesteck aus dem Schrank, zündete Kerzen an und lud unsere Familie zu einer Schlemmerei mit einem Kilo Belugakaviar und einer Flasche Dom Perignon-Champagner ein, Geschenk eines Patienten von Michel.

Die Libanesen begrüßen das Neue Jahr normalerweise von Balkonen mit Salven aus klein- und großkalibrigen Pistolen. Am Silvesterabend vor Beginn des Jahres 1976 kamen sich muslimische und christliche Milizen überein, anstatt aufeinander zu schießen, für alle Beirutis eine Lichtershow zu veranstalten.

Wir vier machten es uns auf dem Balkon bei der Küchentür unter dem Dachvorsprung bequem, von wo wir einen guten Blick auf den Himmel hatten. Punkt Mitternacht erhellten hunderte rot phosphoreszierende Lichtstreifen den Nachthimmel. Die Milizsoldaten waren so geschickt im Umgang mit ihren Leuchtraketen, dass sie mit ihnen Sterne, Kugeln, Rauten und andere geometrische Figuren an den Himmel zeichnen konnten. Schon bevor wir die ohrenbetäubenden Explosionen hörten, zerplatzten die Bilder wie tausend gleichzeitig gezündete Blitzlichter. Dann sanken feine Funken – die Reste der Bilder – weich und anmutig nach unten, bevor sie sich ins Nichts auflösten. Mit nur wenigen kurzen Pausen, um ihre Kanonen neu zu laden, zogen die Milizsoldaten über eine drei Viertel Stunde ein Spektakel auf, das uns fesselte.

Am 2. Januar 1976 erfuhr ich von einem Freund Michels, dass der Radiosender 'Voice of Lebanon', der von der christlichen Kata'ib-Miliz betrieben wurde und Bachir Gemayel gehörte, einen Englisch-Übersetzer und -Nachrichtensprecher suchte. Mit der Zeit besaß jede größere Miliz ihren eigenen Sender, der ihre Version der Geschehnisse verbreitete. Allerdings war die 'Voice of Lebanon' der einzige christliche Sender. Englischsprechende Journalisten und das Personal ausländischer Botschaften peilten ihn an, um die Kata'ib-Version der neuesten Ereignisse zu hören. Da ich schon immer gern im Rampenlicht stand, reizte mich die Vorstellung, Übermittlerin dieser Nachrichten zu sein, ungemein.

"Hi, Cathy," sagte Gemayel, während ich mich zum Interview setzte. "Ich habe Sie schon einmal gesehen, und zwar letzten Monat auf der Dinnerparty bei meinem Vetter André."

Ich lächelte und nickte, ein bisschen verlegen zwar, aber dennoch erfreut, dass er mich in einer so großen Festgesellschaft bemerkt hatte. Ein gutes Personengedächtnis war Teil von Bachirs Charm. Schon nach wenigen Minuten war meine Befangenheit völlig verschwunden und ich wagte sogar, ihn zu fragen, ob er schon den neuesten Syrerwitz gehört hätte. Er neigte sich vor, um die Pointe nicht zu verpassen und brach in solch schallendes Gelächter aus, dass ich selbst kichern musste. Als er endlich zum eigentlichen Anlass meines Besuches kam und die Tätigkeit im Senderaum und die Arbeitszeiten genauer beschrieb, fragte er: "Haben Sie schon mal im Radio gesprochen?"

"Noch nie," antwortete ich nervös.

Sein Gesichtsausdruck verriet Überraschung, wich dann aber einem breiten Lachen, von neckisch tanzenden Augen begleitet, die sagen wollten, 'Baseeta (ist auch egal).'

Nachdem er noch ein paar Fragen von mir beantwortet hatte, stand er auf. "Nun, sind Sie bereit anzufangen, Cathy?"

Ich weiß nicht mehr, ob ich zugesagt hatte, doch sicherlich war es so, denn er schüttelte mir die Hand. Wenige Augenblicke später sah ich mich auf dem Pflaster dieser lebendigen Stadt entlang gehen, die ich liebte, sicher, ich hätte gerade Gott gesehen.

"Ich werde im Radio sein!" sagte ich zu mir selbst. "Ich kann es nicht erwarten, bis ich es Wadia gesagt habe. Sie wird endlich Grund haben, stolz auf mich zu sein." Aber natürlich war es noch aufregender für sie, wenn sie vor ihren Schwestern, Kusinen und allen, die es hören wollten, prahlen konnte, dass ihre Schwiegertochter nun einen wichtigen Posten hätte. Ich wünschte, meine Großmutter Catherine hätte es auch gehört. Hätte sich ihr diese Gelegenheit geboten, bin ich sicher, sie hätte sie auch beim Schopfe ergriffen.

In unserer Unterhaltung erzählte mir Gemayel von seiner Zukunftsvision. Für die Christen des Nahen Osten war der Libanon das einzige sichere Land und er wollte, dass es so bleibe. Als der Libanon 1943 von Frankreich unabhängig wurde, schrieb die Verfassung vor, dass der Präsident christlich sein müsse, was die Dominanz der Christen sicherte. Gemayel war überzeugt, dass wenn sich dieser status quo aufgrund einer wachsenden muslimischen Mehrheit ändern sollte, die christliche Sonderstellung verloren ginge. Deshalb verwandelte er 1975 die politische Kata'ib-Partei seines Vaters in eine Miliz, die der Palästinenser-Drusen-Koalition Paroli bieten konnte. Dies sei nötig gewesen, da sich die libanesische Armee in dieser Konfrontation als neutral erklärt hatte.

Trotzdem schalteten sich Armeeangehörige persönlich in den Konflikt mit ein. Immer wenn die Krise außer Kontrolle zu geraten drohte, warnten sie die beiden Seiten vor den Folgen. Als Michel und ich eines Tages beim Museum auf der Green Line unweit von unserer Wohnung an eine Armeebarrikade kamen, sagte uns der Soldat, bevor er uns durchwinkte: "Bei Barbir[41] werden Christen von Muslims gekidnappt. Nehmt eine andere Route."

Meine Arbeitszeit – fünfzehn bis achtzehn Uhr – passte gut in Michels Arbeitstag. Seit seine Patientenzahl zurückgegangen war, musste er nur noch vormittags in die Praxis.

An meinem ersten Arbeitstag beim Radio bekam ich ein Papier mit Nachrichten in die Hand gedrückt, die bereits vom Arabischen ins Französische übersetzt waren. Ich bekam zwei Stunden, um sie weiter ins Englische zu übersetzen. Es blieb mir

---

41   Krankenhaus in Beirut. (Übers.)

gerade noch genügend Zeit dazu, die Nachrichten noch einmal durchzulesen, Korrekturen anzubringen und die Aussprache der schwierigeren arabischen Wörter zu üben, bevor ich in das kleine schallisolierte Sendestudio ging, wo es nach Zigarettenstummeln und kaltem Kaffee roch. Ich setzte mich an einen langen Tisch vor das Mikrofon und blickte auf eine Wand.

Die Worte "This is the Voice of Lebanon"[42] waren die einzigen, die ich noch mit einiger Sicherheit aussprach, dann fingen mir die Hände dermaßen zu zittern an, dass ich kaum den Rest des Textes lesen konnte.

Nachts folgte mir das übelriechende Sendestudio in die Träume: Meine Stimme versagte, ich sprach Wöter falsch aus, das anwesende Publikum buhte mich aus, und meine Chefin – die mich im Traum sehr an Wadia erinnerte – warf die Arme in die Luft und rief: "Hoffnungslos!"

Zu Hause übte ich laut die Aussprache bestimmter Namen und Orte, die mir schwer fielen, wobei Michel mich so lange verbesserte, bis sie fehlerfrei war. Erst als einige Wochen später meine Nervosität gewichen war, fing ich an zu verstehen, was ich eigentlich sagte.

In den folgenden drei Monaten verkündete ich Propaganda, Halbwahrheiten und manchmal nichts als Lügen. Die Fehlinformation war fast unmerklich in den Text hineinprogrammiert. Als Ende Januar der Radiosender sich schamlose darüber verbreitete, wie großartig sich die Christen in der Schlacht um den Hotelsektor geschlagen hätten, reichte ich beinahe meine Kündigung ein. Aber Michel drängte mich, weiterzumachen. Ende Februar konnte ich mich selbst nicht mehr ertragen, als mir verboten wurde, darüber zu berichten, wie unsere Soldaten nicht nur eine extrem blutige Schlacht in den Chouf-Bergen verloren hatten, sondern auch sehr hohe Verluste hinnehmen mussten. Als ich das Studio am gleichen Abend verließ, hörte ich im Flur einen Mann

---

42 Hier ist die Stimme des Libanon. (Übers.)

weinen. Er sprach mit Alex, dem Kata'ib-Anführer, und wollte wissen, ob sein Sohn diesem Kommando im Chouf zugeteilt war, denn er hatte seit Tagen nichts mehr von ihm gehört. Alex versicherte dem Vater, dass sein Sohn in Sicherheit sei. Ich hielt mich im dunklen Hintergrund des Flurs verborgen und sah, wie der Mann Alex für die gute Nachricht dankte. Dann lief er mit hängenden Schultern weg, als wüsste er schon, dass sein Sohn tot war. Nachdem er durch den Ausgang verschwunden war, hörte ich Alex offenbar in Antwort auf eine andere Person sagen: "Ja, ich weiß, sein Sohn ist tot, aber was soll ich tun, ihm vielleicht die Wahrheit sagen?"

Die Situation verschlimmerte sich, als der syrische Außenminister Abdul Halim Khaddam nach Beirut kam, um einen Waffenstillstand auszuhandeln. Er achtete sehr genau darauf, wer was sagte. Vor dem Krieg brüstete sich der Libanon mit seiner vielsprachigen freien Presse und dem offenen Austausch politischer Ideen. Doch in der Krise wurde diese Form der Redefreiheit unterdrückt. Als die Leiche von Riad Taha, dem Präsidenten der libanesischen Gewerkschaft der Zeitungsherausgeber, an den Strand gespült wurde, war jedem Radiosprecher klar, was von ihm oder ihr erwartet wurde. Im Jahr 1975 war meine Nachrichtensendung die einzige, die auf Englisch ausgestrahlt wurde. Obwohl ich während der Sendezeit nie meinen Namen aussprach, war er weit und breit bekannt. Ich hätte auf einer Abschussliste stehen können – auch wenn es mir damals nie in den Kopf kam.

Ich kündigte zum 31. März 1975.

Salim al-Lawze war zweifellos das tragischste Beispiel dafür, was mit Journalisten im Libanon passierte. Er war Herausgeber der arabischen Zeitschrift Al Hawadess, die in London erschien, und wollte zur Beerdigung seiner Mutter nach Beirut zurückreisen. Er zögerte, weil er sich in seiner Zeitschrift kritisch über Syrien geäußert hatte. Deshalb bat er König Faisal von Saudi-Arabien, sich beim syrischen Präsidenten Assad dafür einzusetzen, dass er bei seiner Rückkehr in den Libanon unbehelligt bliebe. Trotz der erhaltenen Garantie wurde al-Lawze bei seiner Ankunft am Flughafen in Beirut entführt. Nach acht Tagen Folter wurde seine Leiche auf eine öffentliche Straße geworfen, damit alle sie sehen konnten. Als ich die ersten Schwarzweißfotos sah, konnte ich nicht erkennen, dass seine Finger bis auf Stümpfe mit Säure abgeätzt, dass seine Augen ausgestochen waren und die Zunge ihm ausgerissen wurde, aber ich las es in einem Zeitungsartikel. Ein anderes Foto zeigte ihn kurz vor seiner Abreise aus London. Etwas an ihm, vielleicht sein vornehmer kahler Kopf, erinnerte mich an Papa. Der Gedanke daran, was seine Frau und seine Kinder gefühlt haben müssen, als sie die schreckliche Nachricht erhielten, hielt mich nachts wach.

Im Jahr 1978 eröffnete Bachir Gemayel eine zweite Radiostation für seine neugegründete Miliz, die 'Lebanese Forces'. Als er mich bat, die Rolle der englischsprachigen Nachrichtensprecherin zu übernehmen, lehnte ich ab.

"Aber das können Sie mir nicht antun!" gab er zurück.

Nachdem ich ihn endgültig überzeugt hatte, sich nach jemand anderem umzusehen, war es Wadia, die sich aufregte. "Was soll ich meinen Freundinnen sagen? Dass meine Schwiegertochter eine großartige Gelegenheit durch die Lappen gehen ließ?"

Möglicherweise hatte sie erwartet, dass ich als Fernsehnachrichtensprecherin Berühmtheit erlangen würde, damit sie wieder etwas Neues hat, womit sie angeben könnte. Andererseits wäre meine Großmutter wohl stolz auf meine Entscheidung gewesen.

5
Werde ich je wieder tanzen?

Gegen Ende Januar 1976 setzte die syrische Regierung die Christen sowie die Palästinenser-Muslim-Koalition so lange unter Druck, bis sie – zumindest in Beirut – einem Waffenstillstand zustimmten. Dies erlaubte dem Bildungsministerium, die Schulen wieder zu öffnen. Auch wir begrüßten die neugewonnene Ruhe, selbst wenn es unsere dreißigste in neun Monaten war.

Michel und ich tanzten leidenschaftlich gern. So freuten wir uns auf einen langersehnten Abend in den Caves du Roi des Excelsior Hotels an der Ecke der Phoenicia-Straße, doch dann fiel uns ein, dass dieses Hotel jetzt in Trümmern lag. Ja, das ganze Viertel – das Holiday Inn, Restaurants wie das Bucharest, das unseren Freunden Fay und George Chidiac gehörte, und die glitzernden Nachtklubs – bestand nur noch aus eingestürzten Dächern, verwaisten Mauerresten und ausgebrannten Fassaden. Zwischen geborstenen Wasserrohren und offenen Abwasserkanälen kämpften streunende Hunde und Katzen um ihr mageres Dasein.

Ein unternehmerischer Libanese jedoch ließ es sich nicht nehmen, einen neuen Nachtklub zu eröffnen, das Retro in Achrafieh, nicht weit vom Sursock-Museum[43] im Accaoui-Viertel. Der Eingang befand sich in einer engen Nebenstraße und war hinter Bäumen und hohen Büschen versteckt. Es war unmöglich, irgendwo im Umkreis einen Parkplatz zu finden. Ganz Achrafieh war nichts als ein Labyrinth von überfüllten Straßen. Die Stufen vom Restaurant ins Untergeschoß zur Disco waren so eng, dass man sich nur seitwärts hinunterschieben konnte, was meinen Knieen nicht gut tat. Aber sobald ich die Musik hörte und den Tanzboden betrat, vergaß ich meine Schmerzen. Wie ich mich in Michels Armen drehte, schien mir, als würde die Stadt Beirut mich umkreisen, beinahe als wäre mein Mann verschwunden und an seine Stelle mein Liebhaber, die Stadt getreten. Natürlich war mir auf anderer Ebene bewusst, was für ein trügerischer Liebhaber die Stadt war, welch ein gefährlicher Bursche, mit dem man besser nicht anbandeln sollte; dennoch tanzte ich freudig und völlig ausgelassen. Obwohl Michel und ich den Swing, den Foxtrot und den Samba schon ziemlich gut beherrschten, übten wir jetzt im Disco weiter. Zu Hause, wenn ich allein in unserem Schlafzimmer war – das heißt, mit meinem imaginären Liebhaber Beirut – öffnete ich manchmal den Kleiderschrank so weit, dass ich mich im hohen Spiegel auf der Innenseite der Schranktüre sehen konnte, legte süßliche Fairouz[44]-Musik auf und versuchte mich im Bauchtanz. Selbstverständlich war Michel mein eigentlicher Liebhaber, aber ich war auch in die Stadt und ihre Menschen verliebt. Es war mein enthemmendes Freiheits- und Sicherheitsgefühl, das mir den Mut gab, vor meinem Mann, der mit den Händen im Nacken auf dem Bett lag und lachte, gleich einer Bauchtänzerin die Hüften zu schwingen.

Oft legten Michel und ich zu Hause Platten auf und tanzten, zum Vergnügen unserer Kinder, die aufs Sofa sprangen, um uns zuzusehen. Sie klatschten begeistert, wenn Michel mich zum

---

43 Museum moderner und zeitgenössischer Kunst. (Übers.)
44 Libanesische Sängerin, in der ganzen arabischen Welt berühmt. (Übers.)

Rhythmus einer Chuck Berry-Melodie auf dem Teppich herumwirbelte. Sie buhten aber genau so heftig, wenn ich aus dem Schritt kam und mich zu drehen vergaß. Und dann, wenn sie es am wenigsten erwarteten, wenn sie uns völlig in den Tanz versunken glaubten, ließen Michel und ich uns los, ergriffen den Arm der Kinder und zogen sie vom Sofa auf die Füße. Unbekümmert juchzte Nayla vor Freude, wenn der Vater sie in seinen Armen im Zimmer herumschwang. Wenn ich dagegen versuchte, Naim zu führen, blieb er ängstlich, fürchtete die falschen Schritte zu tun und wurde steif wie ein Zinnsoldat. Schon mit neun Jahren war er ein kurioses Mann-Kind.

Am 11. März 1976 hörte die Musik auf.

Als Michel und ich vorm Fernseher saßen und auf den französischen Kanal wechselten, erwarteten wir die gewöhnliche Nachrichtensprecherin, eine attraktive Frau in den Mittdreißigern. Stattdessen zielte die Kamera auf ihren leeren Stuhl. Es herrschte Schweigen. Die komplette Abwesenheit des Tons war das Frappierendste an der Szene. Wir saßen einfach da und starrten sprachlos auf das Bild mit dem leeren Studio. Nach einigen Minuten, die uns wie eine Ewigkeit erschienen, hörten wir, während die Kamera immer noch nichts als den Stuhl zeigte, Fußtritte auf dem Parkettboden des Studios. Ein dunkelhaariger Mann in Militäruniform trat ins Bild. Zahlreiche Orden auf seiner Brust verrieten einen hohen Rang. Ich kannte ihn nicht. Eine Zeit lang blieb er hinter dem Stuhl stehen. Dann setzte er sich, entfaltete ein Papier und hielt es trotz seiner schwarzgerahmten Brille, die er sich auf die Nase schob, in Armlänge vor sich hin. Obwohl dies der französische Nachrichtenkanal war, sprach er zu meiner Überraschung klassisch Arabisch, was ich nicht verstehen konnte. Ich schielte zu Michel hinüber, der die Stirn runzelte. Als der Sprecher endlich mit seiner Rede zu Ende war, stieß ich Michel ungeduldig mit der Hand und fragte: "Und?"

"Es gab einen Staatsstreich," sagte Michel. "Er heißt Brigadier Ahdab, und er hat sich gerade zum libanesischen Militärgouverneur erklärt."

"Also deshalb war die Kamera so lange auf den leeren Stuhl eingestellt!"

"Er verlangt, dass Präsident Frangie und sein Kabinett innerhalb von achtundvierzig Stunden zurücktreten, und er hat das Parlament bereits damit beauftragt, ein neues Staatsoberhaupt zu wählen."

Frangie weigerte sich zurückzutreten und schwor, gegen den Brigadier zu kämpfen. Ein paar Tage später wurde der Präsidentenpalast unter Beschuss genommen und schwer beschädigt. Frangie floh in den Norden des Landes.

Da es unvermeidlich schien, dass es auf der Green Line, unserer Straße also, zu neuen Gefechten kommt, beschloss Michel, mit uns bei den Eltern in Achrafieh Zuflucht zu suchen – nicht weil es dort sicherer wäre, denn sowohl Wohn- wie auch Esszimmer sowie auch zwei Schlafzimmer lagen an der Westseite, also Richtung Westbeirut (woher die Beschießung Richtung Ostbeirut kam), sondern weil unsere Wohnung in der Badaro-Straße offiziell auf der Westbeirut-Seite der Green Line lag. Michel war besorgt, dass der Übergang zwische Ost- und Westsektor geschlossen werden könnte, was unseren Bewegungsspielraum einengen und für Michel den Weg zum Krankenhaus in Achrafieh abschneiden würde.

Die ursprüngliche Green Line wurde von einem Franzosen namens Écochard entworfen. Unter seiner Anleitung wurden über die ganze Länge der Damaskus-Straße, vom Stadtzentrum bis zum Ende von Fourn ni Chebak, Bougainvilleas und Eukalyptusbäume gepflanzt. Jetzt aber war die Green Line durch die befeindeten Milizen in eine tödliche Territoriumsgrenze zwischen Ost- und Westbeirut verwandelt worden, ein Niemandsland, wo Ausweispapiere und das Los des Schicksals über Tod und Leben entscheiden.

Seit Kriegsbeginn bekam ich nie die Gelegenheit, meine Wertgegenstände zu verpacken und an einem sicheren Ort aufzubewahren. Gewöhnlich warfen wir einfach ein paar Dinge wahllos in den Koffer und stürzten zur Wohnungstür, während um uns herum die Granaten fielen.

Dieses Mal war es anders.

In der Sultan-Familie gab es einige kostbare Objekte, besonders Teppiche und Antiquitäten. Michel und ich besaßen zwei Perserteppiche – Hochzeitsgeschenk eines Geschäftspartners meines Schwiegervaters. Sie waren ungefähr siebeneinhalb Meter lang (deshalb konnten wir sie bei unseren Zimmermaßen nie völlig ausrollen), an die fünfundsiebzig Jahre alt und mussten sorgfältig verstaut werden, bevor wir unsere Wohnung verließen. Nachdem ich mühsam alle Stühle auf die Seite gebracht, Tisch und Sofa umgestellt hatte, rollte ich die Teppiche auf und verschloss die Enden mit Plastiktüten, um Motten und Milben fernzuhalten. Dann stapelte ich sie zwischen Sofa und Wand aufeinander. Ich zog alle Jalousien hoch und wickelte die Vorhänge im Wohn- und Esszimmer oben um ihre Stangen.

Unser wertvollster Besitz bestand aus einem Dutzend Vasen, die dreitausend Jahre alt waren, manche nur acht Zentimeter hoch. Sie stammten aus der Sammlung meines Schwiegervaters – über fünfhundert erstaunlich gut erhaltene Antiquitäten, die in der Wohnung in Achrafieh in einer Vitrine untergebracht waren: Vasen, römische Büsten, Öllampen und Münzen.

Ich liebte es, mit den Fingern sanft über die glatten Oberflächen dieser Objekte zu streichen. Ihre Transparenz ließ sie so zerbrechlich erscheinen, doch waren sie so fest, als kämen sie gerade aus der Werkstatt des Künstlers. Ihre Farben reichten von hellblau bis türkis. Bei mehreren größeren, ca. 30cm hohen Vasen war die Oberfläche gefrostet, was ihnen eine zusätzliche visuelle Dimension verlieh. Die größten dienten zum Aufbewahren von Gewürzen; die mittelgroßen enthielten Körperöle – Moschus und Zedernholzextrakt für die Männer, Lavendel und Jasmin für die Frauen. Was die ganz kleinen Vasen betrifft, vor allem die breiter gerandeten, so nahmen sie vielleicht die Tränen auf, die aus Kummer über einen Krieg oder einen verlorenen Liebhaber vergossen wurden.

Ich legte die Vasen auf den Boden neben eine schwere Metallkiste, die ich im Kleiderschrank gefunden hatte, holte aus dem Badezimmer ein Handtuch und faltete es dreifach, um mir das Hinknien zu erleichtern.

Beim Einpacken wurde mir bewusst, durch wie viele sorgende Frauenhände diese Vasen schon gegangen sein mussten. Wie anmaßend von mir, nicht schon früher daran gedacht zu haben! Ich war nichts als ein Kurator, dem diese kostbaren Kunstwerke aus vergangenen Zivilisationen anvertraut waren. Mindestens seit der babylonischen, aber auch bei der römischen und griechischen Eroberung Beiruts machten Frauen es sich zur Aufgabe, diese besonderen Vasen aufzubewahren, während ihre Männer in den Kampf zogen. Und hier war nun ich, eine Hausfrau wieder einmal mitten im Krieg, die Tausende von Jahren später das gleiche Ritual zelebrierte.

Gerade war ich dabei, die letzte Vase in einen Rest Baumwollstoff zu verpacken, als Michel hereintrat und sich neben mich stellte. Er merkte, wie unglücklich ich war und wie sehr ich es hasste, unsere Wertsachen wegzupacken.

"Bist du fertig?" fragte er.

"Ja," seufzte ich.

"Dann lass mich dir beim Aufstehen helfen."

"Was lächelst du so schelmisch?" wollte ich wissen, während er mir einen Kuss gab.

"Weil heute dein Geburtstag ist, Dummerchen! Hast du's vergessen?"

Ich lächelte und nickte.

Naim und Nayla kamen lachend hereingesprungen. "Mommy hat ihren Geburtstag vergessen! Mommy hat ihren Geburtstag vergessen!"

Kurz vor Mittag erreichten wir die Wohnung der Schwiegereltern. Ich war überrascht, dass niemand da war. Ein Grund, warum ich nicht gern Wadia sah, war ihre übertriebene Vorsicht beim Umgang mit ihren Kunstgegenständen. Ich hielt die unseren gern in der Hand und stellte sie heraus, wenn wir Gäste hatten, besonders Silber und Kristall. Dass dann und wann mal etwas zu Bruch ging, war unvermeidlich. Bei Wadia durften wir nichts berühren, und da sie ihre Sachen gern im Wohnzimmer auf jedem Regal und jeder freien Tischfläche ausbreitete, war es nicht leicht, diese Regel zu befolgen. Eine Ausnahme waren Wadias Kronleuchter. Sie liebte diese Erbstücke und genoss es, wenn andere bewundernd die Hände nach ihnen ausstreckten und sie sanft berührten. Sie hingen weit herunter an schweren Metallketten, einer im Wohn-, der andere im Esszimmer. Die einzigartigen Kristalltropfen von dunklem Orange und tiefem Blau funkelten im Sonnenlicht und klingelten fast unhörbar in der Meeresbrise.

"Wo ist deine Mutter? Weiß sie nicht, dass wir kommen?" fragte ich.

"Hatte ich dir das nicht gesagt? Sie und Nademe sind gestern früh nach Latakia[45] gefahren. Papa hatte angerufen, dass sie kommen sollen."

"Nein," antwortete ich und drehte mich weg, damit er mein zufriedenes Lächeln nicht sehen konnte.

Am Vortag hatte Michel eine Schokoladentorte mit Himbeerfüllung bestellt. Er und Nayla waren an diesem Morgen mit irgendeiner Ausrede aus dem Haus geschlüpft, um sie bei der Konditorei um die Ecke abzuholen. Als sie zurückkamen, versteckten sie die Torte bis nach dem Essen im Büffet. Ich konnte ehrlich nicht sagen, ob es die strahlenden Gesichter der drei mir liebsten Menschen – es war ihnen gelungen, mich zu überraschen – oder die Abwesenheit Wadias war, was zu dem schönsten Geburtstag meines Lebens beitrug.

Die ersten paar Tage in Achrafieh waren fast zu schön, um wahr zu sein, beinahe als hätten wir uns unerlaubterweise in eine Party geschlichen. Jede Minute rechneten wir damit, dass es zwischen Ahdabs und Frangies Milizen zu Feindseligkeiten kommt, vor allem nachdem der Präsidentenpalast bombardiert

---

45 In Latakia unterhielt der Vater von Michel aus geschäftlichen Gründen noch eine Wohnung. (Übers.)

wurde, aber nichts geschah. Doch eine Woche später kam Achrafieh unter heftiges Feuer, und zwar durch einen stärkeren, erfahreneren Gegner, nämlich die palästinensich-muslimischen Stellungen in Westbeirut.

Auf einem Leergrundstück neben dem Gebäude meiner Schwiegereltern hatte die Kata'ib-Miliz eine Mörserbatterie bestehend aus sechs 150mm-Kanonen aufgestellt. Die Mannschaft umfasste zwölf Soldaten, gerade mal in ihren Teens und frühen Zwanzigern. Nach dem Mittagessen, wenn es in der Gegend ruhig wurde und wir uns ein bisschen hinlegen wollten, konnten wir sie reden hören. Sie arbeiteten mit freiem Oberkörper, um sich zu bräunen. Ihre feuchten Leiber mit Goldketten um den Hals funkelten in der Sonne. Immer mal wieder feuerten sie eine Salve. Zu unserer Erleichterung bekamen sie kein Gegenfeuer. Wie so oft in diesem Krieg wurden wir leichtsinnig, so wie die anderen auch, und vergaßen allmählich, dass sie überhaupt da waren. An einem Mittwoch schlug ich vor, unsere Freunde Myrna und Tony Esta zum Lunch einzuladen. Wir hatten die Wohnung meiner Schwiegereltern immer noch für uns allein. Michel willigte ein.

Nach den langen regnerischen und kühlen Monaten Januar und Februar hatten wir einen wunderschönen Märztag, einen Tag, an dem man froh ist, am Leben zu sein. Wir hatten alle Fenster offen und genossen die Brise vom Meer.

Wie ich gerade letzte Hand an die Vorspeisen legte, hörte ich einen Nachbarn eine Coleman Hawkins-Melodie spielen. Immer wenn er auf seinem Jazz-Saxophon spielte, konnte ich kaum die Füße still halten. Ich wiegte mich im Rhythmus, als Michel in die Küche kam, meine ausgestreckten Arme ergriff und mit mir einen langsamen Swing tanzte. Myrna, die uns lachen hörte, kam herbei und stand in der Tür. Als Michel mich fast zum Boden senkte, rief sie über ihre rechte Schulter zurück: "Tony, komm her! Kinder, schaut euch eure Eltern an. Sie tanzen! Ich glaube..."

Sie blieb mitten im Satz stecken. Alles um uns zitterte plötzlich. Die Kronleuchter klirrten. Eine Rakete explodierte. Wir waren nicht sicher, ob es der Abschuss oder der Einschlag war.

Einen Moment schauten wir uns an, und ich erinnere mich genau, dass wir schweigend übereinkamen, die Explosion zu ignorieren.

"Nun los," sagte ich, "gehen wir rüber und lassen es uns schmecken."

Ich stellte die Appetithappen auf den Tisch, einen Teller mit Enten- und Kaninchenpastete sowie Räucherlachs, einen zweiten mit gegrillten Garnelen mit Aioli und eine große Schüssel mir grünem Salat. Alle bedienten sich, während Michel einen Weißwein öffnete.

Dann hörten wir einen zweiten, gedämpfteren Knall. Ich schielte zum Kronleuchter hinauf, aber er blieb still. Diesmal aßen wir einfach weiter, ohne uns anzuschauen.

"Auf euer Wohl," sagte ich und erhob mein Glas.

"Sahah (auf eure Gesundheit)", erwiderte Michel, wir tranken und lächelten uns über den Rand unserer Gläser an.

Eine gewaltige Detonation ließ unser Gebäude beben. Myrna ließ ihre Gabel auf den Teller fallen. "Um Gottes Willen," sagte sie, "was geht vor?"

"Nichts," sagte Tony und rollte die Augen. "Nichts außer diesen herrlichen Garnelen."

"Sie kommen aus..."

Dieses Mal klang das Pfeifen der Granaten wesentlich schärfer, sie kamen näher.

Ich fühlte, wie mein Sohn mich anblickte. Ich wusste, dass ich reagieren sollte, aber in jenen zwei Sekunden war ich entschlossen, mich nicht durch den Krieg aus der Fassung bringen zu lassen. Dies gab Tony gerade genug Zeit, um sich noch mehr Garnelen in den Mund zu stopfen. Dann reagierte ich. Als ich aufstand, erhob sich auch Myrna ruckartig, so dass ihr Stuhl umkippte. Die Mörser von nebenan begannen zu feuern. Jetzt sprang auch Tony auf die Füße.

"Scheiße, wir können nicht einmal in Frieden essen!" rief er, während er sich die letzte Garnele in den Mund schob.

"Komm, Myrna," meinte er, "es ist besser, wir gehen."

"Ich begleite euch zum Auto," sagte Michel.

Ich konnte hören, wie die Raketen näher kamen. Deshalb nahm ich die Kinder bei der Hand und wir kauerten uns in die Ecke neben der Eingangstür. Für einen Augenblick dachte ich, mit den Kindern ins Treppenhaus zu gehen, doch als ich die Haustür öffnete und sah, wie die Nachbarn in Panik die Treppen runter stürmten, überlegte ich es mir anders.

Michel kam zurück und sagte: "Wir sind hier sicherer."

Eine Rakete landete nicht weit von uns, und die nächste schlug in unmittelbarer Nähe ein. Michel schützte die Kinder mit seinem Körper, gerade als die dritte Rakete unser Gebäude traf. Irgendwo hörten wir Glas klirren. Wir wagten nicht den Kopf zu heben, um zu sehen, wo es war, aber ich fühlte etwas Scharfes wie einen Nadelstich in meiner rechten Wade. Ich fühlte mit der Hand, und als ich sie zurückzog, waren die Finger blutig. Es war sicher ein kleiner Glassplitter.

Auf einmal war alles ruhig.

Nach all dem Krachen wirkte die plötzliche Stille wie Balsam. Ich setzte mich auf und merkte, dass ich in den letzten drei Minuten kaum geatmet hatte. Als ich endlich Luft holte, schmerzten mir die Rippen und die Brust. Ich blickte auf meine Wade. Das Blut war getrocknet. Die Kinder begannen sich zu bewegen und setzten sich auch auf. Ich zog sie zu mir und hielt sie fest, bis sich ihre Körper entspannten. Michel stand auf und half mir auf die Beine. Meine geschwollenen Knie schmerzten, als wären sie in Flammen. Überall lag Staub. Ich schüttelte ihn aus meinem Rock und aus den Haaren. Instinktiv wollte ich den Besen holen und den Flur sauberfegen. Es mag einige Minuten gedauert haben, bevor wir uns ins Wohnzimmer wagten.

Die Rakete hatte ein ungefähr drei Meter breites Loch in die Außenwand der Wohnung unter uns gerissen. In der Wohnung unserer Eltern waren alle Fenster zur Straße eingedrückt. Bei einigen war der metallene Fensterrahmen so verbogen, dass er in einem Museum als modernes Kunstwerk hätte gelten können. Die Klimaanlage war aus ihrer Verankerung in der Wand auf die andere Seite des Zimmers geschleudert worden. Schrappnell und Mörtelschutt bedeckten den Boden. Wadias samtene Couch mit den dazupassenden Sesseln waren nicht mehr tiefblau, sondern weiß mit Staub überzogen. Überall lagen Glassplitter, auf dem Bett, in meinen Hausschuhen. Aber keine einzige Vase aus Papas Sammlung war beschädigt; die Vitrine war völlig intakt. Das Glas, das wir klirren hörten, kam von Wadias Kronleuchtern. Der im Wohnzimmer lag auf dem Boden wie ein Haufen aus buntem Eis; die Teile des anderen waren über den Tisch zerstreut und bedeckten unsere Essensreste.

Michel winkte mich auf den Balkon und zeigte runter auf die Straße. Die Ellbogen ins Geländer gedrückt lehnte ich mich hinaus. Drunten stand ein Dutzend Leute um drei Leichen herum. Ein Mann lag mit dem Gesicht nach unten; seine Beine waren bis auf die Bügelfalte in der Hose unversehrt, sein Kopf zerschmettert. Neben ihm lag eine Frau, und eine Sekunde lang dachte ich, Myrna und Tony. Der Mann trug die selbe Hose wie Tony und die Frau…

Naim und Nayla wollten auch runterschauen, und bevor ich es verhindern konnte, blickten sie wie gebannt nach unten. Ich ergriff Nayla an der Schulter und versuchte, sie sanft ins Zimmer zurückzuschieben, um ihr Albträume zu ersparen, aber sie widersetzte sich. Sie starrte auf den kleinen toten Jungen. Ein Mann in den Dreißigern schob sich durch den Zuschauerkreis, lief auf das Kind zu und fiel neben ihm auf die Knie. Der Junge – er mochte sieben oder acht Jahre alt gewesen sein – sah aus als würde er schlafen. Der junge Mann hob ihn auf seine Arme. Zwei andere Männer, die dabei standen, halfen ihm auf. Er hielt das Kind an die Brust gedrückt und küsste es zärtlich auf die Stirn. Wie er den kleinen Körper wegtrug, wippte der Kopf und die dünnen Arme pendelten leblos hin und her. Nach ein paar Schritten blieb der Mann stehen. Er blickte nach oben, hob den Körper des Jungen weiter nach oben und rief: "Ya Allah? (O Gott, warum)" Die anderen machten ihm Platz und wir sahen schweigend zu, wie er davon lief.

Jemand zupfte mich am Arm. Ich drehte mich um. Es war Naim.

"Mommy," sagte er. "Mommy, warum hörst du mich nicht?"

"Was hast du gesagt, mein Schatz?" fragte ich.

"Ich habe gesagt, 'Davon werde ich Albträume bekommen.'"

Ich blickte ihn an, schlang die Arme um seine Schultern und sagte: "Wir alle haben Albträume, Schatz, aber ich weiß, dass du fähig bist, mit ihnen fertigzuwerden. Du musst nur mich oder Poppy rufen."

"Ja, das stimmt," antwortete er.

Ich ließ die Hand auf seiner Schulter und sah den Rücken von Nayla. Ich machte mir Sorgen. Solche Dinge griffen sie immer sehr an, während ich irgendwie auf Autopilot schaltete. Ich wusste nicht, wieviel Nayla verdrängen konnte. Sie drehte sich zu mir und sah mich an. Ihr Gesicht war hohl und weiß.

"Es ist Myrna!" sagte sie. "Ich weiß, dass es Myrna auf der Straße ist. Genau so einen Pullover hat sie getragen."

Ich starrte unten auf die Frau und dann wieder auf meine Tochter. Hatte sie etwa Recht? War das Myrna? Hat Michel sie wirklich wegfahren sehen, oder hat er sich das nur eingebildet?

"Sie sind's," schrie sie, "ich weiß, sie sind's!" Sie fing an zu zittern.

"Nein, sie sind's nicht," sagte Naim.

"Beweis es mir!" schrie Nayla wütend, als wollte sie auf Naim losgehen.

"Schau dir ihre Haare an, Dummkopf, ganz andere Farbe als Myrnas Haare."

"Schätzchen," sagte ich, "wir kennen diese Person nicht." Wie ich mich selbst hörte, merkte ich, wie gefühllos ich sprach. Ich wusste nicht, wie lange ich mich noch hinter der Maske kühler Nüchternheit verstecken konnte.

Am folgenden Morgen wachte ich erschöpft auf, aber froh, am Leben zu sein. Vor dem Schlafengehen hatte ich noch so viel wie möglich im Wohn- und Esszimmer aufgeräumt. Die Fensteröffnungen deckte ich mit Plastikfolie ab, die Michel um die Ränder mit Nägeln befestigte. Ich entfernte die Glassplitter von den Betten und wechselte die Bettwäsche. Aber den Staubgeschmack im Mund wurde ich einfach nicht los.

Ich fragte mich, in welchem Zustand die Kinder aufwachen würden. Alles, was sie gestern Abend zu sich genommen hatten, war ein Teller Suppe. In der Nacht war Naim einmal aufgestanden, um auf die Toilette zu gehen, kam aber nicht zu uns, woraus ich schloss, dass er keine Albträume hatte. Und Nayla schien friedlich geschlafen zu haben. Ich selbst schlief nur streckenweise und sehr unruhig. Ich träumte von meiner Familie. Alle waren tot. Sie lagen mit weit geöffneten Augen auf der Erde. Die Sonne blendete und ließ ihre Augen wie Murmeln erscheinen. Meine Kinder, mein Mann, Wadia, Papa, selbst meine eigenen Eltern – alle tot. Meiner Mutter waren die Augen herausgerissen und ich konnte in das Innere ihres Kopfes blicken.

Ich drehte mich auf dem Kissen um und sah Michel an die Decke starren. Sein Gesicht war schlaff und blass. Selbst die Lippen hatten ihre Farbe verloren.

"Warst du die ganze Nacht wach?" fragte ich. Ich deutete sein Schweigen als Zeichen, ihn in Ruhe zu lassen.

Ich stand auf. Meine Knie brannten immer noch wie Feuer, aber ich wollte den Glaser anrufen, bevor er zu beschäftigt wurde. Während des Krieges machten die Glasfabriken Überstunden, um dem Bedarf an Fensterglas nachzukommen. Obwohl die Glaser Wucherpreise verlangten, leisteten sie gute Arbeit, und ich konnte mich darauf verlassen, dass unser Glaser innerhalb einer Stunde hier wäre, um Maß zu nehmen, dann in seine Werkstatt zurückzukehren und wenig später die neuen Fenster einzubauen.

Als ich in unser Schlafzimmer zurückkehrte, stand Michel am Fenster und blickte über die Stadt. "Wir müssen hier weg," sagte er, "wir gehen nach Qurnat Schahwan."

"Ich habe schon den Glaser angerufen. Sobald er fertig ist, können wir gehen."

Die Einbrüche in Privatwohnungen wurden immer schlimmer in Beirut. Deshalb sollte der Glaser, der in einer Wohnung arbeitete, die mit Wertgegenständen vollgestopft war, nicht wissen, dass wir weggingen. Ich packte ein paar Koffer, versteckte sie im Schlafzimmerschrank und wartete auf ihn. Inzwischen waren Naim und Nayla aufgewacht, aber sie waren noch ganz benommen. Aber als sie erfuhren, dass wir nach Qurnat Schahwan fahren würden, lebten sie auf.

Die Windschutzscheibe meines VW-Käfers war eingeschlagen. Wir entfernten die Splitter von den Sitzen so gut es ging, dann fuhr Michel los, aber nur eine Straße weiter, bevor er den VW unter einer Brücke parkte. Michels Fiat, der dort stand, sah durch Schrapnellschäden aus, als hätte er die Pocken; die Windschutzscheibe hatte viele Sprünge, aber der Motor sprang an. Während die Kinder einstiegen, schaute ich zum leeren Grundstück hinüber. Die Mörserbatterie stand immer noch dort, als wäre nichts passiert. Auch die jungen Männer in ihrer Kampfmontur waren noch da. Komischerweise hatte ich bis jetzt nie ihre langen Haare bemerkt, sicher weil Michel jetzt seinen dicken schwarzen Lockenschopf genauso wie die Soldaten über die Ohren wachsen ließ und so wie sie Bart und Schnurrbart trug. Die Männer lungerten auf dem Boden und rauchten Haschisch, dem Geruch nach zu urteilen. Angeblich wirkte dies beruhigend auf sie, während sie ihre Schmutzarbeit verrichteten. Dank dem blühenden Drogenhandel in der Bekaa-Ebene war Haschisch leicht zu bekommen. Der eine von ihnen kaute zwischen den Haschischzügen Kürbiskerne aus einer Plastiktüte und reichte sie an seine chebab weiter.

Qurnat Schahwan ist im Frühling zauberhaft. Es ist ein kleines Dorf mit ungefähr fünfzig Familien, das etwa dreihundert Meter über dem Meer liegt. Die Häuser stehen auf Steinterrassen, die aus der Entfernung wie riesige Stufen aussehen. Nach einer halbstündigen Fahrt auf der Küstenstraße nach Norden in Richtung Jounieh biegt man rechts ab und erreicht eine Viertelstunde später Qurnat Schahwan. Es war ein sonniger Tag und wir konnten die Fenster runterkurbeln. Auf dem Rücksitz zwischen Nayla und Naim stapelte sich das Gepäck. Ich saß am Steuer, während Michel wie so oft gedankenverloren aus dem Fenster sah. Beim Erreichen der letzten Kurve sagte ich: "Wir sind fast da!" Dies war das Zeichen dafür, nach rechts oben zu schauen und die ersten Konturen von Fouads und Ediths Haus zu erhaschen, die auf der Bergkimme aus dem üppigen Grün hervorlugten. Zuerst sah man das Dach mit den hellroten Ziegeln, die im gleißenden Sonnenlicht aufleuchteten. Wilder Klatschmohn umrahmte die Terrassen unterhalb des Hauses. Nachdem wir das Auto abgestellt hatten, stiegen wir den bekannten Pfad empor. Bunt gefleckte Schmetterlinge tanzten um unsere Beine herum. Ausgelöst durch unsere vorbeistreifenden Füße erhob sich der würzige Duft von frischem Thymian, der am Wegrande wuchs. Auf den grünbewachsenen Terrassen standen Ediths Apfelbäume, deren weiße Blütenblätter mit dem Zartrosa ihrer Kelche wetteiferten. Magentafarbig blühende Dickblattpflanzen überwucherten die Wegsteine. Naim zog vorsichtig die Blüte einer Klettertrompete ab, hielt sie an die Lippen und "trompetete" unsere Ankunft.

"Wir sind da!" riefen wir

Nach ein paar Tagen schienen sich unsere Kinder von den Raketenangriffen erholt zu haben. Nayla und MaryAnn vertieften sich wieder in ihre Puppen und sammelten wilde Blumen; Naim und Rami rannten ins Tal hinunter und gaben sich ihren Abenteuerspielen hin.

Es war schon erstaunlich, wie nach all dem Tod und all der Zerstörung in Beirut so etwas Einfaches wie ein verletzter Vogel unser aller Aufmerksamkeit fesseln konnte. Es war der Montag vor Ostern, als Naim und Rami auf einem ihrer Pirschgänge Schüsse hörten. Nachdem wieder Ruhe eingekehrt war, entdeckten sie auf einer der Hangterrassen einen verwundeten Storch und eilten mit der aufregenden Nachricht ins Haus.

Eine Viertelstunde später sah ich vom Fenster aus die zwei Buben aus dem Unterholz auftauchen, gefolgt von Faoud, der einen großen weißen Vogel auf den Armen trug. Edith hatte schon auf dem Terrassentisch alte Zeitungen ausgebreitet, und Fouad legte den Storch behutsam darauf, damit Michel ihn untersuchen konnte.

"Er wurde im Flug angeschossen," sagte er, "und hat sich wohl beim Aufprall auf die Erde das Bein gebrochen."

Der Storch zitterte; wir konnten sein kleines Herz in der Brust schlagen sehen. Michel hielt ihn sanft aber fest still, um ihn auf andere Verletzungen zu untersuchen. Fouad spielte Assistent und bereitete eine kleine Holzschiene vor, während Michel das Bein richtete. Wir anderen schauten fasziniert zu.

Die Kinder machten im Vorratsraum vor dem Haus ein kleines Bett aus Stroh. Fouad setzte den verwundeten Vogel vorsichtig darauf nieder. Hoffentlich würde er sich erholen. Wir setzten ihm Wasser vor und etwas in Milch getränktes Brot, und die Kinder hielten umschichtig bei ihm Wache.

"Er braucht Frieden und Ruhe, wenn er sich erholen soll," sagte Nayla mit einer ernsten, erwachsenen Stimme. Ich blickte erstaunt auf meine Tochter. War die Dringlichkeit ihres Tons auf den Storch gemünzt oder auf sie selbst?

Am nächsten Tag färbten MaryAnn und ihre vierjährige Schwester Ostereier, während Edith und ich Kuchen backten. Behutsam tauchten sie die ausgeblasenen Eier in kleine Schalen mit verschiedenen Farben, von tief violett bis hellgelb, und hängten sie draußen in der Sonne an eine Stange. Sie arbeiteten den ganzen Nachmittag selbstvergessen und glücklich an einem weißen quadratischen Tisch im Wohnzimmer bei den hohen Fenstern. Die Sonne schien auf ihre Köpfe. Wenn ich zu ihnen hinüberblickte, leuchtete ihr Haar im Gegenlicht, und selbst ihr Lachen erinnerte an Engel. Auch Naylas Gesicht war fröhlich und entspannt, sie schien ihre Ermahnung an Frieden und Ruhe vergessen zu haben, ob für sie oder den Storch. Ein Stein fiel mir vom Herzen. Welch ein herrlicher Friede, dachte ich. Ich brauchte nur in die Kindergesichter zu sehen, um mich zu überzeugen. In jenem Augenblick waren wir hier in Qurnat Schahwan selig. Edith und ich verstanden uns prächtig. Michel hatte in Fouad einen Kameraden gefunden, Naim und Rami waren täglich auf ihren Schleichwegen, und im Vorratsraum schien es dem Storch von Tag zu Tag besser zu gehen.

Am Morgen des Gründonnerstag, als Nayla und MaryAnn wieder nach ihm sahen, war er tot.

"Warum musste er sterben?" weinte Nayla

"Ich weiß nicht, mein Schatz. Wir haben getan, was wir konnten," sagte ich. "So sehr wir auch wünschten, dass er gesund würde, er hat es nicht geschafft. Der Storch wusste wohl, dass er nie wieder fliegen würde, und so ist er lieber gestorben."

Am Karfreitag beerdigten wir den Storch. Nayla und MaryAnn organisierten das Begräbnis. Naim und Rami mussten das Grab ausschaufeln, während Fouad aus Holzresten ein Kreuz improvisierte. Wir übrigen Erwachsenen standen auf dem Balkon und schauten zu, wie die Mädchen "Ave Maria" sangen und mit brennenden Kerzen die Prozession anführten. Ihnen folgten Naim und Rami. Sie trugen den Vogel-Leichnam in einer Pappschachtel zu seiner letzten Ruhestätte neben dem Schuppen, in dem der Esel Shaater wohnte.

Am Ostersonntag gingen unsere beiden Familien in die heiße, überfüllte Dorfkirche, um die Auferstehung Christi zu feiern. Die weihrauchgeschwängerte Luft muss mir die Sinne benebelt haben, denn auf einmal sah ich unseren Storch weiß leuchtend hinter dem Altar stehen, die Schwingen zum Flug ausgebreitet. Es war das Wort "Lamm", das mich aus der Trance weckte. Als der Priester die Worte "Lamm Gottes" sprach, wurde ich an meinen Sohn erinnert, denn gerade am Tag zuvor sah ich Naim und Rami mit einem Schäfer zurückkommen, der sie nach Hause begleitete, und Naim trug ein Lamm quer über seinen Schultern. Nachdem der Priester das dritte und letzte "Lamm Gottes" intoniert hatte, antwortete ich für den Storch in uns allen: "Und schenke uns den Mut nicht aufzugeben."

Eines Morgens sah ich in den Spiegel und entdeckte zwischen meinen Haaren eine weiße Linie. Ich wusste nicht, was es sein sollte. Sicher war es nur die schlechte Beleuchtung. Ich schob die Haare etwas aus der Stirn, lehnte mich näher an den Spiegel – mein Haar war an den Wurzeln weiß geworden. Ungläubig durchfuhr ich mit den Fingern mehrere Strähnen, doch das Weiß war überall, als hätte mir jemand ein Zaubermittel eingespritzt, das mich von einem Tag auf den andern zur alten Frau machte. Ich klappte den Klodeckel runter und setzte mich. Als die Tränen getrocknet waren und meine Brust nicht mehr pochte, stand ich wieder auf und starrte auf die Frau im Spiegel. Ich war zu sehr damit beschäftigt gewesen, den Raketen aus dem Weg zu gehen und nachts wachzuliegen, als dass ich auf mein Aussehen geachtet hätte. Ich wusch mir täglich das Gesicht und putzte mir die Zähne und trug hin und wieder Lippenstift auf, aber meine Erscheinung im Spiegel zu studieren war das Letzte, was mir eingefallen wäre. Und beim Kämmen machte ich mir nie Gedanken um meine Haarwurzeln, weil es mir nicht wichtig schien. Aber nun wurde ich plötzlich verzweifelt. Auch hatte ich abgenommen, was sich zuerst im Gesicht zeigte. Meine Wangen waren zu hohlen Trichtern eingefallen, was keinesfalls meinem Alter von dreiunddreißig Jahren entsprach. Eher sah ich wie vierzig aus, oder noch älter.

Wie erbarmungslos der Krieg das Selbstvertrauen zertrampelt.

Ich kehrte nur äußerst ungern von Qurnat Schahwan nach Beirut zurück. Trotz der Bombenangriffe schaffte es das Parlament zusammenzutreten und einen neuen Präsidenten zu wählen, aber kaum jemand glaubte an die Chance für einen langfristigen Waffenstillstand. Dies machte mir Angst. Zum ersten Mal zog ich in Betracht, die Stadt auf immer zu verlassen. Ich erinnere mich noch an das Schamgefühl, das mich bei diesem Gedanken überkam. Michel nannte mich immer 'die Frau mit stählernen Nerven'. Und in meiner Einfältigkeit glaubte ich ihn zu enttäuschen, wenn ich ihm eingestehen würde, den Krieg nicht mehr länger auszuhalten. Oder war dies nur eine bequeme Ausrede? Fühlte ich nicht tief in meinem Innern, dass ich mir selbst untreu würde, wenn ich meinen grausamen Liebhaber Beirut verließe?

Die Stadt, die ich liebte, der Ort, der meine Heimat geworden war, hatte sich tiefgreifend verändert. Die Discobars und Nachtklubs waren verbarrikadiert. Meine Lieblingsgebäude –historische Herrenhäuser und uralte Souks – lagen nach den schweren Raketenangriffen in Trümmern. Alte Gärten voller Hibiskus, Bougainvillien und dickstämmigen Zypressen blieben der Verwahrlosung überlassen. Freie Flächen wurden zu Mülldeponien. Kilometerlange weiße Sandstrände waren jetzt mit Wellblechsiedlungen für die neuen Obdachlosen Beiruts überstreut. Von den Balkongeländern mit überbordenden Geranien blieb nichts als verbogenes Eisengestänge vor gähnenden Mauerlöchern. In meinen Träumen wurden sie zu schreienden Mündern geblendeter Opfer, an die Betonmauern genagelt, vergessen und dem Hungertod ausgeliefert.

Die Gebäude in unserer Straße waren übersät mit Einschlaglöchern von Raketen und Schrappnell. Die Markisen der Geschäfte hingen in Fetzen herunter; zertrümmerte Fenster streckten ihre zackigen Glasreste anklagend in die Leere; es herrschte kritische Strom- und Wasserknappheit; anstatt detonierender Raketen brummten jetzt überall in der Stadt Stromgeneratoren; ein Gewirr von improvisierten schwarzen Stromkabeln überspannte Straßen und Gassen.

Bei diesem Anblick musste ich mich fragen, ob ich jemals wieder tanzen würde mit dem verführerischen Liebhaber, meinem Beirut.

6
Abreise

Es fiel mir nicht schwer, Michel davon zu überzeugen, dass wir den Libanon eine Zeit lang verlassen sollten, vor allem weil er einsah, dass in Beirut die Musik für immer verstummt war. Schwieriger war es, den sichersten Weg aus dem Land zu finden. Die Christen erlitten an allen Fronten Niederlagen. Die Green Line nach Westbeirut zu überqueren oder den Flughafenzubringer zu nehmen war ausgeschlossen, da diese Routen von den muslimischen Milizen beherrscht waren und wir eine Entführung riskieren würden. Ende Mai 1976 standen vierzigtausend syrische Soldaten an der libanesischen Grenze. Sie bereiteten eine massive Invasion vor, angeblich um wieder Ruhe herzustellen und die Christen zu schützen. Deshalb reiste Walid Jumblatt, Arafats drusischer Partner in der muslimisch-palästinensischen Koalition, nach Damaskus und beschwörte Syriens Präsident Hafez el-Assad, von einem Einmarsch abzusehen. Jumblatt versicherte Assad, dass er und Arafat die Situation unter Kontrolle hätten und es nur noch eine Frage von Tagen sei, bis im Libanon wieder Ruhe herrschte. Offenbar wusste Jumblatt nicht, dass Assad den PLO-Führer verachtete und alles daran setzen würde, um einen Sieg Arafats zu verhindern. Mit der Invasion wollte Assad zwei Fliegen mit einer Klappe schlagen: Einerseits stände er als Retter der Christen da, andererseits würde er Arafats Pläne ein- für allemal vereiteln.

Bis zum ersten Juni waren zwölftausend syrische Streitkräfte einmarschiert. Nach Augenzeugenberichten hatten die Syrer außerdem kilometerlange Panzerreihen die syrische Küste entlang unmittelbar nördlich von Arida[46] positioniert, die nur auf den Befehl warteten, die libanesische Nordgrenze zu überrollen. In der Bekaa-Ebene sahen die Einheimischen stundenlang unter brennender Sonne zu, wie eine Schlange von dreihundert Panzern über die Berge kam und durch ihre Dörfer Alley und Bhamdoun rasselte. Als Papa uns dies alles mitteilte, war ich begeistert. Nun musste ich mich nicht mehr um die Familie und die Freunde sorgen, die wir zurückließen.

Die syrische Intervention wurde auch von den Anführern der christlichen Milizen begrüßt. Sie bedeutete ihre letzte Rettung vor einer schmählichen Niederlage. Laut einem Artikel in der Zeitung Al-Nahar vom 6. Juni 1976 verkündete Pierre Gemayel: "Nachdem das Land wieder gesichert ist, wird sich der Libanon mit Syrien darauf einigen, die Präsenz der syrischen Truppen im Lande zeitlich zu befristen, unter Vorbehalt einer Verlängerung, wenn es die libanesische Regierung sowie die Kriegsparteien wünschen." Anscheinend war ich nicht die Einzige, die keinen Gedanken darauf verschwendete, wie sich eine längere syrische Besetzung für den Libanon auswirken würde.

Wir alle hätten es uns überlegen sollen.

Im Oktober 1976 wurde die syrische Intervention im Libanon auf einem Gipfeltreffen der arabischen Staaten in Saudi-Arabien offiziell sanktioniert. Eine dreißigtausend Mann starke Friedenstruppe, vorwiegend aus Syrern bestehend und ausschließlich unter syrischem Kommando, genannt

---

46   Nördlichste Stadt an der Küste Libanons. (Übers.)

"Arab Deterrent Force",47 wurde aufgestellt, um 'Libanons Sicherheit zu garantieren'.

Ungefähr zur gleichen Zeit forderte US-Präsident Gerald Ford alle Amerikaner in Beirut auf, die Stadt zu verlassen. Kurz darauf wurde ich von der amerikanischen Botschaft mit der Anweisung angerufen, zum Küstenort Ain El Mraiseh in Westbeirut zu gehen. Ich musste aber daran erinnern, dass die Fahrt dorthin durch die Stadt viel zu gefährlich wäre. Als mir dann geraten wurde, nach Damaskus zu reisen, erklärte ich ihnen, dass eine Taxifahrt durch die Berge und durch die syrisch kontrollierte Bekaa-Ebene sogar noch gefährlicher wäre. Eigentlich blieb den Christen nur noch eine einzige Möglichkeit, das Land zu verlassen. Zweimal wöchentlich verließ ein Passagierdampfer den Hafen Jounieh nördlich von Beirut mit Kurs auf Zypern. Tickets waren praktisch nicht zu bekommen, außer man war bereit, halsabschneiderische Schwarzmarktsummen hinzublättern.

Aber welch eine Überraschung, als am Tag nach unserer Entscheidung, Beirut zu verlassen, ausgerechnet jene Person, die mich ebenso wenig respektierte wie Wadia, vor unserer Haustüre erschien, um uns zu helfen.

Nademe stand seit zweiundvierzig Jahren als Wirtschafterin im Dienste meiner Schwiegereltern. Wenn es früher in armen syrischen Dörfern zu viele Münder zu füttern gab, war es üblich, die Mädchen zu verkaufen. Nademe war gerade mal acht Jahre alt, als sie an Michels Großmutter mütterlicherseits als Dienstmädchen verkauft wurde. Oft waren diese Mädchen noch so klein, dass sie auf einem Hocker stehen mussten, um Geschirr zu spülen. Als Michels Großmutter starb, zog Nademe in die Wohnung meiner Schwiegermutter. Sie war als Alawitin geboren. Die Alawiten sind eine kleine muslimische Sekte, die fast ausschließlich an der syrischen und südtürkischen Küste angesiedelt ist. Der syrische Präsident Hafez al-Assad, der fast dreißig Jahre

---

47 Arabische Abschreckungs-Streitkräfte.

lang über die sunni-muslimische Mehrheit herrschte, war Alawit. Auf Drängen meiner Schwiegermutter konvertierte Nademe als junges Mädchen vom Islam zum Christentum.

Da ich Nademe den Respekt zeigte, der ihr angesichts ihrer langen Dienstzeit gebührte, erwartete ich in Anerkennung meiner Position als Ehefrau des ältesten Sohnes von Wadia das gleiche. Doch wegen meiner stürmischen Beziehung zu Wadia glaubte Nademe mich in derselben Weise behandeln zu müssen wie ihre Herrin. Dabei war ich nicht die einzige, die von Nademe als unter ihrer Würde betrachtet wurde.

Nademe übte auch eine Art erpresserische Macht über meine Schwiegereltern aus. Solange diese zu ihren gelegentlichen Lügen, kleinen entwendeten Gegenständen oder fehlenden Geldbeträgen in der Haushaltskasse ein Auge zudrückten, führte sie jede Anweisung Wadias gewissenhaft aus und erriet alle ihre Wünsche. An Tagen aber, wo sie es zu weit trieb und von meinen Schwiegereltern in ihre Schranken gewiesen werden musste, täuschte sie fürchterliche Kopf- oder Rückenschmerzen vor und verkroch sich tagelang in ihr Bett.

Als nun Nademe plötzlich vor unserer Haustüre auftauchte und uns erklärte, sie sei von meinem Schwiegervater geschickt worden, um uns zu helfen, nach Latakia zu kommen, war ich so glücklich sie zu sehen, dass ich ihr einen Kuss auf die Wange dückte.

Sie war auf einem kleinen Frachter in Jounieh gelandet und per Taxi nach Beirut zurückgekommen. Der Frachter sollte in zwei Tagen mit einer Ladung libanesischer Äpfel wieder ablegen. Sein Kapitän war ein Freund Papas und bot uns für die sechzehnstündige Reise nach Latakia die Mittelmeerküste entlang für eine sicher ansehnliche Summe seine Kapitänskajüte an.

Papa wusste, dass es uns an wichtigen Versorgungsmitteln fehlte und gab Nademe vier Benzinkanister mit je zwanzig Litern mit. Selbst für Ärzte, die die höchste Priorität besaßen, war es äußerst schwierig, Benzin zu bekommen. Papa verlangte nur, dass wir alles Benzin, das wir nicht brauchten, Michels Schwester

Andrée überließen. Wenn es um die Überbringung von lebensnotwendigen Dingen wie Benzin ging, war Nademe die richtige Person. Sie war gut organisiert und fand immer jemanden, der ihr helfen würde, so dass sie die Benzinkanister nie selbst schleppen musste. Nachdem die Schiffsbesatzung die Kanister auf den Kai gestellt hatte, wurde Nademe von einem Dutzend Taxifahrer umschwärmt, die ihr anboten, sie zu fahren wohin sie wolle. Natürlich sahen sie in einer Frau, die achtzig Liter Benzin mit sich führte, ein leichtes Betrugsopfer. Doch hatten sie sich in Nademe gewaltig getäuscht. Als sie endlich einen Fahrer ausgesucht und dieser ihre ganze Ladung verstaut hatte, forderte sie von ihm die Autoschlüssel. Sie musste nämlich noch vom Einwanderungsbüro ihre Ausweispapiere zurückbekommen und ging nicht das Risiko ein, danach auf einem leeren Kai stehen.

Nademe brachte auch eine große Kühlkiste voll kleiner Frikadellen mit, kibbeh* genannt, sowie kleiner Blätterteighörnchen, die sambusak hießen. Sie rochen nach Zimt und Nelkenpfeffer und waren mit geröstetem Hackfleisch und Pinienkernen gefüllt. Papa, der auch meine große Schwäche für lambajeans kannte – hauchdünne Fleischpizzas mit Knoblauch, die nur aufgewärmt und mit Zitronensaft beträufelt werden mussten – schickte uns noch zwei Dutzend davon mit.

Uns wurde erlaubt, ein Auto an Bord zu bringen, also beschlossen Michel und ich, seinen kleinen Fiat 134 mitzunehmen, der uns am Schwarzen Samstag so sicher über die Karantinabrücke gebracht hatte. Der VW-Käfer wurde mittlerweile in der Tiefgarage eines Freundes abgestellt. Als der Abreisetag kam, verabschiedeten wir uns von Andrée und ihrer Familie und machten uns frühmorgens auf nach Jounieh. Auf dem Weg wollten Michel und ich uns noch von ein paar Freunden verabschieden, darunter dem damaligen Oberst Elie Hayek, der einen seiner Soldaten beauftragte, die Verladung unseres Autos aufs Schiff zu überwachen.

Wir erreichten das Schiff eine Stunde vor der Abfahrt, die auf 21 Uhr festgesetzt war. Als ich die wimmelnde Menschenmenge sah, die sich vor der Gangway versammelt hatte, ergriff mich die Panik. Salim, ein Freund, der uns begleitete, war ebenso entsetzt.

"Keine zehn Ochsen bringen mich auf ein Schiff mit so vielen hysterischen Menschen!" sagte er.

Ein Mann erzählte uns, dass die meisten anderen Passagiere den ganzen Tag Schlange gestanden hätten, um einen Platz an Bord zu ergattern.

"Dazu wurden wir von Westbeirut beschossen," sagte er. "Als ob diese Hunde gewusst hätten, dass wir wegkommen wollten."

Die nervöse Spannung erhöhte sich noch durch ein Dutzend bewaffneter Kata'ib-Milizionäre, die sich am Fuße der Gangway aufgestellt hatten. Ihre M-16 Maschinenpistolen, die sie über den Arm gelegt hielten, waren auf die Menge gerichtet. Gleich Straßenräubern verlangten sie eine sogenannte 'Ausreisesteuer' in US-Dollar, bevor sie ihre Mitchristen aufs Schiff ließen. Dass sie das Geld für sich persönlich behielten, war der Gipfel der Beleidigung.

Es war schon fast dunkel, als eine Rakete ganz in der Nähe ins Meer stürzte und explodierte, so dass unser fünfzig Meter langer Dampfer wild ins Schaukeln geriet, gewaltsam gegen die Reifen an der Mole schürfte und die Menschen mit Wasser bespritzte.

Nademe war einen Matrosen suchen gegangen, den sie kannte, und kam keinen Augenblick zu früh mit diesem zurück. Er führte uns den Kai entlang zum Heck des Schiffes, weg von der Menschenmenge und den Soldaten, wo ein anderer Matrose wartete, um uns an Bord zu helfen. Michel und Nademe hoben Naim und Nayla hoch und reichten sie dem Matrosen hinüber, der sie mit ausgestreckten Armen in Empfang nahm. Dann gaben sie uns die Hand, um uns an Bord zu helfen. Eine Weile blieben wir ruhig stehen, bis unsere Augen sich an die Dunkelheit gewöhnt hatten und tasteten uns dann vorsichtig auf dem Deck vorwärts. Wir erblickten schemenhaft mehrere Autos, die schon geladen waren, konnten aber unseres nicht erkennen.

Der Matrose führte uns eine enge Treppe hinunter und wies uns eine saubere Kajüte zu, die spärlich mit einem Bett, zwei

Stühlen und einem Tisch möbliert war. Die Türe war mit einem sicheren Schloss versehen. Bevor Nademe Achrafieh verließ, hatte sie für uns einen Picknickkorb vorbereitet, auf den wir uns jetzt hungrig stürzten. Wir fanden arabisches Brot, das wir mit dem französischen La vache qui rit[48]-Käse bestrichen, knabberten kleine Gurken und nippten an Wasserflaschen. Den Napfkuchen, die Bananen und Trauben hoben wir fürs Frühstück auf.

Ich teilte das Bett mit Naim und Nayla, während Michel und Nademe die Nacht auf den Stühlen, den Kopf auf den Tisch gestützt, verbrachten. Die Kinder waren im Nu eingeschlafen, aber ich hielt mich wach, bis ich sicher war, dass wir Fahrt aufgenommen hatten. Ich hatte keine Lust, aus dem Bullauge noch einen letzten Blick zurück auf die Lichter der Stadt zu werfen, die ich einmal meinen Liebhaber genannt hatte. Ich, die ich mich einst so willfährig von Beirut hatte verführen lassen, fühlte mich angewidert.

Erst die Wellen des offenen Meeres schaukelten mich leise in den Schlaf.

*M*ir träumte, ich säße im Wohnzimmer Wadia gegenüber. Sie hielt die Arme über ihrer ausladenden Brust verschränkt, und ihr Lächeln glich eher einem überlegenen Grinsen.

"Siehst du, ich hatte Recht," erklärte sie triumphierend.

"Was meinst du?" fragte ich.

"Habe ich dir nicht gesagt, dass du wieder nach Amerika gehst, wie alle anderen?"

Ruckartig versteifte sich mein Rücken.

"Um Gottes willen, Wadia glaubt wirklich, sie hätte gewonnen. Dabei hat sie verloren!"

Mein Herz raste, mir drehte sich der Magen um, wenn ich

---

48 Die lachende Kuh.

daran dachte, wie Wadia den Sinn unseres Gesprächs von 1969 verdrehen könnte.

Wenn sie es wirklich tut, dachte ich, werde ich protestieren; ich werde ihr klar machen, dass ich nur wegen dem Krieg gehe – nicht, weil ich mich nicht an das Leben in Beirut gewöhnen konnte.

Einige Stunden später wachte ich auf, um auf die Toilette zu gehen. Michel schloss für mich die Kajütentür auf. Draußen war der Gang beleuchtet. Ich hob den Fuß, um den ersten Schritt zu tun, hielt aber in der Luft inne. Der enge, ungefähr sechs Meter lange Flur, war vollgestopft mit Menschen. Einige saßen mit dem Rücken an die Wand gelehnt, andere hatten sich auf dem Fußboden zusammengerollt im verzweifelten Versuch, ein bisschen Schlaf zu finden. So vorsichtig wie ich konnte, stakste ich zwischen den Körpern durch. Als ich die Toilette erreichte, stand die Tür weit offen; drinnen saß eine Frau und schlief. Ich weckte sie auf und bat sie, mir die Toilette kurzzeitig zu überlassen.

Wir mussten lange in den Morgen geschlafen haben, denn als wir die Tür zum Gang wieder öffneten, war alles leer und wir hatten sogar die Toilette für uns selbst. Als ich mich wunderte, dass die Toilette nach so häufiger Benutzung nicht übergelaufen war, meinte Michel, dass der Abfluss wahrscheinlich direkt ins Meer führte.

Nach dem Frühstück beschlossen wir, den Rest des Morgens an Deck zu verbringen. Wenn unsere Zeitrechnung stimmte, blieb uns nur noch eine Stunde bis zur Ankunft in Latakia. Wir kletterten noch eine Treppe höher und hatten plötzlich den Kapitän neben uns.

"Haben Sie gut geschlafen, Hakeme?" fragte er.

"Danke, ja," antwortete Michel.

Einige Leute im Hintergrund drehten sich um, als sie den Kapitän hörten.

"Wer ist denn das?" hörte ich jemanden fragen.

"Eine Ausländerin, da bin ich sicher," antwortete eine Frau. "Stell dir vor, ich musste für sie die Toilette räumen."

Dann kam die erste Stimme wieder: "Ist sie etwas Besonderes? Bekommen sie und ihre Familie deshalb Sonderbehandlung?"

Ich tat, als hörte ich sie nicht. Eine Konfrontation mit anderen Passagieren hätte gerade noch gefehlt. Wir gingen ans andere Ende des Schiffes, wo wir alle noch genügend Platz fanden, um uns hinzusetzen. Inzwischen hatte Nademe den Kapitän gefragt, wie viele Passagiere er insgesamt an Bord hätte.

"Hundertzehn."

Sie schätzte, dass der Dampfer unter normalen Umständen lediglich mit einer zehnköpfigen Besatzung fährt.

Ich fragte sie: "Was glaubst du, wie viel der Kapitän auf dieser Fahrt verdient hat?"

Nademe rollte mit den Augen. "Kteer" (eine Menge), sagte sie. "Kteer."

Wie wir uns Latakia näherten, erkannte ich viele riesige Hafenkräne, die wie Störche auf staksigen Beinen standen. Ich sah aber keine Frachtschiffe, bis Naim sagte:

"Da draußen liegen achtunddreißig Frachtschiffe vor Anker."

Ich drehte mich um und erblickte am Horizont ein Schiff neben dem andern. Ich war über die große Anzahl der Frachter erstaunt, selbst wenn ich den gesperrten Hafen von Beirut in Betracht zog, aber Michel erklärte mir, dass Latakia zu den ältesten Handelshäfen der Welt gehörte. Hier wurden Güter für den Libanon, für Jordan geliefert, sogar Fracht aus Marseilles, die für Saudi-Arabien und noch darüber hinaus bestimmt war. Für die Spediteure war es oft billiger, die Güter von Europa über Latakia laufen zu lassen, anstatt durch den Suezkanal, wo es neben hohen Gebühren oft Verzögerungen gab.

Syrien exportiert durch Latakia große Mengen landwirtschaftlicher Produkte, darunter Baumwolle, Tabak und verschiedene Früchte. Zur Bierproduktion in Europa werden Weizen und Gerste aus Aleppo – nordöstlich von Latakia – verwendet. Papa schickte früher von hier Schnecken nach Frankreich, die sich dann wundersamerweise in escargots de Bourgogne⁴⁹ verwandelten und als französisches Produkt ausgegeben wurden.

*A*ls uns meine Eltern 1974 im Libanon besuchten, machten wir eine Busreise durch Syrien. Damals erschien mir Latakia als ein einziger riesiger, hässlicher Hafen mit einer Reihe verrosteter Container nach der anderen. Aber ich hatte das herrlich leuchtende Türkis des Mittelmeers vergessen, noch leuchtender als das Meer bei Beirut. Der Rest der Stadt schien von der Zeit vergessen worden zu sein, jene stillen Wohnviertel, wo meine Schwiegereltern wohnten und wir am Meer Fisch und Garnelen vom Grill bestellten.

Die interessanteste Sehenswürdigkeit von Latakia befindet sich vor den Toren der Stadt, in Ras Shamra at Ugarit, wohin ich mit Naim und Nayla gehen wollte. Überwuchert von Anisbüschen und Klatschmohn finden sich Überreste eines hoch entwickelten Königreiches, das schon florierte, als Tyra und das libanesische Byblos noch kleine Dörfer waren. Hier wurde zum ersten Mal das komplette Alphabet auf Tonzylinder geritzt. Die Vokale allerdings fehlten. Sie mussten vom Leser in Gedanken eingesetzt werden.⁵⁰

*1*974 besichtigten meine Eltern und ich auch Palmyra. Ich erinnere mich noch, wie wir uns der historischen Stätte näherten, gerade wie die Sonne langsam hinterm Horizont versank – eine Oase mitten in der syrischen Wüste. Als wir anhielten, weil eine Herde von Kamelen vor uns die Straße überquerte, bekamen wir Gelegenheit, ihren unbekümmerten, anmutig schaukelnden Gang zu bewundern. Palmyra, an der Seidenstraße zwischen Europa und Ostasien gelegen, war zur

---

49 Schnecken aus Burgund.
50 Vgl. Fox, Robert. The Inner Sea. The Mediterranean and its People. Knopf, NY, 1993, 445f.

Zeit Christi Hauptstadt Syriens und zugleich wichtiges Politik- und Handelszentrum. Noch heute ist es wegen seiner imposanten römischen Tempel und Säulenreihen, die sich über sechs Quadratkilometer erstrecken, weltberühmt.

Als wir Palmyra verließen, kam aus der anderen Richtung ein Lastwagen, der im Wesentlichen aus einem mit winzigen, vergitterten Fenstern versehenen Blechkasten auf Rädern bestand und rumpelnd durch die sengende syrische Wüste zog. Nervös fragte ich unsere Reiseführerin, was das sei.

"Ach, das ist nur der Gefangenentransport zum Untergrundgefängnis in Palmyra," sagte sie.

"Wie können die Gefangenen in dieser Hitze atmen?" wollte ich wissen.

"Es ist wirklich egal, ob sie atmen können oder nicht," erklärte sie achselzuckend. "Am Ende sterben sie ja doch alle im Gefängnis. Keiner kommt hier mehr lebend raus."

Dieses Bild und diese Worte drückten alles aus, was ich an Syrien hasste und warum ich nicht in dieses Land zurück wollte. Jedermann wusste, dass Syriens Straßen von Mohabarat-Agenten wimmelten, der übermächtigen Geheimpolizei, und dass man sehr vorsichtig sein musste, bevor man den Mund aufmachte. Im Libanon pflegte man zu sagen: 'Ganz gleich, wie schlecht es um Beirut steht, es ist immer noch tausend Mal besser als in Syrien.' Natürlich wollten wir vorerst bei Michels Familie in Latakia bleiben, wohin uns das Schiff getragen hatte, und so konnten wir uns zumindest ein bisschen sicherer fühlen.

Es war Nayla, die mich aus diesen trüben Überlegungen riss. Sie zupfte mich am Arm und sagte: "Mommy, warum hörst du mir nicht zu?"

"Tut mir leid, Liebling," sagte ich, "ich war in Gedanken."

"Woran hast du denn gedacht?"

"Dass ich wirklich hier nicht landen möchte," antwortete ich.

"Können wir hier denn nicht viel besichtigen und an den Strand gehen?" fragte Nayla.

"Natürlich, Liebling. Es ist nur kein guter Ort für Erwachsene."

Unser Besuch in Latakia wäre nicht möglich gewesen, wenn Präsident Assad nicht die Einreisebestimmungen geändert hätte, weil die syrische Regierung dringend Geld brauchte. So wurde beschlossen, dass jeder Mann, der den Militärdienst nicht absolviert hatte, eine Gebühr von tausend Dollar zahlen musste und damit für immer von der Wehrpflicht befreit wurde. Prompt bezahlte mein Schwiegervater diese Gebühr für Michel und seine beiden Brüder, die vor kurzem nach Latakia zurückgekehrt waren, um Papa in seinem Gips- und Speditionsgeschäft zu helfen. Obwohl Michel bei der Ankunft in Latakia keine schriftliche Bestätigung über die Bezahlung der Militärdienst-Befreiungsgebühr, die sein Vater für ihn entrichtet hatte, bei sich führte, war er überzeugt, dass die Behörden Bescheid wüssten und ihn ohne Weiteres einreisen lassen würden.

Bis hierher war die Überfahrt von Jounieh nach Latakia reibungslos verlaufen, aber dies sollte sich ändern, nachdem wir von Bord gegangen waren.

Als wir in die sonnendurchflutete Einwanderungshalle eintraten, waren die Beamten gerade beim Mittagessen. Nademe schlug vor, dass wir uns hinsetzen und warten, während sie in Erfahrung bringen wollte, wie lange es dauern würde, bis die Beamten zurückkämen. Abgesehen von ihrem breiten, kantigen Gesicht und den kurzgeschnittenen braunen Haaren, die ihr einen leicht männlichen Ausdruck verliehen, war Nademes Erscheinung in keiner Weise ungewöhnlich. Sie war ungefähr einen Meter sechzig groß, trug fast ausschließlich baumwollene T-Shirts, Röcke, die über die Knie reichten und einfache Turnschuhe ohne Socken. Nur selten zog sie sich ein Kleid an. Da ihr Chef, mein Schwiegervater, in den örtlichen Geschäftskreisen großes Ansehen genoss, kannte Nademe alle wichtigen Personen in Latakia und wurde überall geschätzt. Selbst knifflige Aufträge erledigte sie mit viel Geschick, wusste klug zu verhandeln und hatte ein gutes Gespür dafür, wem sie trauen konnte. Oft beauftragte Papa sie, zwischen Latakia und Beirut erhebliche Bargeldsummen zu transportieren, die sie am Leib versteckte.

Während Michel und ich warteten, erkundeten die Kinder die große Halle, rannten zwischen den hölzernen, steillehnigen Bankreihen auf und ab, kletterten hier und da auf eine Bank, um sich zu orientieren und uns zuzurufen.

Gerade als Nademe zurückkehrte, erblickte ein Einwanderungsbeamter sie auf dem Weg in sein Büro. Er blieb stehen und begrüßte sie: "Marhaba, Nademe, was machst du hier?"

"Ich bringe gerade den Doktor und seine Familie aus Beirut," antwortete sie.

"Ma Bi Sir" (Wie konnte ich so etwas tun), erwiderte der Beamte. "Wie rücksichtlslos von mir, sie so lange warten zu lassen!"

Er erreichte sein Büro, setzte sich an den Schreibtisch und fing an, in Papieren zu blättern. Plötzlich rief er, "Doktor Sultan, Ta Faddel (Kommen Sie mal bitte)."

Gerade als ich mich neben Nademe auf die Bank setzte, konnte ich noch sehen, wie sich Michels Gesicht auf dem Weg ins Büro des Beamten plötzlich entfärbte. Sofort drehte ich mich zu Nademe, die schon aufgestanden war. Auch ich stand auf und folgte ihr an die Tür des Büros.

"Sie sind wegen Desertion aus der syrischen Armee verhaftet, Hakeme," tönte auf einmal völlig kalt die Behördenstimme des Einwanderungsbeamten.

Ich wollte zu Michel ins Büro eilen, aber Nademe versperrte mir mit der Hand den Weg.

"Gehen Sie nicht rein, Sitt (Madame) Cathy," sagte sie. "Dadurch könnte alles schlimmer werden. Gehen Sie zurück zu Ihren Kindern, während ich Hawaja (den Herrn) Naim anrufe."

Mit diesen Worten marschierte Nademe ohne zu fragen in eins der leer stehenden Büros, als gehörte es ihr, hob dort am Schreibtisch den Telefonhörer ab und rief Papa an. Nach kurzem Wortwechsel kehrte sie zurück zu Michel und versicherte ihm, dass sein Vater auf dem Weg sei.

"Länger als zehn Minuten sollte es nicht dauern," bekräftigte sie.

Ich sah, wie Michel im Stuhl zusammengesackt war und sich den Kopf hielt. Seine Gesichtsmuskeln zuckten; ich wusste, dass er sich schreckliche Vorwürfe machte, je nach Latakia gekommen zu sein. Sicherlich malte er sich nun die ganzen Horrorgeschichten aus, die er über syrische Gefängnisse gehört hatte. Das syrische Justizsystem war dem des Libanon, welches den Code Napoléon zum Vorbild hatte, identisch: Schuldig, außer die Unschuld wird nachgewiesen. Nur wurde in Syrien ein einmal beschuldigter armer Hund praktisch nie wieder für unschuldig befunden.

Papa traf in weniger als fünf Minuten ein. Als er Michels Befreiungsurkunde aus der Tasche zog und vor dem Beamten auf den Schreibtisch legte, entschuldigte dieser sich.

"Ich habe nur meine Pflicht getan," gab er zu verstehen.

Michel wurde in den Listen aller Grenzübergänge nach Syrien als Deserteur der syrischen Armee geführt. Der Beamte riet ihm deshalb dringend, die Sache in Ordnung zu bringen, bevor er Syrien wieder verlässt; andernfalls würde er bei jeder künftigen Einreise dasselbe Problem haben. Michel versprach es, aber dann nahm er sich vor, stattdessen die Befreiungsurkunde von seinem Vater an sich zu nehmen, was ihm, so dachte er, den Besuch bei den zuständigen Ämtern in Latakia, um seinen Namen aus den Deserteurlisten tilgen zu lassen, ersparen würde. Allerdings kam er dann doch nicht dazu. Dies sollte sich bitter rächen.

Im Juni 1976 besuchten wir die Vereinigten Staaten, wo ich bei meiner Großmutter Catherine in Washington wohnte. Michel nahm Kontakt mit seinen früheren Arbeitgebern auf, Dr. Robert Barreras und Dr. John Morrissey an den Universitätskliniken in Madison, Wisconsin, wo er 1968 als Stipendiat der Gastroenterologie gearbeitet hatte, und gab ihnen zu verstehen, dass er Arbeit suche. Prompt boten sie ihm eine einjährige Gastprofessur an, die ihm erlauben würde, sich auf das medizinische Lizenzexamen vorzubereiten. Als ausländischer Medizinstudiums-Abgänger musste er dazu die sogenannte Flex-Prüfung51 ablegen, die dem Staatsexamen gleich kommt.

Innerhalb von drei Wochen hatten wir ein kleines Häuschen gemietet, das wir bescheiden mit Second-Hand-Möbeln ausstatteten, ein Auto gekauft und die Kinder eingeschult. Unser Aufenthalt in Madison erwies sich als ideal, um sich von dem Stress in Beirut zu erholen. Im langsameren Lebensrhythmus lernten wir wieder durchzuatmen und ohne Angst auf die Straße zu gehen. Unser Miethäuschen war nur eine Straße von einem kleinen Sandstrand am Mendota-See gelegen. Zum ersten Mal in ihrem Leben konnten unsere Kinder mit dem Fahrrad herumfahren, ohne dem hektischem Stadtverkehr oder der Bombengefahr ausgesetzt zu sein.

Es war Joe Soussou, der Freund von Michels Bruder Jacques in Boston, der uns im September mit der tragischen Nachricht anrief. Ich war gerade in der Küche, als das Telefon klingelte. Nachdem Naim abgehoben hatte, verfärbte sich sein Gesicht.

"Einen Moment, Joe," sagte er mit einer seltsam verhaltenen Stimme, legte den Hörer auf den Tisch, lief zum Fuß der Treppe und rief seinen Vater, der sich oben ausruhte. Nachdem er sich versichert hatte, das Michel übernommen hatte, drehte Naim sich zu mir und sagte: "Mommy, Jeddo ist tot."

"Das hat dir Joe gesagt?":

"Brauchte er nicht," sagte Naim, "ich weiß es einfach."

Als Papa in Latakia eines Tages nach seinem Nachmittagsspaziergang nach Hause kam, fühlte er sich nicht wohl. Er rief seinen Hausarzt an, zog sich aus und legte sich ins Bett. Der Arzt, der fünf Minuten später erschien, konnte nur noch Papas Tod feststellen. Da die Bestattung nach altem Brauch schon am folgenden Tag erfolgen musste, hatte sich Wadia entschieden, Michel nicht

---

51 Im Gegensatz zum 2. medizinischen Staatsexamen für Einheimische kann die Flex-Prüfung zu anderen Terminen abgelegt werden. (Übers.)

sofort in Kenntnis zu setzen. Stattdessen rief sie später Michels Bruder Jacques in Boston an, der wiederum nicht den Mut hatte, die Hiobsbotschaft selbst an Michel weiterzuleiten, sondern seinen besten Freund damit beauftragte. Im Nahen Osten, wo die Toten nicht präpariert werden, müssen sie innerhalb von vierundzwanzig Stunden bestattet sein. Als wir von dem traurigen Ereignis erfuhren, war Papa bereits eine Woche tot.

Michel ging der Tod seines Vaters sehr zu Herzen, denn gerade bevor wir Latakia verließen, hatte er sich noch mit ihm gestritten. Seine Brüder hatten ihm erzählt, dass Papa durch seine stetige Einmischung die täglichen Geschäfte der Firma mehr behinderte als beförderte. Michel konfrontierte daraufhin seinen Vater, der ihm aber erklärte, ganz im Gegenteil, wenn es nicht an ihm läge, würde die Firma unter der schlechten Führung von Jacques und Raymond untergehen. Sie hatten gerade einen Angestellten entlassen, der fünfundzwanzig Jahre für die Firma gearbeitet hatte, was Papa wütend machte. Erst nach der Abreise aus Latakia wurde Michel klar, dass Papa Recht hatte. Er schrieb seinem Vater einen Brief, in dem er sich dafür entschuldigte, jemals an der Weisheit seiner geschäftlichen Entscheidungen gezweifelt zu haben. Im selben Brief versicherte Michel den Vater auch seiner Liebe und welch Glück er seiner Großzügigkeit verdankte, denn Papa hatte Michel ohne mit der Wimper zu zucken eine gediegene Bildung und Ausbildung zukommen lassen. Als Michel 1969 nach Abschluß seines Medizinstudiums in den USA völlig mittellos mit seiner jungen Familie in Beirut eintraf, war es Papa, der dafür sorgte, dass es uns an nichts fehlte. Von seiner Schwester Andrée erfuhr Michel, dass Papa den Brief wenige Tage vor seinem Tod erhalten hatte.

Papa fehlte mir auch. Er schenkte mir dieselbe Liebe und Aufmerksamkeit wie seiner eigenen Tochter. Papa war großzügig. Zur Hochzeit schenkte er mir einen Ring mit Diamanten und Rubinen. Dem Einkaufen war er so verfallen wie ein Spieler dem Roulette; immer brachte er irgendeine letzte Neuigkeit aus den Geschäften mit. Als Michel und ich im Dezember 1970 in Beirut in unsere eigene Wohnung zogen, brauchten wir neue Möbel.

Papa, der mir dabei nur zu gerne half, schlug vor, ins Basta-Viertel zu fahren, wo sich die Antiquitätenhändler und Gebrauchtmöbelgeschäfte aneinanderreihten. Dort verliebte ich mich in einen einzigartigen quadratischen Walnusstisch auf einem Chippendale-Sockel, der nach Einschieben von zwei Verlängerungen zwölf Personen Platz bot. Derselbe Tisch wurde auch von einem englischen Ehepaar bewundert. Ich flüsterte dies Papa ins Ohr, aber der sagte nur: "Mach dir keine Sorge," und schlenderte fort.

Kurz darauf kam er zurück und fragte: "Hättest du nicht auch gern acht oder zwölf Stühle zu diesem Tisch?"

Papa wusste auch, wo man am günstigten Küchengeräte bekam, und als er für uns einen neuen zweitürigen Westinghouse-Kühlschrank[52] orderte, konnte er nicht widerstehen, auch gleich einen für sich selbst mitzubestellen.

Und vor unserer Abreise aus Latakia Anfang Juni vertraute er mir ein märchenhaftes Diamanthalsband an.

"Es kommt aus der Türkei und ist über hundert Jahre alt," erklärte er. "Möglicherweise wurde es für eine der Frauen des Sultans gefertigt. Du kannst es jetzt nehmen, aber versprich mir, dass du es später Nayla gibst. Ich möchte, dass sie es zu ihrer Hochzeit trägt."

*I*m Februar 1977 bestand Michel das Flex-Examen und bewarb sich gleich um eine Lizenz im Staat Wisconsin. Großmutter Catherine vernahm als erste die gute Nachricht.

"Ich wusste, dass er es schaffen würde," sagte sie. "Er ist der klügste Mensch, den ich kenne."

Dr. Morrissey riet Michel, seinen Lebenslauf herauszuschicken, in der Hoffnung, dass irgendein Gastroenterologe einen Partner sucht. Tatsächlich erhielt er ein interessantes Angebot von einem Arzt in Harrisburg im Staate Pennsylvania. Michel zog diese Stelle

---

52   Bekannte amerikanische Marke für Küchengeräte. (Übers.)

ernsthaft in Betracht, als er zur gleichen Zeit einen Brief von seinem Bruder Raymond in Beirut bekam. Raymond beschwor ihn, vor einer Stellenentscheidung erst wieder nach Beirut zu kommen, um selbst zu sehen, wie sich die Situation dort inzwischen verbessert habe. Er versicherte, dass die Libanesen zuversichtlich in die Zukunft blickten und auch wieder Geld für Unterhaltung ausgäben. Die Banken und Schulen hätten wieder geöffnet, in den Geschäften seien die Regale zum Bersten gefüllt und – meist saudi-arabische – Bauunternehmen steckten viel Geld in neue Strandhotels und Geschäftsgebäude, auch um wieder Touristen anzulocken. Es gab Pläne für neue Straßenbauprojekte, für ein moderneres Kommunikationsnetz und für bessere Wasser- und Stromversorgung. Raymond vergaß dabei nicht, Michel an die dreihundertfünfzig Sonnentage in Beirut zu erinnern. Nach dem besonders kalten Winter in Wisconsin klang dies natürlich sehr verlockend.

Hätten wir damals in Beirut gelebt und die Nachrichten genauer verfolgt, wären wir nicht so sehr über den Mord an Kamal Jumblatt, dem Vater von Walid Jumblatt, am 16. März 1977 durch prosyrische Attentäter überrascht gewesen. Der Anschlag ereignete sich nur wenige Meter von einem syrischen Kontrollposten entfernt, in den Chouf-Bergen. Wahrscheinlich war Jumblatt schon dem Tode geweiht, als er im April 1976 Assad drängte, sich nicht in den libanesischen Bürgerkrieg einzumischen. Im November 1975 hatte Assad den Entwurf einer neuen libanesischen Verfassung vorgelegt, der eine ausgeglichenere Repräsentation der verschiedenen religiösen Gruppen im libanesischen Parlament vorsah. Er sollte auch die muslimischen Vorbehalte ausräumen, ohne die Grundlagen des libanesischen politischen Systems zu erschüttern. Jumblatt, dem der Entwurf nicht weit genug ging, weigerte sich, ihn zu unterstützen. Sein Mord war eine Mahnung, dass niemand ungestraft den syrischen Präsidenten Hafaz el-Assad öffentlich brüskierte.[53]

---

53 Ibid.

"Halte die Leute in Harrisburg mit ihrem Angebot hin," sagte ich. "Dein Herz ist vor Heimweh nach Beirut drauf und dran zu zerspringen. Raymond hat dir den Hin- und Rückflug gebucht. Geh und sieh, ob wir tatsächlich zurückgehen können."

Für mich war die Entscheidung längst gefallen. Während des ganzen Jahres in Wisconsin hatte uns niemand zum Dinner eingeladen. Mir wurde klar, dass die Amerikaner entweder keine Zeit oder kein Interesse für Abendgesellschaft hatten. Andererseits hatte mich Beiruts Gastgebertradition reichlich verwöhnt. Ich vermisste die anregenden Gespräche mit gut unterrichteten, mehrsprachigen Menschen aus unterschiedlichen Kulturen. Ich vermisste die Stadt, in der Freundschaften nicht blindlings vorausgesetzt, sondern wie kostbare Schätze gepflegt wurden. Wenn ich in Beirut nach der Messe aus der Notre Dame des Anges-Kirche trat, fühlte ich mich immer seelisch erneuert, während die Kirche in Madison mit ihrer Gitarrenmusik und den Folk Songs wenig dazu beitrug, meine geistigen Bedürfnisse zu befriedigen.

Ich war es gewohnt, Freunde und Bekannte zu umarmen und auf beide Wangen zu küssen. Natürlich wusste ich, dass es ein Kulturunterschied war, dass die meisten Amerikaner mehr auf Distanz gingen, und ich konnte ihnen das nicht vorhalten. Aber in einem Land, wo die Leute sich mit ausgestreckten Armen die Hand schüttelten, wo es den Freunden nicht einfiel, mich anzurufen, wenn ich ans Bett gebunden war, oder anzubieten, die Einkäufe für mich zu erledigen, wollte ich nicht leben. Ich war nicht gerne allein, wenn ich krank war, ich sehnte mich nach einem Zimmer voll mit Freunden. Gleichzeitig wusste ich natürlich, dass auch die Amerikaner Gefühle hatten, sie aber nur nicht in der Lage waren, sie zu zeigen. Am Ende waren natürlich nicht die Amerikaner das Problem, sondern ich. Ich brauchte einfach offenere Menschen um mich herum, die aus ihren Gefühlen kein Geheimnis machten. Und schließlich vemissten meine Füße das Zementpflaster meiner Lieblings-, nein, meiner Liebhaberstadt, der ich verfallen war, jener Stadt, die mir so großzügig den Einheimisch-Fremdenstatus gewährte.

Im April warteten die Kinder und ich in Madison, während Michel nach Beirut flog, um sich mit eigenen Augen davon zu überzeugen, dass sich die Situation entscheidend verbessert hatte. Er wäre beinahe nicht zurückgekommen.

Nach zwei ruhigen Wochen im Kreise von Familie und Freunden bereitete Michel seine Rückreise in die USA vor. Auf dem Hinweg war er von Chicago über New York und Frankfurt geflogen. Als er seinen Rückflug bestätigen wollte, ließ er sich im Reisebüro dazu überreden, auf eine schnellere und einfachere Route umzubuchen, nämlich über Damaskus, Frankfurt und von dort non-stop nach Chicago. Die bessere Verbindung und zusätzliche Zeitersparnis übertrumpften die Einsicht, Syrien auf jeden Fall zu vermeiden. Raymond erklärte sich sogar bereit, Michel von Beirut nach Damaskus zu fahren, was drei Stunden dauerte.

Als die beiden den syrischen Grenzkontrollpunkt Mesna erreichten, wurden sie zurückgewiesen, weil sie keine Einreisegenehmigung besaßen. Sie drehten sofort um und fuhren nach Chtoura in der Bekaa-Ebene, wo sie sich die Papiere holen konnten. Um acht Uhr abends des 16. April 1977 bat Raymond seinen Bruder, im Wagen zu warten, während er der Grenzkontrolle die Einreisepapiere vorlegte. Im nächsten Augenblick sah Michel, wie die Türe zum Zollamt ungestüm weit aufschwang und in die Außenwand krachte. In der Türöffnung stand Raymond neben einem Soldaten, der ihn, der immerhin ein Meter dreiundachtzig maß, an Größe und Breite weit übertraf. An der Haltung Raymonds konnte man sehen, dass der Bulle Raymond im Polizeigriff hatte. Später sagte Michel, es sah aus, als ob der Soldat den Bruder in die Luft heben und wegschleudern wollte. Dann stieß er Raymond in die Seite, so dass er das Gleichgewicht verlor und stolperte. Michel blieb nichts übrig als tatenlos zuzusehen. Bevor er irgendwie reagieren konnte, riss der Soldat die Autotüre auf und zerrte Michel an den Schultern heraus.

"Die Autopapiere," schrie er, "her damit!"

Michel war derart von Angst ergriffen, dass er sich kaum erinnern konnte, wo die Papiere verstaut waren. Als er sie endlich fand, warf der Soldat einen Blick auf sie, dann befahl er Michel, ins Büro zu kommen.

"Sie sind als Deserteur von der syrischen Armee verhaftet," rief der Beamte. Verzweifelt versuchte Michel, ihm zu erklären, dass es sich um einen Irrtum handelte, dass er in der Tat im Besitze der Militärdienst-Befreiungsurkunde sei. Die Sache ließe sich im Handumdrehen mit einem simplen Telefonanruf in Latakia aus der Welt schaffen.

Inzwischen erbot sich Raymond, sofort nach Latakia zu fahren, um die Urkunde zu holen, aber als der Soldat dies hörte, riss er Raymond die Autopapiere aus der Hand. Raymond fuhr trotzdem los, aber ohne Papiere durfte er auf keinen Fall in eine Polizeikontrolle kommen. Mittlerweile hatte der Soldat Michel gepackt und in eine Gefangenenzelle geschoben. Bevor Raymond ging, flüsterte er Michel noch schnell zu, dass er irgendwie nach Latakia kommen würde. "Mach dir keine Sorgen. Ich krieg dich hier wieder raus."

Das Risiko für Raymond, von der Mohaberet, der syrischen Geheimpolizei, wegen Fahrens ohne Papiere verhaftet zu werden, um seinen Bruder wieder zu befreien, war enorm. Aber schon zwei Kilometer nach dem Grenzübergang sah er einen Anhalter, der ihm winkte. Es war ein Soldat. Raymond nahm ihn mit, denn er hatte überlegt, dass ein Auto mit einem Soldaten an Bord weniger Gefahr lief, an einem der vielen Polizei-Kontrollpunkte angehalten zu werden. Sie kamen auch gut durch, bis allerdings um vier Uhr morgens mitten in der Wildnis das Benzin ausging. Dann geschah ein Wunder. Ein vorbeifahrender Taxifahrer erblickte den Soldaten in Raymonds Auto, das auf der Straßenseite geparkt war, und hielt an. Mit einem dünnen Schlauch und Ansaugen per Mund ließ er Benzin von einem Tank zum andern fließen. Sechs Stunden später, immer noch den Soldaten an seiner Seite, kam Raymond in Latakia an. Sofort ging er ins Büro seines Vaters, um die Papiere zu holen, fand aber den Aktenschrank verschlossen. Dies sollte ihn aber nicht lange abhalten, denn ein ihm bekannter zwielichtiger Charakter brach ihm für ein kleines

Trinkgeld den Schrank in Sekundenschnelle auf. Die Papiere in der Hand suchte Raymond den hiesigen Armeegeneral auf, einen Bekannten der Familie. Inzwischen war Michel nach Damaskus ins dortige Militärgefängnis gebracht worden. Der General rief nun den Kommandanten des Gefängnisses an und bestätigte ihm, dass Michels Papiere in Ordnung seien. Er bat auch, dass Michel in Damaskus behalten (und nicht nach Palmyra geschickt) würde, bis sein Bruder mit den Papieren bei ihm sei, was der Kommandant bewilligte. Noch vor seiner Abfahrt aus Latakia rief Raymond seine Kusine Gisèle an, die gerade auf Besuch bei ihren Eltern in Damaskus war, gab ihr die genauen Nummerkennzeichen der Dokumente durch und schickte sie damit zum Gefängniskommandanten.

In Mesna hatte Michel eine lange Nacht in der fensterlosen Zelle auf einer schmalen Holzpritsche verbracht. Als Toilette diente ein Loch im Fußboden. Er bekam weder zu essen noch zu trinken. Am nächsten Morgen kam eine Wache an die Zellentür, stellte sich vor und eröffnete Michel, dass er auch aus Latakia stamme. Er warnte Michel, dass er erst nach Damaskus und dann nach Palmyra überführt würde. Nachdem er sich verstohlen umgeschaut hatte, drückte der Wachsoldat sein Gesicht ans Türgitter und flüsterte: "Eigentlich darf ich das nicht, aber soll ich jemanden für dich anrufen? Wenn sie dich erst einmal von hier weggebracht haben, wird niemand mehr wissen, wo du bist."

Michel gab dem Soldaten Gisèles Namen und die Telefonnummer ihrer Eltern in Damaskus. Da der Bulle vom vorigen Abend vergessen hatte, Michels Taschen zu leeren, konnte Michel dem freundlichen Wachsoldaten noch schnell Geld im Wert von etwa fünfundzwanzig Dollar in die Hand drücken.

Während der dreistündigen Fahrt nach Damaskus gelang es Michel, auf der Rückbank des Kleinbusses eine Weile die Augen zu schließen.

Durch das kleine Fensterchen der Verwahrungszelle in Damaskus, wo er auf die Überführung nach Palmyra warten sollte, erspähte er plötzlich Gisèle, wie sie vorbei lief. Welch eine

Erleichterung! Ein paar Minuten später wurde er in das Büro des Kommandanten geführt, wo Gisèle schon wartete. Sie informierte Michel, dass Raymond mit den Papieren auf dem Weg hierher sei. Nun meldete sich der Kommandant zu Wort.

"So, Sie sind also Arzt."

Michel bestätigte, dass er Gastroenterologe sei. Dies nahm der Kommandant zum Anlass, seine gesamte medizinische Geschichte zu erzählen. Vor allem wollte er wissen, ob es etwas Billigeres zur Behandlung seines Magengeschwürs gäbe als Tagamet®. Als Michel alle seine Fragen zu dessen Zufriedenheit beantwortet hatte, schickte ihn der Kommandant in die Verwahrungszelle zurück.

Doch bald sprach es sich herum, dass Michel ein in den USA lebender Arzt sei. Sechs Wachleute zwängten sich in seine Zelle, setzten sich im Halbkreis auf ihre mitgebrachten Stühle um Michels Bank in der Ecke, und zwar mit der Lehne, die Arme darauf gestützt, nach vorne, und die Füße um die hinteren Stuhlbeine gehakt. Statt medizinische Fragen zu stellen, interessierten sich die Wachleute mehr für die Welt außerhalb Syriens. Sie wollten wissen, wie die Schwarzen in Amerika behandelt würden, wie leicht es wäre, Arbeit zu finden, und ob man wohnen könnte, wo man wollte. Diese Fragen entsprangen aus reiner Neugier und Bewunderung, nicht aus Neid oder Hass. Einer von ihnen wollte etwas über israelische Technologie erfahren, ob es wahr wäre, dass die Amerikaner Israel mit allen Waffen versorgte oder ob die Isreaelis auch eigene Waffen produzierten. Schrieben die Israelis den Amerikanern vor, was sie zu tun hätten? Denn dies sei, so meinten sie, was sie immer in den Nachrichten hörten. "Wir haben sogar gehört, dass sie die ganze amerikanische Regierung gekauft hätten."

"Nur den Kongress," lachte Michel.

Da Michel von Gisèle wusste, dass Raymond mit seinen Papieren auf dem Weg hierher war, hatte Michel auch eine Frage für die Wachleute.

"Was wäre mit mir passiert, wenn ich meine Militärbefreiung nicht hätte nachweisen können?"

Die Wachleute wechselten nervöse Blicke; es war ihnen verboten, von solchen Dingen zu sprechen, und keiner dagte ein Wort. Dann fing einer an, lachend den Kopf zu schütteln, als wollte er sagen, 'Das kannst du dir doch sicher selbst denken', und die anderen lachten mit. Endlich fasste einer von ihnen Mut und fing an zu reden.

"Hakeme, Sie wären in einen fensterlosen Kastenwagen geschoben und ins unterirdische Gefängnis von Palmyra gefahren worden. Niemand hätte je erfahren, wo Sie wären. Sie wären dort gestorben, denn niemand verlässt Palmyra lebend."

Als wir endlich sicher waren, dass Michel im Flugzeug nach Madison saß, waren wir viel zu aufgeregt über die Aussicht, nach Beirut zurückzukehren, als dass wir uns noch um syrische Gefängnisse gesorgt hätten. Sicher, es war ein sehr unglücklicher Zwischenfall, aber am Ende ging alles gut aus. Noch vor dem Abflug aus Damaskus telefonierte er mit Naim und Nayla.

"Überlegt euch gut, ob ihr nach Beirut zurückkommen wollt. Wir werden die Sache besprechen, wenn ich zurück bin."

Nach der Besprechung mit ihrem Vater wollte Nayla wissen, ob wir schon vor dem Abschluss des amerikanischen Schuljahres abreisen könnten. "Was für einen Sinn hat es, für die Abschlussprüfungen zu bleiben?"

"Ich will Camille Hayek (Sohn des Hauptmanns Elie Hayek) ein Geschenk kaufen," sagte Naim, "vielleicht ein paar Legos oder das Risk-Spiel."

"Kann ich meine Barbiesachen mitnehmen?"

"Machen wir in Paris Station? Wir könnten bei Gisèle[54] wohnen und mi einem *bâteau mouche*[55] auf der Seine fahren. Bitte, bitte!"

---

54   Michelle, die in Beirut wohnte, war zu dieser Zeit auf Besuch bei ihren Kindern in Paris. (Übers.)

55   Ausflugsschiff für Seine-Rundfahrten. (Übers.)

"Na, Kinder," sagte ich, "mir scheint, ihr habt euch schon entschieden. Gehen wir nach Hause?"

"Jaaa!" riefen sie fröhlich.

Kurz nach Michels Rückkehr erzählte ich Jean, einer Frau, die ich seit 1968 kannte, von Michels Abenteuern.

"Und ihr geht wirklich zurück?"

"Ja, ich bin ganz aufgeregt. Ich kann es kaum erwarten, zurück nach Hause zu gehen!"

"Cathy, du hast mir gerade gesagt, dass Michel in ein syrisches Gefängnis geworfen wurde. Und nun erzählst du mir, dass ihr zurückgehen wollt... Seid ihr verrückt?"

Mit Mühe verkniff ich mir, nach Art meiner Mutter die Augen zu rollen. "Du scheinst nicht zu verstehen," sagte ich, "dass Syrien und der Libanon zwei verschiedene Länder sind."

"Aber die Syrer stehen mit vierzigtausend Soldaten im Libanon!"

"Stimmt, aber überwiegend nur in Westbeirut, und wenn man ihre Straßensperren vermeidet, dann kommt man mit ihnen gewöhnlich nicht ins Gehege."

"Das ist eine ziemlich simplistische Sehweise," sagte Jean.

"Nicht wenn du die Politik im Nahen Osten verstehst," gab ich zurück. "Sieh mal, selbst während dem Krieg riskierten die Syrer Kopf und Kragen, um nach Beirut zu kommen und dort Luxuswaren einzukaufen. Syrien hat nichts. Selbst ihr einheimisches Toilettenpapier fühlt sich an wie Sandpapier, in ihren Supermärkten sind die Regale leer und ihre Apotheken führen fast keine Medikamente. Dagegen sind die Libanesen große Handelsleute. Wusstest du, dass sie von den Phöniziern abstammen?"

"Sicher habe ich das gehört," sagte Jean. "Was kümmern mich aber die Phönizier oder die Syrer? Vielmehr geht es um deine Kinder. Macht dir ihre Sicherheit keine Sorgen?"

"Jean, vergiss nicht, dass wir den Libanon nur wegen der Kriegshandlungen verlassen haben, und Michel hat sich vergewissert, dass der Krieg nun vorbei ist. Er war gerade zwei Wochen lang dort, um die Lage zu prüfen, und er ist überzeugt, dass sie für unsere Rückkehr sicher genug ist. Ich verstehe deinen Standpunkt und weiß deine Sorge um uns zu schätzen. Aber du lebst glücklich und zufrieden hier in Madison, seit du erwachsen bist. Es ist nun deine Heimat, also warum würdest du jemals woanders hingehen wollen? Genauso ist Beirut meine Heimat geworden. Es ist der einzige Ort, wo ich leben möchte."

7
Wieder daheim

Im Anflug auf die östliche Mittelmeerküste presste ich mein Gesicht ans Flugzeugfenster und hielt Ausschau wie eine Frau, die es nicht erwarten kann, ihren Liebhaber endlich wieder in die Arme zu schließen. Als Beirut ins Blickfeld kam, schimmerten die Felsen am Rande der Corniche im Glanz der untergehenden Sonne. Erst glaubte ich zu sehen, wie die weichen Wellen des Meeres die verlassenen Strände überspülten, doch ach, ich irrte mich.

Zur Rechten der Landebahn, wo sich früher der blitzsaubere Strand hinzog, erstreckte sich eine häßliche Slumsiedlung. Unzählige Menschen besetzten die kleinen weißen Pavillons, die früher einmal zu den Strandclubs St. Simon und St. Michel gehörten. Dazwischen waren Zelte und Blechhütten aufgebaut. Von improvisierten Leinen hing die Wäsche; Fenster und Türen waren mit Tüchern zugehängt.

Wenigstens hat sich im Flughafen nichts geändert. Erleichtert stellte ich fest, dass der uralte libanesische Brauch der Trink- und Bestechungsgelder für alle möglichen Dienstleistungen bzw. Gefälligkeiten – hier der Gepäckträger, dort der Zollbeamte, wasta und baksheesh – noch in vollem Schwunge war. Die schier unerträgliche Verdrecktheit des Empfangsgebäudes ließ darauf schließen, dass es schon seit ewigen Zeiten weder Wasser noch Seife gesehen hatte. Aus Sicherheitsgründen mussten Besucher, die auf ankommende Reisende warteten, hundert Meter vor dem Terminalgebäude hinter einer Absperrung bleiben. Ich ging auf die Wartenden zu und schwelgte in dem Gefühl, an einem fremden Ort zu leben, in Beirut, dieser Stadt, die nie aufhörte, mich, die Auswärtige, zu faszinieren. In Madison hatte mich nie etwas überrascht. In Beirut waren es die Geräusche und Gerüche, die arabisch, französisch und englisch beschrifteten Schilder, die verschiedenen Klänge der gleichzeitig gesprochenen Sprachen, die herzliche Art der Begrüßung, die ausladenden Handgesten. Und da – in der Menge der Wartenden, die Gesichter unserer Familie. Zuerst erkannte ich Andrée, die Hände über dem Kopf schwingend, ihr Mund wie zum Singen weit geöffnet, "Michel, Cathy!" rufend. Wadia stand neben ihr, ein gezwungenes Lächeln unter gerunzelter Stirn, was ich lustig fand. Arme Wadia, diesmal ging es nicht um sie, sondern um uns. Am meisten vermisste ich aber Papa. Wie gern hätte ich wieder seinen kahlgeschorenen polierten Schädel gesehen, hätte mir von ihm ritterlich die Hand küssen lassen!

Auf den acht Kilometern vom Flughafen in nordöstlicher Richtung zu unserer Wohnung war ich entsetzt, wie radikal sich das Bild verändert hatte. Ehemals vornehme Villen waren jetzt von obdachlosen Familien besetzt; in den umliegenden Feldern drängten sich dürftige Notbehausungen. Selbst in den ausgebombten Häusern herrschte Leben.

"Wer sind all diese Leute?" fragte ich.

"Schiitische Flüchtlinge aus dem Süden," erklärte Andrée. "Sie sind von den Israelis aus ihren Häusern und Dörfern vertrieben worden. Sie wussten nicht, wo sie sonst hingehen sollten."

Als wir uns dem Teyouneh-Kreisel näherten, vermisste ich Merkmale aus der Vergangenheit. Während ich mich zu erinnern versuchte, wo der Pinienpark geblieben war, zupfte mich Nayla am Ärmel. "Mommy, guck mal, das Gebäude da. Es hat keine Wände mehr."

Tatsächlich glich diese Ruine eher dem Kolisseum in Rom: Man sah nur noch die offenen Stockwerke, gestützt von Pfeilern, die sich in fluchtenden Reihen im Dunkel verloren. Trotz der Spuren von Gewalt und Zerstörung wohnte dieser Struktur eine verklärte Schönheit inne, als wollte sie die Macht demonstrieren, mit der sie der Gewalt, die ihre Wände bersten ließ, im Kern zu widerstehen wusste. Man konnte daran auch sehen, wie solide in Beirut gebaut wurde.

Beim Umrunden des Teyouneh-Kreisels, wo einige der heftigsten Gefechte ausgetragen wurden, verfielen wir in Stille. Der Bau, den Michel und Kassab verteidigt hatten, war glücklicher davongekommen als die meisten anderen. Er schien bis vor Kurzem noch bewohnt gewesen zu sein. Durch ein großes Einschlagloch im zweiten Stock konnte man einen Esstisch sehen, auf dem noch die Tischdecke lag. Ich konnte mir nicht erklären, wie der Tisch den Anschlag hatte überstehen können. Möglicherweise war er reichlich gedeckt mit Tellern und Schüsseln, vielleicht zu einer Familienfeier, als die Rakete explodierte. Jedenfalls fand ich es wunderlich, dass wer immer den Schaden inspiziert oder die Verwundeten und Toten weggetragen hatte, sich nicht die Mühe machte, den Tisch abzuräumen.

Nayla, sonst immer die stille Beobachterin, war die erste, die wieder Worte fand. "Mommy, es ist jetzt schrecklich hier."

Sie hatte Recht. In diesem Augenblick begann ich zu schätzen, wie ordentlich alles in Madison funktionierte. Nur ein Quentchen dieser Ordnung und Sauberkeit hätte in Beirut Wunder gewirkt.

Trotz der zahlreichen Anzeichen von Aufräum- und Instandsetzungsarbeiten in unserem Viertel hatte niemand das riesige Loch im ersten Obergeschoss des uns gegenüberliegenden Gebäudes repariert. Vielleicht waren die Bewohner dieser Etage umgekommen und hatten keine Familienmitglieder hinterlassen, die sich darum hätten kümmern können. Es war das Schlafzimmer, das meinen Blicken ausgesetzt war, mit einem großen Doppelbett, das schon lange nicht mehr gemacht worden war und dessen Laken und Decken zur Hälfte auf den Boden gerutscht waren. Ich kam mir vor wie ein Voyeur, der in das Privatleben fremder Menschen hineinspionierte, und ich fragte mich, ob wohl jemand in diesem Bett lag, als die Bombe fiel.

In unserem Gebäude klaffte immer noch das große Einschussloch in der sechsten Etage, unter unserem Balkon auf der Küchenseite. Ein Flüchtling, Frau Eid, die nun in dieser von ihrem ursprünglichen Besitzer verlassenen Wohnung lebte, war nur in der Lage, es mit mehreren Schichten durchsichtiger Plastikfolie notdürftig abzudecken. Dagegen liefen die Renovierungsarbeiten in den beiden Boutiquen im Erdgeschoss, Lunettes und Colifichet. Der Schaden war nicht schlimmer als an vielen anderen Stellen – zertrümmerte Fenster, runtergerissene Markisen und zerbrochene Plastikregale. Wenn man die heftigen Gefechte und häufigen Raketenangriffe bedenkt, die Badaro erleiden musste, so ist es fast ein Wunder, wie wenig sich das Straßenbild verändert hatte.

Auch die Badaro-Straße selbst wurde erneuert. Ich war beeindruckt, wie die Kommunalarbeiter neues Pflaster auftrugen, die Gehwege reparierten und tote oder absterbende Bäume ersetzten. Mir war rätselhaft, wie die libanesische Regierung es sich leisten konnte, für solche offenbar unwesentlichen Projekte Geld auszugeben.

"Im Gegenteil," sagte Andrée, "der Präsident hält es für äußerst wichtig, die alte äußerliche Schönheit der Stadt wiederherzustellen. Es ist eine kluge Entscheidung, denn sie erweckt bei der Bevölkerung neues Vertrauen."

Azzam, der Feinkostladen zwei Häuser weiter, war schon wieder geöffnet. Die Trockenreinigung, der Frisör, selbst die Buchhandlung waren repariert, neu gestrichen und sahen mit ihren frischen Fassaden wie völlig neue Läden aus. Alfonso, ein altes traditionelles Lokal in unserem Viertel, pries seine Abendkarte an. Es hatten sogar, gerade mal eine Straße vom Teynouneh-Kreisel entfernt, zwei neue libanesische Restaurants aufgemacht. Was mich früher verrückt gemacht hatte – der ständige Stauverkehr, die ewige Parkplatzsucherei – erschienen mir nun als ermutigende Zeichen einer gesunden Alltäglichkeit. Badaro erholte sich;

die Leute, offenbar optimistisch in die Zukunft blickend, flanierten auf den Straßen und gingen ihren Geschäften nach.

*D*as hohe Buchregal für die Comic-Bücher, das bis an die Decke reichte, war umgefallen. Von zwei Kristallkaraffen, die ich vergessen hatte zu verstauen, blieben nur zahllose Splitter. Den großen Blaufarn mit seinen geweihartigen Blättern, der von der Decke gehangen hatte, fand ich auf dem Boden zwischen Tonscherben und zerstreuter Erde. Die beigen Gardinen waren zerrissen, die Möbel verblichen. Die meisten Blumentöpfe auf dem Balkon waren umgestürzt, die freigelegten Wurzeln ausgetrocknet. Obwohl ich eigentlich nichts anderes hätte erwarten dürfen, war ich doch angesichts der Zerstörung entsetzt. Irgendwie hatte ich gehofft, dass unsere Wohnung verschont worden wäre. Ich versteckte mich in der Toilette, um mit meinen Tränen allein zu sein. Dass Wadia mich wahrscheinlich kindisch und bockig fand, war mir völlig egal. Michel, dem meine Reaktion nicht entgangen war, klopfte an die Toilettentür.

"Lass mich allein," rief ich, "nur ein paar Minuten!" Dann hörte ich die Stimme meiner Schwiegermutter, der höchsten Autorität, was Reife und Vernunft betrifft:

"Mach dir keine Sorgen, meine Liebe," sagte sie. "Du und deine Familie können bei uns wohnen."

Gerade Wadia und Nademe aber motivierten mich am stärksten, meine ganzen Kräfte in die Wiederherstellung unserer eigenen Wohnung zu setzen.

*L*eila war fünf Jahre lang meine Putzhilfe. Sie wohnte in Westbeirut, und weil sie kein Telefon hatte, war es nicht leicht, Kontakt mit ihr aufzunehmen. So bedienten wir Hausfrauen uns des "arabischen Telefons". Zuerst rief ich meine englische Freundin Fay an, bei der Leilas Kusine Lena arbeitete. Diese teilte Leila mit, dass ich zurückgekehrt sei und

Hilfe brauchte. Bevor sie mit den Fenstern und der Glasbalustrade des Balkons beginnen konnte, mussten auch Glastüren ersetzt werden. So erschienen am ersten Morgen zwei Handwerker von der Glasfabrik und verbrachten den Tag mit der Entfernung aller Glassplitter, mit Vermessen, Glasschneiden, Einsetzen der Scheiben in Fenster- und Türrahmen und Verkitten. Nach Beendigung dieser Arbeit war ich für Leila bereit.

Wenn ich bei meinen Aufräumungsarbeiten – das siebte Mal in diesem Krieg – jemand an meiner Seite haben wollte, so war es die fleißige und vertrauenswürdige Leila. Obwohl mit ihren achtundzwanzig Jahren von zierlicher Gestalt, besaß sie Kraft und Zähigkeit. Sobald sie angekommen war, zog sie sich die Schuhe aus und krempelte die Hosenbeine hoch.

Zuerst machte sie sich an den Balkon. Ihr kurzstieliger Besen, dessen federartige Borsten sie immer wieder in Seifenwasser tauchte, tanzte zwischen den Blumentöpfen und Sitzmöbeln hin und her. An zähen Schmutzstellen ging sie auf die Knie, die Zähne zusammengebissen, ihre Haare wippten, an den Armen traten die Sehnen hervor, der Rücken rund wie ein Flitzebogen, die Augen nach dem letzten Fleckchen spähend. Ich nannte sie liebevoll meine Ray-O-Vac-Batterie; jene Stromzelle, die – wollte man der damaligen Fernsehwerbung Glauben schenken – nie den Geist aufgab.

Wenn Leila Fenster putzte, funkelten sie. Die Außenseite des Glases spritzte sie mit dem Schlauch ab, dann wischte sie es mit Zeitungspapier, welches keine Striemen hinterließ, sauber.[56] Für die Heizkörperrippen und Badezimmer- und Küchenarmaturen verwendete sie eine alte Zahnbürste. Der Marmorfussboden war schier unmöglich sauber zu kriegen. Im Gegensatz zu den Marmorböden in vornehmen Häusern war unserer nicht spiegel-

---

56 Diese Methode wird für viele Europäer vertraut klingen, während die meisten Amerikaner Fensterputzmittel in Sprühflaschen kaufen und das Glas mit Stoff- oder Lederlappen bzw. Gummischaber trocknen. (Übers.)

glatt poliert, sondern voller Poren, in denen sich Schmutz und auch Glasstaub verfangen hatte. So bearbeiteten wir ihn beide auf allen Vieren, einen Abschnitt nach dem anderen, was natürlich ewig dauerte. Am Ende wusste ich nicht mehr, was mehr schmerzte, die Knie oder die Arme.

Die arabischen Lieder, die Leila mit ihrer lieblichen Stimme sang, machten die Arbeit erträglicher. Oft, während ich in der Küche das Essen anrichtete, trällerte sie in Vorbereitung auf ihr Gebet in Richtung Mekka arabische Weisen. Während sie dann auf ihrem Gebetsteppich kniete, ruhte ich mich auf dem Bett aus. Danach setzten wir uns zur Mahlzeit an den Tisch.

Leila brachte mir bei, wie man libanesisch kocht. Sie hatte in mehreren vornehmen libanesischen Haushalten gedient und auch bei einigen der besten Köche Beiruts gelernt. Abgesehen von den traditionellen Gerichten wie Tabouli, gefüllten Weinblättern und Hummus lehrte sie mich, wie man Kalbskeule und Quitten zubereitet, gewürzt mit Knoblauch und frischer Minze. Zu ihrem Okra-Eintopf gab sie gehackte Korianderblätter und Grenadinesirup, zu ihrem kibbeh Kreuzkümmel und rote Paprikasoße – eine Mischung aus gerösteten roten Paprikaschoten und scharfen Gewürzen – und ihren weißen Fisch (z.B. Dorsch) überzog sie mit einer dicken Paste aus gehackten Walnüssen, Knoblauch, Koriander und Zitronensaft. Am wertvollsten aber war, wie ich von Leila lernte, parallel zum Kochen immer schon wieder abzuwaschen und wegzuräumen. So blieb, wenn das Essen einmal fertig war, nur ein Minimum an Abwasch übrig.

Im Vergleich zu amerikanischen Küchen war die unsere in Beirut geradezu spartanisch eingerichtet und daher für Leila auch leicht sauberzuhalten. Abgesehen von einer Marmorspüle mit ziemlich großzügigen Arbeitsflächen rechts und links gab es nur einen Vorratsschrank, der regelmäßig ausgeräumt und gereinigt werden musste. Wie fast alle anderen libanesischen Haushalte hatten wir einen Vierplatten-Gasherd, der von einem im Nebenschrank versteckten Gaskanister gespeist wurde. Nach Auswechseln des Kanisters musste ich nur den Gummischlauch durch eine Öffnung auf der Rückseite des Herdes führen und wieder anschließen. Angezündet wurden die Kochstellen mit Streichhölzern. Während des Krieges wurde unsere Wohnung nicht geheizt, da der Hausbesitzer sich weigerte, das Gas zu bezahlen.[57] Obwohl die Außentemperatur im Beiruter Winter selten unter vier Grad Celsius sinkt, herrscht hohe Luftfeuchtigkeit. So benutzten wir spezielle Gasheizkörper in den Zimmern, während wir die Küche mit Hilfe des Herdes warm hielten.

Diesmal allerdings war die Reinigung der Küche die schwerste Arbeit überhaupt. Decke und Wände waren mit riesigen, häßlich schwarzen Schimmelflecken überzogen, die sich wie hungrige Pflanzen ausbreiteten. Je mehr wir versuchten, sie nass abzubürsten, umso mehr verunstaltete die klebrige schwarze Soße, die wir dabei erzeugten, den Rest der Flächen. Schließlich gaben wir auf. Grundierung und zwei Schichten Ölfarbe mussten herhalten, um unsere jämmerlichen Versuche zu kaschieren.

So machte ich mich in der ganzen Wohnung an die Streicharbeit, nachdem Leila die Decken und Wände nach bestem Vermögen abgewaschen hatte. In der Küche brachte ich ein kräftiges Azurblau an, um Risse und Schmutz zu verbergen. Diese Farbe gefiel Naim und Nayla so sehr, dass ich auch ihre Zimmer damit streichen musste. Im Wohn- und Esszimmer korrespondierte ein Aprikosengelb mit dem Grundton der persischen Teppiche.

An einem Tag stand ich oben auf der Leiter, um die Decke zu streichen, als ich aus dem Fenster blickte und die ganze Stadt überschauen konnte. Dabei sah ich einen Fensterputzer, eine Gruppe von Männern beim Teppichklopfen, eine Hausfrau beim Wäscheaufhängen und eine andere, die so wie ich den Farbpinsel führte. Auf einem Balkon erblickte ich eine junge Frau, die mit ihrem Baby im Arm hin- und herlief. Ich vernahm die Geräusche einer lebendigen Stadt, das Rauschen des Verkehrs, durchsetzt mit dem Gehupe und den plärrenden Radios der vor-

---

57 Die Miete schloss alle Nebenkosten mit ein. (Übers.)

beifahrenden Autos. Es war ein perfekter wolkenloser Tag mit einem Himmelblau, das es nur am Mittelmeer gibt. Ich hörte die Straßenverkäufer ihre Waren ausrufen und mit den Kunden um den Preis feilschen. Vom Taxistand gegenüber erklang arabische Musik, zu der Leila am anderen Ende des Balkons auswendig den Text mitsang. An der Dynamik und dem Rhythmus ihres Gesangs konnte ich erkennen, dass sie den Boden schrubbte.

Zwei Wochen später, am 1. Juli 1977, zogen wir in unsere wiederhergestellte Wohnung ein. Bevor wir im Mai des vorangegangenen Jahres in die USA zurückkehrten, hatte ich mir immer den Mittwoch für Freundes- und Bekanntenbesuche reserviert. Jetzt hatte ich dies nach all der Putzarbeit völlig vergessen. Und so saß ich nun eines Mittwochs auf dem Sofa, die Füße gemütlich hochgelegt und genoss mein gesäubertes und neu gestrichenes Wohnzimmer in vollen Zügen. Leila hatte mir vorm Weggehen am Mittag noch eine Tasse Tee aufgegossen. Michel war mit Naim und Nayla bei seiner Mutter zum Lunch, um mir einen freien Nachmittag zu gönnen. Auf einmal hörte ich das Summen des Aufzugs – er funktionierte wieder – bis er auf unserer Etage stehen blieb. Am Getrippel der Schritte merkte ich, dass mehrere Personen ausgestiegen waren. Englische Gesprächsfetzen drangen an mein Ohr, darunter der klar erkennbare britische Singsang von Fay, gefolgt von Ediths holländischem Staccato-Akzent. Ihr Türklopfen war von schalkhaftem Gelächter begleitet. Siedentheiß fiel mir plötzlich ein, dass es Mittwoch war und ich sprang vom Sofa auf. Wie großartig, dass meine Freundinnen es nicht vergessen hatten! Ich öffnete die Türe und wir fielen uns in die Arme. Beide überreichten mir Blumen und Fay zog eine Flasche Sekt aus ihrer Tragetasche. Wir richteten uns auf dem Balkon ein, nippten am Sekt, kicherten wie kleine Mädchen und holten die Nachrichten eines ganzen Jahres nach.

In vieler Hinsicht fiel Michel unsere Rückkehr am leichtesten, da er nichts erwartet hatte. In seinen Augen war Beirut noch nie eine saubere Stadt, und was die ausgebombten Gebäude betraf, so waren sie eine schockierende jedoch unvermeidliche Folge des Krieges. Unsere schwer beschädigte Wohnung störte ihn kaum, diese Sorge überließ er mir. Was ihn in erster Linie interessierte, war seine Arztpraxis.

Wegen der Spaltung der Stadt in Ost- und Westbeirut änderte er sein Sprechstundensystem. Im St. George-Krankenhaus von Achrafieh mietete er Büroraum, um an den Vormittagen seine christlichen Patienten aus Ostbeirut zu empfangen. In Befürchtung aber, dass seine muslimischen Patienten nur ungern nach Ostbeirut kamen, setzte er seine alte Praxis im ersten Stock unseres Gebäudes wieder instand, denn unser Gebäude, nur einen Häuserblock von der Green Line entfernt, lag gerade noch in Westbeirut. Er stellte seine frühere Sprechstundenhilfe Freyha wieder ein und ließ die muslimischen Patienten am Nachmittag nach Badaro kommen.

Als Michel im Juni 1969 das erste Mal nach Beirut kam, arbeitete er als Internist mit Schwerpunkt auf Gastroenterologie. Damals brachte er das erste Gastroskop in den Libanon. In den USA hatte er unter Dr. John Morrissey gelernt, dem führenden Spezialisten an diesem Gerät, dessen empfindliche Glasfasersonden von der japanischen Firma Olympus gebaut wurden, bevor sie Dr. Morrissey zur Prüfung erhielt. Nach Abschluss seiner Ausbildung kaufte Michel ein gebrauchtes Gastroskop.

In den Sechziger- und Siebzigerjahren gab es in Beirut keine Krankenversicherung. Deshalb bezahlten die Patienten nach jedem Arztbesuch in bar. Die Gebühren waren gleitend. Von einem armen Patienten verlangte Michel kein Geld. Aber weil selbst die Ärmsten ihren Stolz hatten, erwiderten sie den Gefallen mit Naturalien verschiedenster Art, sei es ein frisch gefangener Fisch, ein Hühnchen aus dem Hinterhof oder hausgemachte Marmelade.

Patienten, die ins Krankenhaus aufgenommen wurden, mussten unter fünf Klassen der Unterbringung wählen. Am teuersten war die Luxusklasse, die neben dem Krankenzimmer noch einen Aufenthaltsraum mit einschloss. Dann kam die erste Klasse, gefolgt von Zimmern der zweiten und dritten Klasse. Völlig mittellose Patienten wurden kostenlos aufgenommen und behandelt. Bei den übrigen richtete sich die ärztliche Behandlungsgebühr nach der Unterbringungsklasse des Patienten.

Zu meiner Überraschung waren es Naim und Nayla, die sich am schwersten mit unserer Rückkehr taten. Da die jesuitische Schule Jamhour ihr in den USA abgeleistetes Schuljahr nicht anerkannte, mussten sie jeweils eine Prüfung in Arabisch und Französisch bestehen, um in die nächsthöhere Stufe versetzt zu werden. Deshalb engagierte ich, sobald wir unsere Wohnung wieder bezogen hatten, Nachhilfelehrer für sie. Jeden Morgen büffelte Naim Arabisch unter der Anleitung von Herrn Aoun, seinem früheren Lehrer, während ich Nayla zu Mademoiselle Yvette – auch sie kannte sie von früher – zum eineinhalbstündigen Arabischunterricht brachte. Außerdem kam Samir, der den Kindern schon im ersten Kriegsjahr geholfen hatte, dreimal pro Woche, um sie in Französisch und Mathematik auf Trab zu bringen. An freien Tagen fuhr ich mit ihnen dann zur Belohnung zum Coral Beach. Doch auch dann nahmen sie manchmal ihre Hefte und Bücher mit, setzten sich an einem ruhigen Plätzchen unter den Sonnenschirm und machten Hausaufgaben. Ich setzte mich daneben und versuchte zu lesen, meistens jedoch erfolglos, denn ich fand es wesentlich interessanter als jede Buchlektüre, den dicken Männern in ihren knappen Badehosen zuzusehen, wie sie versuchten, die Aufmerksamkeit der Bikinimädchen zu erregen, die sich in ihrem Sonnenbad aber nicht stören ließen.

Mitte September mussten die Kinder ihre Prüfungen schreiben. Zwei Tage später gingen wir alle in die Jamhour-Schule, wo die Prüfungsergebnisse in der Eingangshalle angeschlagen waren. Nayla hatte alle ihre Prüfungen bestanden, aber Naim war im Arabischen durchgefallen. Die große Enttäuschung war ihm ins Gesicht geschrieben. Ich fühlte tiefes Mitleid und wollte ihn spontan in die

Arme nehmen, aber vor all den anderen Kindern wäre ihm das peinlich gewesen. Ganz in der Nähe stand ein Priester, der herantrat und sich vorstellte. Es war Père Bruno Pin, der neue Französischlehrer in Naims Klasse. Als ich ihm die ganze Geschichte erzählt hatte, sagte er: "Aber Madame, er ist noch so jung. Es wäre viel besser für ihn, wenn er nicht weiterversetzt würde."

In der Tat war Naim schon mit vier Jahren und neun Monaten eingeschult worden, was selbst im französischen Schulsystem extrem jung war. Père Pin versicherte mir, dass er den Direktor bitten würde, Naim in seine Klasse zu lassen. "Und," fügte er hinzu, "Sie können sich darauf verlassen, Frau Sultan, dass er bei mir in guten Händen sein wird."

Ich hoffte, dass Nayla auch solch eine umsorgende Lehrkraft bekäme. Seit den Bomben in Wadias Wohnung im vorigen Jahr hatte ich sie sehr genau beobachtet. Ihre ausgezeichneten Testresultate ließen keinen Zweifel an ihren schulischen Fähigkeiten. Wenn man sie herausforderte, schlug sie sich blendend. Doch immer noch fragte ich mich, ob sie wirklich fähig war, alle diese furchtbaren Erlebnisse in ihrem jungen Leben zu verarbeiten.

Das neue Schuljahr begann im Oktober 1977. Der Besuch des ägyptischen Präsidenten Anwar Sadat in Israel im November desselben Jahres wirkte wie ein Schock auf die arabische Welt. Für Syrien löste dieses Ereignis eine strategische Kehrtwende aus, denn plötzlich fühlte sich Syrien in seiner Konfrontation mit Israel allein. Dies hatte zur Folge, dass sich die Christen im Libanon nicht mehr auf den Schutz der Syrer verlassen konnten. Stattdessen begann Syrien, den linken Flügel der PLO zu stärken und hochzurüsten. Nach syrischer Sicht durfte sich der Libanon nie aus dem Konflikt mit Israel befreien und durfte nie eine einheitliche Streitmacht bilden. Stattdessen bestätigte sich Syrien in der Rolle der Besatzungsmacht und verbreitete seine Truppen über ganz Libanon, einschließlich der christlichen Sektoren. In ihrer Verzweiflung, und zum Ärger der Syrer, wandten sich die libanesischen Christen nun an Israel um Unterstützung.[58]

Obwohl die nächsten sieben Monate in Beirut Ruhe herrschte, traf dies nicht auf andere Teile des Landes zu. Im März 1978 marschierten fünfundzwanzigtausend israelische Soldaten unter dem Namen 'Operation Litani'[59] in Südlibanon ein. Angebliches Ziel des Premierministers Menachem Begin war es, die Palästinenser und ihre Militärstellungen zu vernichten. In Wirklichkeit befanden sich nur wenige palästinensische Stellungen im Süden Libanons, und Begin kümmerte sich offenbar nicht um die vielen tausend unschuldigen libanesischen Zivilisten, die aus ihren Häusern fliehen mussten.

Begins eigentliches Interesse war zweifach. Einerseits wollte er sich aus offensichtlichen Gründen einen dauerhaften Brückenkopf im Südlibanon erkämpfen, andererseits – und dies war weniger ersichtlich – ging es ihm um die Wasserversorgung aus dem Litani-Fluss. Frischwasser ist ein kostbares Gut im Nahen Osten, beinahe so kostbar wie Erdöl. Und so wollte Begin den Litani-Fluss zu den Siedlungen im Norden Israels umleiten. Als die Israelis einen Monat später auf internationalen Druck scheinbar von ihrem Vorhaben abließen und ihre Streitkräfte zurückzogen, wurde die südlibanesische Armee ins Leben gerufen, um das entstandene Vakuum zu füllen.[60] Sie sollte das Gebiet nördlich der israelischen Grenze, von Israel 'autonome Sicherheitszone' genannt, kontrollieren.

Das Besondere an dieser südlibanesischen Armee war, dass sich ihre Soldaten aus allen möglichen Söldnergruppen rekrutierten, ob christlich oder muslimisch, einschließlich lokale Raufbolde und Schläger, bereit die Uniform zu tragen, solange nur die monatliche Bezahlung stimmte. Als Anführer setzten die Israeli

---

58 Vgl. Fisk (op. cit.) 143f.

59 .Nach dem Fluss Litani benannt, der in seinem Unterlauf in ca. 30 km Entfernung parallel zur israelischen Grenze fließt. Israel besetzte das Land zwischen Grenze und Fluss. (Übers.)

60 Op. cit. 148.

einen von der libanesischen Armee abtrünnigen Major namens Saad Haddad ein.

Zwei Wochen später wurde UNIFIL,[61] die Friedenstruppe der Vereinten Nationen, im Südlibanon stationiert, um den Abzug der israelischen Streitkräfte zu überwachen und der libanesischen Regierung beizustehen, Südlibanon wieder unter ihre Kontrolle zu bekommen. Doch scheiterte UNIFIL an diesem Vorhaben und wurde nach einiger Zeit wieder abgezogen.

Von diesem Zeitpunkt an wandelte sich das Kräfteverhältnis des libanesischen Bürgerkriegs schlagartig. Die zwei Staaten, die von nun an über die Zukunft des Libanon entscheiden würden – Syrien, mit bereits 40.000 Soldaten im Lande, und Israel mit seiner Schattenarmee im Süden – betraten jetzt das Schlachtfeld.

Die zweiundzwanzigjährige Besetzung Südlibanons durch Israel wurde erst im Mai des Jahres 2000 offiziell aufgehoben. Trotzdem hielten israelische Truppen weiterhin die Schebaa-Farmen bei den Golanhöhen besetzt.

Jeden Sommer, wenn Michel und ich jetzt den Libanon besuchen, bleibt er bei seiner Familie, während ich ein paar Tage mit meiner Freundin Edith verbringe. Statt so wie damals im Jahr zuvor in Qurnat Schahwan zu bleiben, reisen wir nun durch die Bergdörfer nördlich von Tripoli. Als wir nach Ehden kamen, fuhr Edith an dem Haus vorbei, wo Tony Frangie und seine Familie von den Männern Bachir Gemayels ermordet wurden. Schon allein der Gedanke, in einem Haus herumzulaufen, das Schauplatz solch schrecklicher Geschehnisse war, ließ mich erschauern. Im Geiste sah ich die blutbespritzten Wände und die niedergemetzelten Opfer vor mir. Tony Frangie, Sohn des Präsidenten Sleiman Frangie, hatte die selben politischen Ambitionen wir Bachir Gemayel – Präsident der Republik zu werden.

---

61   United Nations Interim Force in Lebanon.

Kritiker der korrupten, wegen ihrer weitreichenden Schwindelgeschäfte – besonders im Zementgeschäft bei Chekka im Norden – notorischen Frangie-Dynastie behaupten, dass es Tony Frangies Marada-Miliz war, die zuerst Gefolgsleute von Bachir Gemayel ermordete, um jeglichen Einfluss seiner Kata'ib-Miliz auf Frangies Zementmafia zu unterbinden. Als die Marada in Zgharta den Kata'ib-Anführer umbrachte und ihm das Begräbnis in einer örtlichen Kirche verweigerte, sah Gemayel den Zeitpunkt gekommen, zurückzuschlagen. Doch sein Vater, Pierre Gemayel, verurteilte das Vorgehen seines Sohnes, weil es in seinen Augen die Prinzipien der Kata'ib-Miliz verletzte. Für viele Christen war es schlimmer als ein Verbrechen. Robert Fisk schrieb in seinem Buch Pity the Nation: "… [E]s war ein kapitaler Fehler, der die prekäre Lage aller Christen im Lande noch mehr verschärfte und zugleich den Israelis und Syrern in die Hände spielte, denn deren Interesse bestand ausschließlich darin, Libanon im Zustand des Aufruhrs zu erhalten, in dem sie ihre eigenen Ziele verwirklichen können."[62]

Nach dem Attentat auf Tony Frangie bildete Bachir Gemayel seine eigene Miliz, The Lebanese Forces. Als ich 1975 Gemayel zum ersten Mal traf, erschien er mir alles andere als ein Warlord. War mein erster Eindruck von ihm nichts als eine Illusion? Ja und nein. Im Rückblick ist mir nun klar, dass ich nur die ritterliche Seite in ihm sehen wollte, einen Führer, der bereit war, die christliche Übermacht im Lande zu bewahren, koste es was es wolle. Selbst die Muslims, denen die Verteidigung des Christentums im Libanon egal sein konnte, glaubten damals, in ihm den einzigen tauglichen Lenker des Staates zu sehen. Er war Teil eines Mythos, demzufolge der Libanon frische, junge Führungskräfte brauchte. Wie es Menschen in der Not oft tun, hatte ich mir diesen Mythos auch zu eigen gemacht. Ich glaubte, dass dieser junge, charismatische Mann wohl der einzige war, der dieses Land wieder vereinigen und stabilisieren konnte.[63]

---

62 Op. cit. 16.

63 Ibid.

*M*it der Bombardierung christlicher Enklaven am 20. Juni 1978 durch die syrischen Streitkräfte fanden sieben Monate des Friedens ein abruptes Ende. Dies war der Angriff, vor dem Michel und ich vom amerikanischen Militär-Attaché auf Oberst Hayeks Dinnerparty gewarnt worden waren.

Nach der Waffenruhe überprüften wir den Schaden in unserer Wohnung und fanden das Einschussloch in meiner Küchenschürze. Michel und ich entschlossen uns, zeitweise ins Coral Beach Hotel auf der anderen Seite der Stadt zu ziehen. Wir waren eine Woche später für eine Ferienreise nach Griechenland gebucht; in dieser Hinsicht traf es sich gut, dass das Hotel nicht weit vom Flughafen entfernt war.

Das Problem war nur, unbehelligt aus unserem Viertel zu kommen. Ich packte zwei Koffer und nahm die Brieftasche mit unseren wichtigen Papieren an mich, während Michel Kassab anrief, der uns den besten Weg raten konnte. Tatsächlich gab es nur wenige Möglichkeiten. Auf keinen Fall konnten wir auf der Mazra-Corniche durch das Niemandsland zwischen dem Museum und dem Barbir-Krankenhaus fahren, denn dort gab es etliche syrische Kontrollpunkte, und wir konnten nicht sicher sein, dass Michels Name endlich aus ihren Listen der Fahnenflüchtigen gestrichen war.

Kassab schlug vor, dass wir eine kleinere Straße an Teyouneh vorbei nehmen. "Wenn ihr Glück habt, sind dort keine Syrer."

"Na ja, dann riskieren wir's eben," sagte ich und zwang mich, tapfer und aufmunternd zu klingen. "Wenn wir nach Griechenland wollen, müssen wir irgendwie nach Westbeirut kommen."

An der Barrikade stand ein einsamer syrischer Soldat. Wir verlangsamten unsere Fahrt, das Herz klopfte uns bis zum Hals. Doch mit gelangweilter Miene winkte er uns durch. Seine Arm- und Handbewegung erinnerte an die eines kleinen Mädchens.

Wir genossen die Woche im luxuriösen Coral Beach Hotel. Unweit des Meeres gelegen, war es umringt von einem Garten mit rosa Lorbeerbüschen und Bougainvillien. Die meisten Tage saß eine Gruppe von vier französischen Diplomaten, trotz der Hitze in Anzug und Krawatte, am Swimming Pool, süffelte Whiskey und knabberte Pistazien. Sie bildeten einen scharfen Kontrast zu den grell gekleideten Waffenhändlern mit ihren glatt zurückgekämmten Haaren, die hier die einflussreichsten Häupter Beiruts umgarnten. Ganz anders als die Franzosen räkelten sie sich auf den Sesseln. Ihre offenen Hemden ließen genug Raum für funkelnde Halsketten auf behaarter Brust. Sie lachten laut und kippten ein Glas Wein nach dem andern. Aus ihren Hosentaschen zogen sie mit ihren rauen Händen dicke Geldscheinbündel, die sie verteilten, als wäre es ihnen egal, ob es sich um französische Franc, libanesische Pfund oder amerikanische Dollar handelte. Einer der Händler war durch eine lange senkrechte Narbe auf der rechten Wange gekennzeichnet, und ein blaues Auge schien in eine andere Richtung zu blicken, wenn er dich ansah. So wussten wir nie genau, ob er uns wirklich ansah oder nicht. Es gefiel ihm offenbar, bei der Bezahlung der Getränke sein Geld aus der Tasche zu ziehen und dem Kellner einzelne Scheine zu geben, die er genüßlich mit seinen großen Händen vom Bündel abschälte.

An einem Nachmittag lief Nayla in Richtung seines Tisches, um einen Ball zu fangen, den ihr Bruder geworfen hatte. Er glitt ihr aber durch die Hände und rollte diesem Händler vor die Füße. Mit seinen großen Fingern hob er ihn auf und überreichte ihn Nayla mit einem Lächeln, das verriet, dass er auch Kinder hatte.

Eines Abends tauchte Walid Jumblatt, der Drusenführer, im Garten auf und nahm zwei Tische weiter Platz. Eine seiner Begleitpersonen rief Michel ein Hallo zu.

"Wer ist das?" fragte ich.

"Einer meiner Patienten," antwortete Michel. "Er ist auch Jumblatts persönlicher Assistent, seine rechte Hand. Ich habe ihn schon heute morgen gesehen, und er lädt uns morgen zum Lunch ein."

"Nicht schlecht," sagte ich. "Man kann nie wissen, vielleicht brauchen wir seine Hilfe, wenn wir zum Flughafen wollen."

Tatsächlich speisten wir am folgenden Tag mit ihm, woraufhin er uns anbot, unser Auto in seiner unterirdischen Garage zu parken und uns zum Flughafen zu fahren.

Am Tage vor unserer Abreise nach Griechenland nahm Michel ein Taxi zur Hamra-Straße, um die Flugtickets abzuholen. Zur Mittagszeit setzte ich mich mit den Kindern an einen Tisch beim Pool, wo wir jede Minute Michel zurück erwarteten. Ich hatte gerade ein kaltes Bier bestellt, als plötzlich mehrere israelische F-16 Jagdbomber im Tiefflug über unsere Köpfe kreischten. Beim Durchbrechen der Schallmauer erzitterte die Luft, das Wasser im Schwimmbad riffelte sich. Die Leute um uns herum stürzten zum nächstliegenden Hoteleingang. Eine junge Frau war derart von Panik ergriffen, dass sie ihr kleines Kind am Strand vergaß. Als auch die vier französischen Diplomaten wie von der Pistole geschossen aufsprangen und zur Hotellobby rannten, brachen die Waffenhändler in ungestümes Gelächter aus. Auch wir konnten das Lachen nicht unterdrücken, denn die israelischen Flugzeuge waren bis dahin sicher längst auf dem Heimweg.

In Griechenland mieteten wir zusammen mit unseren Freunden Gino und Nancy, die mit ihren drei Söhnen in Athen wohnten, eine Villa auf der Agäis-Insel Skiathos. Von der weitläufigen Terrasse aus konnten wir über üppiggrüne Klippen auf unseren Privatstrand blicken. Wegen der blendend schneeweißen Gemäuer mussten wir Sonnenbrillen tragen. Vor dem Hintergrund dieser Mauern und des tiefblauen Himmels bildeten die roten, pfirsichfarbenen und lila Bougainvillien einen überwältigenden Kontrast. Die ersten zwei Wochen wähnten wir uns im Paradies; Beirut und der Krieg waren vergessen. Wir sonnten uns, spielten Tennis, tranken guten Wein, aßen Olivensalat mit Fetakäse zu saftigem Schweinefleisch vom Grill, wir lachten, wir machten lange Wanderungen in den Bergen und den Strand entlang. Dann saß ich eines Abends auf der Terrasse, um den Sonnenuntergang zu bewundern, als plötzlich aus dem Inneren des Hauses eine BBC-Radiostimme ertönte.

"Hier spricht Derek Shambles aus Beirut, wo sich die Lage wieder einmal verschlimmert hat."

Michel stand auf und ging hinein ins hintere Zimmer, wo das Radio stand. Etwas in mir sank zusammen. Ich versuchte, dem Radiobericht weiter zu folgen, aber es war zu leise. Trotzdem blieb ich, wo ich war, von einem üblen Gefühl gelähmt. Ich wusste, was als nächstes passieren würde. Michel ging ans Telefon und wählte. Dann hörte ich ihn mit seiner Mutter und Nademe Arabisch sprechen. Als er auf die Terrasse zurückkam, verkündete er: "Cathy, ich gehe zurück nach Beirut."

Nach der Abreise von Michel waren die Ferien auf Skiathos nur noch ein böser Traum. Dem BBC zufolge war der Flughafen in Beirut wegen Kampfhandlungen gesperrt. Ich hatte keine Ahnung, ob Michel vorher noch durchgekommen war und wenn, ob er es heil nach Ostbeirut geschafft hatte. Um den Kindern nicht Angst zu machen, behielt ich meine Befürchtungen für mich.

Meistens wachte ich vor den anderen auf und nahm das kleine Radio auf die Terrasse, um auf BBC die neuesten Nachrichten aus Beirut zu hören. An einem frühen Morgen, während ich das Radio ans Ohr hielt, trat plötzlich Gino aus dem Haus.

"Gestern gab es wieder fürchterliche Gefechte in Beirut," sagte ich.

Gino sagte kein Wort, nahm stattdessen die Zeitung in die Hand und begann zu lesen.

"Gino, hast du mich nicht gehört?" fragte ich.

"Doch, doch," sagte er. "Aber bitte verschone mich."

"Aber du bist doch aus Beirut. Deine Eltern wohnen dort," gab ich zurück, "wie kannst du dich nicht dafür interessieren, was dort vorgeht?"

Er ließ die Zeitung sinken und drehte sich zu mir. Sein Blick war leer. Ich merkte, dass er es satt hatte, mich dauernd vom Krieg reden zu hören. "Ich habe mir diesen Urlaub schwer verdient und habe keine Lust, mir um irgendwas Sorgen zu machen. Klar, Cathy?"

"Tut mir leid, aber ich kann mir die Geschehnisse in Beirut nicht aus dem Kopf schlagen. Ich habe meine Familie dort und ich frage mich, ob Michel jetzt noch lebend herauskommt."

"Verstehe, aber bitte tu mir für die verbleibenden zwei Wochen den Gefallen, die schlechten Nachrichten für dich zu behalten. Solange uns niemand anruft, dass Michel etwas passiert ist, ist er höchstwahrscheinlich in Ordnung, ok? Also mach dir keine Sorgen."

Gino war es, der unsere Ferien hier in Griechenland eigenhändig organisiert hatte, deshalb wollte ich ihm nicht widersprechen, aber in mir brodelte es wie in einem Vulkan. Den Kindern gegenüber gewahrte ich mein lächelndes Gesicht, ich spielte am Strand Volleyball, ging schnorcheln und fischen, machte mich zum Abendessen fein und schminkte mich. All dies, während es in meinem Kopf raste. Ginos Weigerung, meine Gefühle zu respektieren, verletzte mich. Gleichzeitig aber verstand ich zu jener Zeit nicht, dass ich nervlich am Ende war, was jedoch Gino sicher bemerkt hatte. Ich fuhr fort, ununterbrochen von Beirut zu reden und merkte nicht einmal, wie emotional geladen ich war. Natürlich wollte ich niemanden beleidigen, aber ich tat es dennoch und stellte damit unsere Freundschaft auf die Zerreißprobe.

Nach unserer Rückfahrt nach Athen rief Michel an. Ich kann mich noch erinnern, wie ich den Hörer abnahm.

Seine Stimme war sehr leise. "Es hat wieder angefangen. Achrafieh steht unter Raketenbeschuss. Du musst in Athen bei Gino und Nancy bleiben. Zu Hause ist es nicht sicher."

"Aber was soll ich hier tun? Ich bin ganz alleine mit den Kindern, und die andern sind wütend auf mich."

Seine Stimme blieb ruhig. "Du musst dich beruhigen, Cathy. Es wird wieder gut."

Zwei Wochen später gab mir Michel endlich Bescheid, dass wir nach Hause kommen könnten. Ich war unheimlich erleichtert. Athen machte mich verrückt. Nancy hatte mich schon gewarnt, dass ich mit den Kindern in ein Hotel ziehen müsste, weil sich ein Freund angesagt hätte und unser Zimmer brauchte. Ob diese Begründung der Wahrheit entsprach?

Nachdem Michel uns vom Flugzeug abgeholt hatte, steuerte er sofort auf die nördliche Ausfallstraße. Wir ließen Beirut hinter uns und kamen bald nach Jounieh, wo seine Brüder vor kurzem ein altes Haus gekauft hatten.

"Warum fahren wir nicht nach Hause?" fragte ich.

"Das geht im Moment nicht, es ist zu gefährlich in Beirut. Und übrigens wurde unsere Wohnung ausgeraubt. Alles ist durcheinander geworfen."

Als ich mich von dem Schock erholt hatte, erklärte er, dass der Dieb wohl Karim, unser Hausmeister sein musste, da er der einzige war, der von unserer Abwesenheit wusste. Die Perserteppiche ließ er zurück, weil sie wohl zu schwer waren, die sieben Treppen hinunter zu tragen. Auch unterschätzte er den Wert unserer Kunstgegenstände, da er unser Silberbesteck und Porzellan nicht angerührt hatte. Ich atmete etwas auf. Wegen gestohlener Elektrogeräte machte ich mir keine Gedanken. Ein Radio, eine elektrische Schreibmaschine, ein Fernseher waren leicht zu ersetzen. Traurig war ich nur über die Kombuloikette[64] aus Bernstein, eine liebe Erinnerung an Papa. Sie war nicht wertvoll, aber bedeutete mir viel. Ein großer Verlust war die Stereoanlage, denn wir spielten fast fortwährend Musik. Zumindest waren unsere Langspielplatten noch da. Eine neue Anlage konnten wir uns nicht sofort kaufen, denn wir wollten eine gute haben, und die kostete viel Geld. Der Dieb hatte auch meine Parfums, meine Halstücher und Michels Seidenkrawatten gestohlen. Besonders ärgerlich war, dass er auch unsere Gewehre genommen hatte. Ohne sie fühlte ich mich noch unsicherer.

Der Krieg verwandelte Jounieh, vormals ein verschlafener Seehafen ungefähr fünfundzwanzig Kilometer nördlich von Bei-

---

64 .Eine griechische Perlenkette für Männer, die meistens zum Zwecke der Beruhigung durch die Finger gespielt wird.

rut, in die Hauptstadt der libanesischen Christen. Als Beirut in West und Ost aufgeteilt wurde und die Jahrtausende alten Souks dem Krieg zum Opfer fielen, zogen viele Christen mit ihrem Geschäft nach Jounieh. Der Krieg erwies sich auch als Goldgrube für die Einheimischen, die sich an den Flüchtlingen bereicherten. Für Gemüse, Obst, Fleisch und Brot wurden Wucherpreise verlangt, und die exorbitanten Mieten machten die Immobilienhändler zu Millionären.

Das Haus von Jacques und Raymond lag eine gute Strecke vom Geschäftszentrum der Stadt entfernt und bot Zurückgezogenheit und Ruhe. Ein kleiner Hof mit Palmen und niedrigen, staubig grünen Büschen schützte es vor der alten Straße nach Jounieh. Zum Glück hielt eine neue Umgehungsstraße den Hauptverkehr fern. Aus Sicherheitsgründen wurde die grüne Eingangstür stets verschlossen gehalten. Um ins Haus zu gelangen, öffneten wir deshalb nach Durchquerung des Hofes links vom Haus ein Gartentor. Ein schmaler Weg führte am Haus entlang nach hinten, bis wir an der Rückseite auf eine große, niedrig ummauerte Terrasse stießen, von der sich uns ein ungehinderter Blick aufs Meer bot. Hier konnten wir den atemberaubend malerischen Sonnenuntergang über dem Mittelmeer bewundern. In der anderen Richtung bestaunten wir eine tiefgrüne Bergkette, die steil in den Himmel ragte. Das Haus wäre ein perfektes Refugium gewesen, wenn wir es nicht mit acht anderen Menschen hätten teilen müssen: Wadia und ihre Haushaltshilfe, Andrée mit zwei Kindern und dem Dienstmädchen Hasna, sowie Jacques, der mit seiner Frau Linda aus Latakia hier war, bevor sie nach Boston zurückgingen.

Der große Raum bei der Terrasse diente zugleich als Wohn- und Esszimmer. Für beide Funktionen gab es nur hochlehnige Stühle und einen langen Resopaltisch. Links von diesem Raum lagen ein Bad und eine kleine Küche, ohne warmes Wasser. Vom Wohn-/Esszimmer schlossen sich ins Innere beziehungsweise zur Front des Hauses hin zwei weitere große Räume an. Den einen benutzte Andrée mit Familie als Schlafzimmer, den anderen Jacques und Linda. Nademe und Andrées Dienstmädchen übernachteten auf Matratzen im Wohn-/Esszimmer. Gegenüber von den zwei großen Schlafzimmern gab es noch drei kleinere Zimmer. Das vorderste bewohnten wir; das hintere bezog Wadia, während das dazwischenliegende von Michel als Untersuchungszimmer verwendet wurde, denn drei Mal pro Woche hielt er Sprechstunde.

An den meisten Vormittagen fuhr Michel nach Achrafieh ins Krankenhaus. Da er erst gegen Mittag zurückkehrte, nutzte ich die Zeit, um die täglichen Einkäufe für zwölf Leute zu erledigen, wofür ich mich freiwillig gemeldet hatte. So konnte ich auf ein paar Stunden dem Stress des engen Zusammenlebens entkommen. Manchmal wollte ich gar nicht mehr zurückkommen. Selbst ein Hotel in Athen wäre besser gewesen. Zumindest waren Nayla und Naim glücklich. Wenn ich nicht da war, machte entweder Nademe oder Hasna ihnen das Frühstück, bevor sie mit ihrem Vetter Philippe, dem jüngeren Sohn von Andrée und zwei Jahre älter als Naim, zum Strand gingen.

Kurz im Anschluss an die tägliche Siesta begann das eigentliche Tagesgeschehen. An einem idealen Tag kamen mindestens zwei oder drei Besucher, um mit Wadia Karten zu spielen. Das machte sie am zufriedensten, und uns auch. So konnten wir anderen uns mit unseren Freunden vor dem Haus bei wildem und lauten Tischtennisspiel austoben. Einige der ernsthafteren Spieler brachten ihre eigenen Schläger mit, aber das half nichts. Niemand vermochte Michel zu schlagen.

Im August 1978 traten wir dem Kaslik Beach Club bei, einem Paradies auf sechs Hektar mit gepflegten Rasen, rosa Lorbeerbüschen und roten Bougainvillien. Man konnte zwischem einem Schwimmbad im Olympiaformat und einem feinsandigen Strand wählen. Der Club lag nicht weit von uns in der Bucht von Jounieh. Auch mehrere unserer Freunde sowie Spielkameraden unserer Kinder gehörten zu dem Club. Es war wichtig, einen gemeinsamen Ort zu haben, wo wir uns zusammen entspannen, zugleich aber auch die ewig sich ändernden Geschehnisse um uns herum besprechen konnten, gerade in diesem Sommer, wo alle unsere Bekannten aus Beirut geflohen waren.

Bachir Gemayels Lebanese Forces machten jetzt ganz offen mit Israel gemeinsame Sache und empfingen an einem Strand nicht weit von uns israelische Waffenlieferungen. Gerüchte schwirrten herum, was wohl als Nächstes passieren würde. Wenn wir auch gegenüber dem Lauf der Dinge machtlos waren, so war es doch unerlässlich für uns, zumindest über die Lage der Dinge zu spekulieren, wenn wir bei Verstand bleiben wollten. In Wirklichkeit aber waren wir nichts als Süchtige, die auf die tägliche Dosis an Gerüchten angewiesen waren.

Nach dem 15. August musste ich mir um Michels Sicherheit keine Sorgen mehr machen. Die Syrer sperrten die Straße zwischen Jounieh und Beirut, so dass er nicht mehr ins Krankenhaus fahren konnte. Das war das einzige Mal in meinem Leben, dass ich den Syrern dankbar war. So verlief der Rest des Sommers vergleichsweise ruhig, wenn man bedenkt, was um uns herum vorging.

Mitte November wurde ein Waffenstillstand angekündigt. Ein Teil der Abmachung bestand daraus, dass die Syrer die Straße nach Beirut wieder öffneten und ihre Streitkräfte aus Achrafieh abzogen. Wadia und Nademe kehrten nach Beirut zurück, auch Andrée und ihre Familie packten die Koffer, und Jacques flog mit seiner Frau nach Boston. Wir hatten weniger Glück. Unser Wohnviertel in Beirut war alles andere als ruhig, und unsere Aussichten auf eine baldige Rückkehr standen schlecht. Sollten die Schulen wieder aufmachen, müssten Naim und Nayla täglich zwischen Jounieh und Beirut hin- und herfahren. Aus schierem Selbstinteresse wünschte ich, dass die Schulen geschlossen blieben, bis wir in unsere eigene Wohnung zurückkehren könnten.

Als die Schule unserer Kinder tatsächlich wieder aufmachte, sollte es nur zwei Tage dauern. Nachdem die Syrer gemäß dem Waffenstillstandsabkommen aus Achrafieh abgezogen waren, schlugen sie ihr Lager in den Feldern um Jamhour in der Nähe unserer Schule auf, was die Jesuiten dazu bewegte, sie wieder zu schließen, da sie nicht für die Sicherheit der Kinder einstehen konnten.

Schließlich kam das Ende des November 1978, als sich vier Wunder ereigneten.

Andrée lud uns ein, bei ihr in Beirut zu wohnen, bis wir eine neue Bleibe fänden.

Kaum hatten wir uns bei Andrée eingerichtet, rief uns Jacques aus Boston an und schlug vor, in seine Wohnung einzuziehen, die er weiterhin in Achrafieh mietete. Sie war nur wenige Straßen von Andrée entfernt.

Im gleichen Stadtviertel erklärte sich die Schule Dame de Nazareth bereit, ab 1. Dezember alle Schüler von Jamhour aufzunehmen. Niemandem schien es etwas auszumachen, dass die Klassen überfüllt und die Lehrkräfte überlastet waren. Es war die libanesische Art, Krisen zu bewältigen; jeder half dem andern, jeder setzte sich ein. Wir alle wussten, wie wichtig es war, die Kinder weiterhin geistig zu fordern, selbst wenn es im Klassenzimmer eng wurde. Auch arbeiteten Lehrer und Eltern bereitwillig zusammen, um den Kindern ein einigermaßen geregeltes Schuljahr zu gewährleisten.

Das vierte Wunder war, dass Michel von seinen Brüdern Jacques und Raymond dreitausend libanesische Pfund – damals etwa ☐ 900 – pro Monat zugesichert bekam, bis seine Arbeit wieder mehr einbrachte. Das libanesische Pfund hielt sich bei diesem Wechselkurs, bis es Mitte der Achzigerjahre gegenüber dem Dollar auf sechs zu eins fiel. In den frühen Neunzigern war es auf dreitausend zu eins abgestürzt. Heute (2004) steht es bei ungefähr eintausendfünfhundert zu eins.[65]

Während der Vorbereitungsarbeiten zum Einzug in Jacques' Wohnung besuchte ich mehrmals unsere alte Bleibe in der Badaro-Straße, um Küchenutensilien, Kochbücher, Spiele, unsere Winterkleider – kurz, alles Bewegliche, was in der Wohnung noch auffindbar war – einzupacken. Das Badaro-Viertel hatte schwer

---

65 Inzwischen (2025) ist das libanesische Pfund gegenüber dem US-Dollar weiter auf 90.000 : 1 gesunken. (Übers.)

unter dem Krieg gelitten. Wenige Unentwegte waren zurückgeblieben, aber auch nur, weil sie nirgendwoanders hinzugehen hatten. Die Gebäude, auch das unsere, erschienen mir verlassen und spukhaft, übersät mit Einschusslöchern, geschwärzt von Granaten und Explosionen. Vom Pflaster erhoben sich braune, blätterlose Pappeln wie auf den Kopf gestellte Besen. Wieder einmal waren die Fenster unserer Wohnung geborsten. Ich musste mich überwinden, die zerrissenen Vorhänge nicht zu flicken, die Glasscherben nicht von unserem Sofa zu streichen, oder nicht sonst etwas zu retten, was bei meinem nächsten Besuch nicht mehr da sein würde. Meine alte Wohnung, meine ehemaligen Besitztümer mussten nun in meiner Erinnerung weiterleben. Nach all den fluchtartigen Abschieden der Vergangenheit blieb mir nichts anderes übrig, als in der Gegenwart leben zu lernen. Wenn es an einem anderen Ort sicherer war, musste ich meine ganze Kraft dorthin wenden.

Während wir noch in Jacques' Wohnung lebten und bevor wir auch nur ein Quentchen Vernunft annehmen konnten, vergrößerte sich unsere Familie um Foxy Lady, einen deutschen Schäferhund. Ediths und Fouads Hund Tina hatte einen Wurf von zehn Welpen. Ich kann mich nicht erinnern, dass dieser Schritt geplant war, es passierte einfach. Und wir verliebten uns alle in dieses eine Hundebaby.

"Guck, wie schnell sie läuft," rief Nayla. "Und sie ist viel frecher als ihre Geschwister." So verdiente sie sich den Namen 'Foxy'.

Im Juni 1979, ein ganzes Jahr nachdem wir sie verlassen hatten, zogen wir in unsere alte Wohnung zurück. Dieses Mal war unser Einzug besser geplant und verlief glatter. Und am Ende des Monats, gleich nach Ende des Schuljahres, waren die Kinder und ich für einen Flug in die USA gebucht. In der Regel kehrte ich alle zwei Jahre in die USA zurück. Wir hätten schon im Mai umziehen und so auch die USA-Reise vorziehen können, aber ich wollte nicht schon so früh die Schulroutine stören. Naim und Nayla konnten zu Fuß in die Schule gehen, und viele ihrer Freunde wohnten im gleichen Viertel. Das mindeste, was ich tun konnte, war deshalb bis zum Ende des Schuljahres zu warten, bevor wir in die USA flogen.

Leila und ich arbeiteten täglich mehrere Stunden in unserer alten Wohnung. Obwohl sie nach einjähriger Verwahrlosung genau so schmutzig war wie das letzte Mal, ließen wir uns diesmal mehr Zeit, um uns nicht zu überanstrengen. Die Fenster mussten erneut ersetzt werden. Wind und Regen hatten ein ganzes Jahr lang Zeit, bei offenen Fenstern die Möbel mit einer Staub- und Rußschicht zu überziehen. Schränke und Regale mussten geleert und ausgewaschen werden. Die Vorhänge mussten erneuert werden. Zu meiner großen Freude fand ich in einer verlassenen Ecke meine Singer-Nähmaschine wieder, die ich gestohlen geglaubt hatte. Offenbar war, als Karim sie abschleppen wollte, der Tragegriff gebrochen, so dass er sie zurück ließ. So konnte ich jetzt die Vorhänge selbst reparieren. Und dieses Mal war die Terrasse noch in einem ansehnlichen Zustand.

Trotz meiner sorgfältigen Planung verlief der Vortag unserer Abreise nach USA äußerst hektisch. Ich war am Ende meiner Kräfte. Bis um fünf Uhr morgens war ich noch mit Bügeln beschäftigt, aber es machte nichts, da ich nach der Reise infolge der Zeitverschiebung sowieso erledigt sein würde.

*M*it dem Beginn des Schuljahres 1979-80 durften unsere Kinder wieder zur Jamhour-Schule zurückkehren. Es war das zweite normale Schuljahr in Beirut seit Beginn des Bürgerkriegs 1975. Nun, da sie zwölf und dreizehn waren, nahmen Naim und Nayla an den nachmittäglichen Leichtathletikveranstaltungen teil. Fast jedes Wochenende gingen wir in die Berge skifahren. Naim war der Draufgänger, der sich Hals über Kopf die Hänge hinabstürzte, während Nayla vorsichtiger war und gewissenhaft auf den sanfteren Hügeln ihre

Bögen zog. Im Dezember 1980 nahmen beide an Karatekursen teil und gewannen in ihren Kategorien Preise.

*B*eirut befand sich nicht ununterbrochen im Krieg. Während der friedlichen Zeiten, wenn alles seinen mehr oder weniger normalen Gang ging, wurde ich immer wieder neu von der Stadt verzaubert. Es war die glückliche Seite meiner wilden Affäre mit einem völlig verrückt gewordenen Liebhaber. Wie oft war die Stadt für mich eine Stätte der Seligkeit! Beirut hielt mich gefangen; ich konnte es einfach nicht verlassen. Deshalb wollte ich einfach nicht wahrhaben, dass es nicht wieder zu einem dauerhaften Frieden finden würde, in dem ich erneut in den Caves du Roi tanzen und mit meinen Freunden im Vieux Quartier essen gehen könnte, wo der Küchenchef seine fantastische Sauce Bolognese zubereitet und seinen besten Brunello di Montalcino aus dem Keller holt, einen Wein, der mir den Eindruck vermittelt, als küsse ich die Lippen meines Liebhabers.

Die göttliche Ruhe in Beirut hielt bis Frühling 1981 an.

8
Hunde, Haubitzen, Heckenschützen

Im Frühling 1981 stand mein kleiner Terrassengarten wieder in voller Blüte. Fuchsienrote Klettergeranien schlängelten sich die weiße Wand hinauf. Dann der hohe, schlanke, rosa Lorbeer, die Gardenien und der Jasmin, der gelbe und rote Hibiskus, die rosa Begonien, die himmlisch duftenden Queen Elizabeth-Rosen – alles erschien in seiner Vorkriegspracht. Ich hatte schon mehrere Dinnerparties auf der Terrasse gegeben, die Kinder gingen wieder in die Jamhour-Schule und Foxy Lady war gerade zwei geworden.

Vielleicht besaß sie tatsächlich ein heißeres Temperament als die meisten anderen Hunde, aber zweifellos hatte es auch mit unserer ruhelosen Familie und unserem lebhaften Charakter zu tun. Im Gegensatz zu den anderen deutschen Schäferhunden, die nur auf ein Herrchen oder Frauchen hören, war Foxy Lady uns allen vier ergeben. Für ihre Spaziergänge verließ sie sich auf Michel, ich aber gab ihr das Futter und ließ sie in meinem Bett schlafen. Selbst wenn der Schulbus noch eine volle Straße entfernt war, hörte sie ihn aus dem Verkehrslärm heraus. Ihre Ohren steilten sich auf wie feine Antennen, die den Bus genauestens orteten. Sie folgte dem brummenden Motor und wusste haargenau, wann der Bus vor unserem Gebäude anhielt. In diesem Augenblick erhob sie sich und lief zur Eingangstür, setzte sich auf ihre Flanken und wartete erst auf das einsetzende Aufzugsgeräusch und dann auf die kichernden Stimmen von Nayla und Naim im sich nähernden Aufzug. Sobald die Kinder unser Stockwerk erreichten, kündigte Foxy sie durch fröhliches Bellen an.

Bei Ausfahrten setzte sie sich im Auto unfehlbar vor das hintere rechte Fenster, sehr zum Ärger von Naim und Nayla, die sich nun um den anderen Fensterplatz streiten mussten. Am liebsten fuhr sie nach Qurnat Schahwan, wo sie frei herumtollen durfte. Manchmal nahmen wir sie zu einem Strand nördlich von Byblos mit, wo wir Bälle ins Wasser warfen, die sie dann wild paddelnd apportierte.

Wenn Foxy Reisekoffer erblickte, wurde sie unruhig, denn sie ahnte instinktiv, dass ihr geordnetes Leben in Unruhe gerät. An einem Samstag Vormittag, als sie Naim mit den Augen verfolgte, wie er einen Koffer an die Eingangstür stellte, sprang sie auf und lief ihm hinterher in sein Zimmer. Als sie auch Nayla packen sah, ergriff sie die Panik und lief erregt in die Küche, setzte sich demonstrativ vor mich hin und starrte mir so lange in die Augen, bis sie meine Aufmerksamkeit gwonnen hatte. Manchmal konnte ich der Versuchung nicht widerstehen, Foxy auf die Folter zu spannen, indem ich sie absichtlich so lange ignorierte, bis ihre Ungeduld reißen wollte. Dann heulte sie aufgeregt wie ein Koyote. Von der Küche aus beobachtete sie, wie Michel und Naim die Koffer nach draußen und zum Aufzug brachten. Sie stürzte aus der Küche zu ihnen, aber Naim befahl ihr: "Bleib, Foxy!" während er die Haustüre vor ihrer Nase schloss. Tief enttäuscht ließ sie sich auf den Boden fallen wie ein nasser Küchenmop, legte den Kopf auf die Vorderpfoten und winselte.

Wenn wir alle endlich aufbruchbereit waren, rief Naim Foxy, befahl ihr zu sitzen und streifte ihr die Hundeleine um über den Kopf, bevor er sie zum Aufzug führte. Den ganzen Weg hinunter heulte sie im Aufzug und hörte erst dann auf, wenn sie die Erlaubnis erhielt, zu uns in den Wagen zu springen.

Mitunter allerdings gab es Tage, an denen wir sie unter keinen Umständen mitnehmen konnten. Einer von ihnen war der 15. April 1981.

Es begann um Mittag. Ich war in der Küche gerade dabei, für meinen coq au vin⁶⁶ Zwiebeln und Pilze zu dünsten. Mir blieb noch eine halbe Stunde, bis Michel vom Krankenhaus zurückkam, gerade um noch Salat zu waschen und Reis zu kochen. Während die Zwiebeln in der Pfanne brutzelten, bräunte ich in einer zweiten Pfanne Vermicelli-Pasta in Olivenöl. Später wollte ich den Reis mit Wasser und Salz dazugeben. Auf einmal wurde ich misstrauisch. Ich zog die Pfanne vom Feuer und lauschte. Das Geräusch war unverkennbar. Ich bekam Gänsehaut. "Nein," stöhnte ich, "nicht schon wieder!"

Als Foxy mich hörte, stellte sie die Ohren auf und sah mich fragend an. "Ich weiß nicht, Mädchen. Schauen wir mal nach."

Ich drehte die Gasflammen unter den Zwiebeln und den Vermicelli ab und trat auf die Terrasse. In der Annahme, dass es israelische Flugzeuge waren, ging ich erst auf die Südseite. Gewöhnlich bombardierten sie ein Ziel in den südlichen Vororten und nannten es 'Vergeltung'. Jetzt hörte ich wieder einen Einschlag, aber der zunehmende Wind erschwerte es mir, den genauen Ort des Angriffs festzustellen. Ich beschleunigte meine Schritte zur anderen Terrassenseite und erkannte die üblichen grauen Rauchschwaden. Die Bomben waren in der Nähe der Schule unserer Kinder gefallen.

Andrée, meine Nachbarin nebenan, hatte auch zwei Kinder, die zur Jamhour-Schule gingen. Als der Krieg begann, einigten wir uns darauf, dass im Notfall eine von uns beiden sich darum kümmern würde, alle vier Kinder nach Hause zu bringen. Obwohl die letzten Kämpfe in Beirut nun achtzehn Monate zurück lagen,

---

66 Klassischer französischer Hühnereintopf. (Übers.)

wusste ich sofort, was zu tun war. Ich rannte zur Nordseite der Terrasse, gleich bei der Küchentür, und rief nach Andrée. Von unserer Terrasse zu ihrer waren es nicht mal zwölf Meter. Es war das Dienstmädchen, das mich hörte und heraus kam.

"Sitt Andrée ist nicht da," rief sie.

"Sag ihr, dass Sitt Cathy die Kinder von der Schule holt!" schrie ich zurück. Erst wollte ich noch auf Michel warten, aber was ist, wenn er im Stau steht und sich verspätet? Stattdessen hinterließ ich ihm schnell einen Zettel auf dem Küchentisch. Ich drehte mich, um zur Eingangstür zu stürzen, aber stolperte über Foxy und wäre beinahe der Länge nach hingefallen. Im Schatten hatte ich sie nicht gesehen. Sie zitterte. Ich schlang die Arme um sie. "Keine Sorge, Foxy. Ich bin bald zurück."

So schnell ich konnte, lief ich die Treppe hinunter. Wenn Bomben fielen, nahm ich nie den Aufzug.

Mein VW-Käfer war vor dem Gebäude geparkt. Ich benutzte eine Einfahrt, um schnell umzudrehen, fuhr Badaro runter und bog rechts in die Damaskus-Straße. Sicher gab es viele andere Autos, aber ich bemerkte sie nicht. Vage erinnere ich mich, an der nächsten Querstraße, der Sami Sohl-Kreuzung, gebremst zu haben, aber der Rest – die Durchquerung von Fourn ni Chebak mit all den mir so bekannten Gebäuden, die entlang der zweispurigen Straße eng aneinander gereihten Geschäfte, die Wohnblocks, die Kinos und Kirchen – blieb verschwommen wie ein Film im Zeitraffer.

Die Heckenschützen kamen mir in den Sinn und ich fragte mich, ob sie wieder auf den Dächern stehen. Selbst nach achtzehnmonatiger Pause tauchten sie bei der geringsten Unruhe wie aus dem Nichts plötzlich wieder auf. Der Anblick von Pater Jerfaneon mit einer Kugel in der Stirn, die er einem Heckenschützen verdankte, stand mir noch vor Augen. Sollte mich das gleiche Schicksal erwarten? Gerade hier an dieser Kreuzung, am Ausgang von Fourn ni Chebak, wurde er erschossen.

Die Schule Jamhour lag auf einer Hügelkuppe in einem weitläufigem Park, von dem man gen Westen das Verteidigungsministerium sehen konnte, nach Süden das Hazmiya-Stadtviertel und nach Osten die offenen Felder, wo die syrischen Truppen lagerten, nachdem sie 1978 aus Achrafieh abgezogen waren. Ich parkte das Auto vor dem Haupteingang. Auf dem Weg zur Tür hörte ich, wie ganz in der Nähe des Verteidigungsministeriums Bomben einschlugen, gerade mal einen Kilometer von der Schule entfernt.

Als ich ins Schulgebäude trat, vernahm ich durch die ansonsten so stillen Flure fernes Stimmengewirr. Ich folgte dem Geräusch die Treppe hinab, an der Türe des Schuldirektors vorbei, weiter durch leere Gänge. Jetzt wurden die Stimmen lauter, bis ich die Tür zum Speisesaal öffnete. Ein ohrenbetäubendes Geschrei schlug mir entgegen; ich glaubte mich im Affenhaus eines Zoos, nur dass die Insassen hier alle die gleiche preußischblau-weiße Schuluniform trugen. Das gellende Gekreisch von rund siebenhundert Schülern, die ihrer nervösen Aufregung freien Lauf ließen, klang tatsächlich ähnlich wie jenes der Primaten im Zoo. Ich durchkämmte den Raum mit den Augen nach Naylas Lehrer, unserem Freund Pater Mayet; ich wusste, dass meine Kinder bei ihm sein mussten. Jetzt erkannte ich sie und winkte sie herbei. Nayla flüchtete sich in meine Arme, Naim umarmte mich, ließ aber dann gleich wieder los, um mir zu bedeuten, wie wütend er war. Ich deutete dies als ein gutes Zeichen, denn man kann nicht gleichzeitig wütend und angsterfüllt sein. Sein Lehrer hatte sich geweigert, die Schüler aus dem Klassenzimmer zu lassen, selbst als eine Bombe nur hundert Meter entfernt explodiert war.

"Endlich bin ich einfach aufgestanden und zur Türe gelaufen," sagte Naim. "Und weißt du was? Die andern sind mir alle gefolgt."

Wenn Nayla Angst hatte, wurde sie still, und obwohl sie selten weinte, wusste ich von der Art, wie sie mich fest umklammert hielt, wie sehr sie sich fürchtete.

"Der Lärm war schrecklich, Mommy. Ich hatte solche Angst," flüsterte sie. Sie meinte die Stalinorgeln, die bevorzugte Waffe der Syrer, die in rasanter Abfolge sieben Raketen feuerte.

Ich schickte Naim auf Suche nach Andrées Kindern. Als er mit ihnen zurückkam, verabschiedeten wir uns von Vater Mayet und gingen zum Auto. Naim wollte unbedingt vorne sitzen, so blieb Nayla nichts anders übrig als sich die Rückbank mit Nabil und Farid zu teilen. Gerade als sie dabei waren, sich mit ihren Schultaschen einigermaßen einzurichten, fiel ganz in der Nähe eine Bombe; ich hörte splitterndes Glas. Eine innere Stimme sagte mir, solange ich ruhig bleibe, bleiben auch die Kinder ruhig. Ich zog meinen Sitz nach vorne, stieg wieder aus und schaffte den dreien auf der Rückbank Platz, indem ich eine Schultasche hinter der Rückbank verstaute und die andere zwischen Naims Füße schob. Die ganze Zeit betete ich im Stillen, dass Gott mir beistehen möge.

Als ich meinen Platz wieder einnahm und die Türe schloss, richtete ich meinen Blick auf Naim. Er starrte mich nur an und las die Furcht in meinem Gesicht. Farid, der rechts neben Nayla saß, witzelte darüber, wo er sich die nächste Bombe wünschte, aber ich war zu abgelenkt, um die Pointe mitzubekommen. Was mich beschäftigte, war die beste Route um das Verteidigungsministerium herum zu finden.

Wie ich die Hauptstraße hinunter raste – wir waren die einzigen auf dieser breiten, vierspurigen Bahn, auf der Linken kein einziges Gebäude und zur Rechten eine Schlucht – beschlich mich das unheimliche Gefühl, dass die Bomben uns verfolgten und mit jedem Einschlag näher kamen. Natürlich hatten sie es nicht auf unser Auto abgesehen; den Syrern ging es wohl nur darum, die Straße zu unbefahrbar zu machen.

Im Rückspiegel eröffnete sich mir ein seltsamer Anblick. Ich hatte den Eindruck, als wollte die ganze Straße explodieren. Erst sah ich nur einen kleinen Schimmer, dann aber beim zweiten Blick schien alles in der Luft herumzuwirbeln. Mein rechter Fuß senkte sich weiter aufs Gaspedal.

Eine weitere Bombe landete zu meiner Rechten am Rande der Schlucht und ging hoch. Im Rückspiegel konnte ich beobachten, wie die Erde trichterförmig emporspritzte wie ein ausbrechender Vulkan.

Während all dem plapperten die Kinder auf dem Rücksitz unentwegt weiter. Ich hörte sie nur halbwegs im Hintergrund, während ich mich bemühte, den Wagen einigermaßen auf der Spur zu halten und gleichzeitig die Kinder im Auge zu behalten.

Farid erzählte irgendetwas von einem Rabauken in der Schule, der plötzlich weinte. Die vier Kinder brachen in Triumphgeschrei aus: "Geschieht ihm recht!"

Bei der dritten Bombenexplosion, die direkt hinter uns zu detonieren schien, glaubte ich den Wagen von der Straße gehoben zu fühlen.

Beim Herannahen der nächsten Kreuzung schrie Naim, der sich den Schulblazer ausgezogen und den Hemdkragen geöffnet hatte: "Vorsicht, Mommy, da kommt ein Auto!"

Ich durchquerte das Fourn ni Chebak-Viertel so schnell, dass nur Naim es merkte, als wir links in die Badaro-Straße einbogen. Erst als wir in Andrées Tiefgarage waren, wurde es auf der Rückbank still. Beim Reinfahren sah ich schon Andrée an der Türe warten. Ich parkte den Wagen und beschloss, ihn erst wieder rauszufahren, wenn das Bombardement zu Ende war. Dann lief ich zu Andrée hinüber.

"Bleibt doch einfach eine Weile bei uns," sagte sie, "bis es wieder ruhig wird."

Ich wollte die Einladung schon annehmen, als Nayla mich am Arm griff. "Bitte, Mommy, lass uns schnell nach Hause laufen, ich will Poppy sehen!"

Wir stiegen ins Erdgeschoss hinauf, und während Andrée mit ihren Kindern zu ihrer Wohnung im siebten Stock hochstieg, traten wir drei auf die Straße. Alles was wir zu tun hatten, war nach links gehen, die enge Durchfahrt überqueren, die unsere Gebäude trennte, schräg über den Gehweg das andere Ende des Gebäudes erreichen und noch einmal links abbiegen. Als ich in der Durchfahrt eine Kugel an mir vorbeizischen hörte, schrie ich Naim und Nayla zu, an der Hauswand in Deckung zu gehen. Da ich ihre Schultaschen trug, konnten sie schnell und leichtfüßig reagieren, um dem Heckenschützen zu entgehen. Ich vermutete, dass er wieder auf einem der Hochhäuser am Ende der Badaro-Straße postiert war, um einen guten Überblick zu haben.

Weil unser Gebäude von der Straße wesentlich weiter zurückgesetzt war, befanden wir uns, den Rücken zur Wand, außerhalb der Schusslinie. An der Wand entlang schoben wir uns allmählich zur Eingangstür.

Erst als ich Foxy hinter dem Eingang zu Michels Praxis schnüffeln und seinen Schwanz gegen die Tür schlagen hörte, fühlte ich mich mit den Kindern wieder in Sicherheit. Nichts beruhigte mich mehr an diesem Nachmittag als diese Hundegeräusche. Auch auf die Kinder wirkten sie wie ein Wunder, denn ich sah, wie sich ihre angespannten Schultern lockerten. Bevor wir die Treppe ins erste Stockwerk in Angriff nehmen konnten, öffnete sich die Praxistür und schon standen Michel und Foxy vor uns. Er konnte uns kaum zu einem Kuss nahekommen, denn Foxy drängte sich hochspringend zwischen uns und leckte uns das Gesicht. Dann nahm Michel mir die Schultaschen ab und führte uns in seine Praxis. Mir blieb nur noch übrig, mich in seinem Büro auf das schwarze Ledersofa fallen zu lassen.

In der Praxisküche hatten wir noch eine Dose Milchpulver; so bat ich Michel, uns etwas Kakao zu machen. Ich fand schon immer, dass eine wärmende Tasse beruhigend und stärkend wirkt, besonders wenn man sie dicht an die Nase hält, um das Aroma einzuatmen. Noch nie hatte ich eine Kugel so dicht an mir vorbei fliegen hören, doch hatte ich keine Zweifel – instinktiv wusste ich, dass es eine Kugel war. Michel ist einmal das gleiche passiert, als er auf der Terrasse die Pflanzen wässerte, und er beschrieb das Geräusch genauso wie ich es vernommen hatte. Er hatte überlebt, und nun ich. Deshalb dachte ich bald nicht mehr daran.

Mit der Zeit hatte ich gelernt, traumatische Erlebnisse, an die ich nicht denken wollte, zu unterdrücken, rückblickend eine sehr ungesunde Angewohnheit, und bald sollte ich dafür büßen. Zu jener Zeit war unser Leben so angefüllt mit Ereignissen, mit so vielen lebensgefährlichen Situationen, dass es sinnlos schien, sich lange damit zu beschäftigen. Wenn ich aber jetzt an diesen 15. April 1981 zurückdenke, frage ich mich, was mit meinen Kindern geschehen wäre, wenn sie hätten mitansehen müssen, wie ihre Mutter tödlich getroffen auf das Pflaster stürzt, oder wie ich reagiert hätte, wenn ich meine Kinder hätte sterben sehen, ohne ein "auf Wiedersehen"oder "Hab dich lieb".

Nach ein paar Schluck Kakao fingen Naim und Nayla an, ihrem Vater den Tagesablauf zu beschreiben – was in der Schule passiert war, als das Raketenfeuer begann, und wie sie nach Hause kamen. Zu meiner großen Überraschung war es Nayla, die zuerst auf den Heckenschützen zu sprechen kam. "Sag es ihm, Mommy," sagte sie, "erzähl ihm von dem Heckenschützen, der auf uns unten geschossen hat!"

Ich war beruhigt, dass sie den Vorfall schon verarbeitet hatte, denn dann wechselte sie das Thema, um sich zu beschweren. "Naim durfte auf der Heimfahrt vorne sitzen, das war nicht fair. Nächstes Mal bin aber ich dran. Sag's ihm. Er darf immer vorne sitzen, und ich muss nach hinten!" Jetzt wusste ich, dass sie ihr Gleichgewicht wieder gefunden hatte.

"Sei froh, dass du heute hinten warst, Nayla," gab Naim zurück.

Es war wieder einmal so ein Moment, wo ich wusste, was er sagen würde, bevor er den Mund aufmachte. Und ich wusste, dass seine Worte die Schwester verletzen, ja vielleicht ihr zartes Nervenkostüm zerreißen würden.

"Wenn du nur wüsstest...", fuhr er fort.

Verzweifelt versuchte ich, seinen Blick zu fangen. Mit dem Finger vor dem Mund bedeutete ich ihm, 'bitte sag ihr nicht, was du gesehen hast'. Doch er nahm keine Notiz von mir.

"Auf dem ganzen Weg nach Hause fielen Bomben. Ich hab sie im Rückspiegel gesehen. Einige sind direkt hinter uns gelandet. Sie haben die Straße aufgerissen. Der Asphalt flog in alle Richtungen." Er wandte sich an Michel. "Du hättest Mommy sehen sollen. Die ganze Zeit hatte sie das Gaspedal auf den Boden gedrückt. Sie hätte beinahe die Kontrolle über den Wagen verloren." Dann blickte er auf mich. "Nicht wahr, Mommy?"

Ich wollte, dass er aufhörte. Merkte er denn nicht, wie schockiert Nayla war? Konnte er nicht sehen, dass jegliche Erleichterung darüber, dass sie heil nach Hause gekommen und dem Heckenschützen entronnen war, plötzlich zunichte wurde? Sah er nicht, wie ihr der Mund offen blieb, als sie zu verstehen begann, wie nahe wir dem Tod waren? Sie stand von ihrem Stuhl auf, lief zur Matratze in der Ecke und setzte sich darauf, den Rücken zur Wand, die Knie ans Kinn hochgezogen. Ich hatte keine Ahnung, wie sie diese neue traumatische Information verarbeiten würde.

Naim schien die Reaktion seiner Schwester völlig zu ignorieren und redete weiter auf seinen Vater ein. Aber Foxy fühlte, dass etwas nicht stimmte. Sie erhob sich von ihrem Platz in der Mitte des Zimmers, trottete zur Matratze hinüber, sprang rauf und setzte sich neben Nayla. Dann legte sie den Kopf in Naylas Schoß und blickte sie mit ihren treuen Augen an. Als folgte sie einer Einladung, begann Nayla, die weiche, seidene Oberseite von Foxys Kopf zu streicheln, wie sie es immer gerne machte, und ich konnte sehen, wie sich ihre Atemzüge allmählich verlangsamten und vertieften.

*N*ach ihrer Mittagspause wurden die Milizsoldaten in der Regel gegen achtzehn Uhr dreißig oder neunzehn Uhr wieder hungrig. Sobald der Waffenlärm endete, stiegen wir in unsere Wohnung hoch. Ich schickte Naim und Nayla ins Badezimmer und bat sie, sich nach der Dusche in ihre Schlafanzüge zu werfen. Dann ging ich in die Küche. Ich hatte Hunger und erinnerte mich an den begonnenen coq au vin und den Reis, den ich noch kochen musste.

Doch statt auf dem Herd fand ich den Kochtopf mit dem Hühnchen auf dem Boden, einige Silberzwiebeln und Pilze waren unter den Backofen gerollt. Irgendwie war es Foxy gelungen, den Topf vom Herd zu schieben.

"Wer hat das Hühnchen gefressen?" sagten meine bösen Augen, mit denen ich Foxy fixierte. Die Schuldige sank betroffen zu Boden.

Wenige Tage nach dem syrischen Bombenangriff gingen Gerüchte um, dass es zu weiteren Kampfhandlungen kommen würde. Offenbar war es Bachir Gemayel, der in Zahle, einem kleinen griechisch-katholischen Städtchen in der Bekaa-Ebene ungefähr 70 km östlich von Beirut, eine größere Konfrontation auslösen wollte, um die Syrer und die Israelis gegeneinander auszuspielen. Zahle und die gesamte Bekaa-Ebene standen zu dieser Zeit unter syrischem Einfluss, und Gemayel wusste, dass ein jeglicher Versuch, gegen die Syrer in Zahle vorzugehen, als Provokation angesehen werden musste. Damit der syrische Präsident Assad auch wirklich reagieren würde, töteten Gemayels Milizionäre mehrere syrische Soldaten. Obwohl Assad keine Auseinandersetzung wollte, blieb ihm nichts anderes übrig, als zum Gegenschlag auszuholen. So ging er in die Falle.

Als die Syrer Gemayels Streitkräfte angriffen, erklärte dieser lauthals, dass Zahle, eine christliche Hochburg, Gefahr laufe, von den Syrern eingenommen zu werden. Diese Nachricht wurde von der internationalen Presse aufgegriffen, die mit Schlagzeilen wie "Christliche Minderheit kämpft gegen islamische Horden, denen es allein darum geht, sie zu vernichten" zur Unterstützung Zahles aufrief. Ich weiß nicht, ob dieser ganze Plan von Gemayel selbst ausgeheckt wurde, oder ob er mit dem israelischen Premierminister Begin zusammenarbeitete. Jedenfalls trat Begin vor die Presse und erklärte, dass Israel die libanesischen Christen schützen werde.[67]

Inzwischen hatten die Syrer die Bombardierung Beiruts eingestellt, und Michel schlug vor, ich solle das lange Wochenende mit den Kindern im Haus seiner Brüder in Jounieh verbringen, da die Schulen ja noch geschlossen seien. Es schien, dass selbst das Bildungsministerium erst sehen wollte, wie sich die Lage in Zahle entwickelt und auf Beirut auswirkt, bevor es entscheiden

---

67 Vgl. Fisk (op. cit.) 188.

würde, ob die Schulen geöffnet werden. Die Aussicht auf ein gemütliches Wochenende am Meer war verlockend, auch wenn Michel nicht mit von der Partie sein konnte. Hinzu kam, dass Wadia auf Besuch bei Jacques und seiner Familie in Boston war, Nademe in Latakia, und beide würden erst Anfang Juli zurückkommen. Weil ich aber nicht ganz allein mit Naim und Nayla in diesem großen Haus sein wollte, bat ich Gisèle, Michels Kusine, mit uns zu kommen.

Nach all den überstürzten Aufbrüchen der letzten Jahre war ich Meisterin im Packen geworden. Im Notfall hätte ich Teppiche, Kunstgegenstände, Porzellan und Silber in einer Stunde einpacken können. Michels schwarze Aktentasche mit den wichtigsten Papieren und Bargeld hielt ich immer griffbereit. Insgesamt mussten wir unsere Wohnung bis jetzt neun Mal fluchtartig verlassen, so etwas schafft Übung. Aber trotz der bisherigen Erfahrungen hatte sich die Liste nun um einen Hund einschließlich Hundefutter, Vitamine und Spielsachen erweitert. Ganz gleich, wie sehr man seine Haustiere liebt, sie werden in Kriegszeiten eine große Belastung. Oft hängt die Entscheidung, wann man aufbrechen und wo man Unterschlupf finden soll, von den Haustieren ab. Zum Glück konnten wir Foxy ins Haus in Jounieh mitnehmen.

Gisèle hatte einen fünfzehn Jahre alten Papagei namens Vico, der in einem runden Käfig von ein Meter zwanzig Höhe und Umfang hauste. Er passte kaum durch eine Tür. In einem normalen Personenwagen konnte man ihn aber nicht unterbringen; deshalb mietete Gisèle eine große amerikanische Limousine, um Vico nach Jounieh zu bringen.

Wir alle trafen gegen Mittag in Jounieh ein. Als wir das Haus aufgeschlossen hatten und nach dem Rechten sahen, stellten wir fest, dass wir keine Gaskanister zum Kochen hatten. Also stiegen Naim, Nayla und ich wieder in unseren Käfer, um Gas und auch etwas zum Essen aufzutreiben. Doch zu unserer Überraschung waren in Jounieh zum Zeichen der Unterstützung Bachir Gemayels in Zahle alle Geschäfte und Restaurants geschlossen. Sofort fuhr ich zum Postamt und rief Michel an. Zum Glück hatte er die Wohnung noch nicht verlassen, um ins Krankenhaus zu gehen. Ich erklärte ihm unser Dilemma und die zwei Lösungen: Entweder kehrte ich nach Beirut zurück, um Gaskanister zu holen, oder Michel würde ausnahmsweise seine Patienten vernachlässigen und das Wochenende mit uns verbringen. Ich hatte schon geahnt, dass er nur sehr ungern in Beirut zurückblieb und es sich vielleicht noch anders überlegen würde, denn seine Bereitfertigkeit, uns trotz des horrenden Freitagnachmittagverkehrs Gas zu bringen, schien mir etwas zu eilfertig.

Gisèle war nachrichtensüchtig. Zu jeder wachen Stunde klebte sie an ihrem kleinen Kofferradio, um sich über die neuesten Kriegsgeschehnisse, die jüngste Schlacht, zu informieren. So erfuhren wir an diesem Tag, dass die Syrer kurz vor vierzehn Uhr angefangen hatten, die christlichen Viertel von Achrafieh, Sin el Fil, Teyouneh und Badaro zu bombardieren. Es war gerade eine halbe Stunde vergangen, seit ich mit Michel telefoniert hatte, und nun musste ich mich fragen, ob er noch rechtzeitig rausgekommen war oder im Verkehrsgewühl der panisch flüchtenden Autos im Raketenhagel steckte. Ein Fels fiel mir vom Herzen, als er gegen halb drei nonchalant durch die Hintertür hereinschlenderte. Er hatte keine Ahnung von den Bomben; er musste sie um Minuten verpasst haben. Ich konnte endlich wieder meine Scheuklappen aufsetzen und Beirut, Bachir Gemayel und Zahle vergessen. Stattdessen konzentrierte ich mich auf meine Familie, genoss das warme Wetter und den Strand unterhalb unserer Terrasse. Ich vergaß mich in der Betrachtung der Kinder beim fröhlichen Spiel im Wasser und prustete vor Lachen beim Anblick Foxys, die ihnen fieberhaft paddelnd zu folgen versuchte.

Es war einer jener Augenblicke, wo das Leben für uns Menschen nicht schöner hätte sein können.

Seit dem Eintreffen in Jounieh erfreute sich übrigens Vico, der Papagei, seiner neuen Wohnstätte auf dem weißen Kühlschrank in einer Ecke des Wohnzimmers. Mit den Körpermaßen einer ausgewachsenen Krähe, grau mit knallrotem Kopfputz, hielt er dreisprachig für jeden Hof, der den Fuß ins Zimmer setzte, einschließlich ahnungslose Besucher. Je nach Laune hielt ihn manchmal nichts davon ab, unsere Gäste in der übelsten Gossensprache zu beleidigen. Besonders bei der wenig schmeichelhaften Beschreibung einer Mutter oder Schwester, aber auch anderer Personen, stand ihm nahezu jedes arabische Schimpfwort zur Verfügung. Meistens liebte er es, das Klingeln eines Telefons nachzumachen – obwohl es im Haus kein Telefon gab – und in Gisèles Stimme zu antworten. Manchmal zog er es auch vor, Gisèles Vater zu imitieren, der sich nach dem Namen und Befinden des Anrufers erkundigte, ob er etwa krank sei, wie das Wetter wäre und dann mit den Worten, "Vico geht es gut, danke." aufhängte. Wenn er am Abend schlafengehen wollte und Ruhe verlangte, rief er: "Gisèle, Vico dodo"[68] Dann deckte Gisèle pflichteifrig den Käfig mit einem weißen Laken zu und trug ihn in ein abgelegenes ruhiges Zimmer.

Foxy beschäftige Vico am meisten. Im Gefühl der Sicherheit außerhalb ihrer Reichweite kreischte sie ihn im Maschinengewehr-Rhythmus an: "Foxy-Foxy-Foxy!" Wenn Foxy dann ihren Namen hörte, stürmte sie ins Wohnzimmer, wo Vico schlagartig still wurde. Ich könnte schwören, dass Vico jedes Mal innerlich kicherte, wenn er Foxys verwunderten Gesichtsausdruck erblickte.

Mindestens einmal in der Woche fuhr Michel zu unserer Wohnung in Badaro zurück, um sie auf eventuelle Schäden zu untersuchen und die Blumen zu wässern. Ansonsten kümmerte sich während unserer Abwesenheit unsere Nachbarin, Frau Eid um unsere Wohnung. Sie war mit ihrer Familie aus Damour geflüchtet, einem Dorf an der Küste im Süden Libanons, das von den Palästinensern verwüstet wurde. Da ich selbst schon einen Monat lang die Wohnung nicht mehr gesehen

---

68 Französisch für "in die Heia gehen". (Übers.)

hatte, entschied ich mich eines Morgens, Michel zu begleiten. Zum Abschied winkten wir Naim, Nayla, Gisèle, Foxy und Vico. Wie befreiend war es, die Wagentüre zu schließen und endlich mal wieder mit Michel völlig alleine zu sein! Ich wusste nicht mehr, wann wir das letzte Mal solche Gelegenheit gehabt hatten. Während Michel fuhr, lehnte ich mich entspannt gegen die Kopfstütze. Wir führten keine tiefschürfenden Gespräche, sondern plapperten verträumt über dies und jenes, eher unsere Zufriedenheit ausdrückend.

Es war ein herrlicher, ruhiger Frühlingstag. Gegen zehn Uhr morgens kamen wir in Badaro an. Selbst der morgendliche Verkehr war beruhigend normal. Vor Azzam, dem Metzger, war ein Lieferwagen geparkt, was darauf hindeuten mochte, dass es wieder frische Wurst und Leberpasteten aus Paris gab. Eine Straße weiter würden wohl bei Alfonso wieder Filet Mignon und meine geliebten gegrillten Garnelen auf der Speisekarte stehen. Irgendwo machte mir der Duft nach frischgebackenem Brot wieder Hunger, obwohl ich gerade gefrühstückt hatte. Ich berührte Michels Arm und sagte: "Riechst du das? Ich bekomme wieder Appetit."

"Ich auch," erwiderte er, "kaufen wir ein halbes Dutzend Baguettes und bringen sie nach Jounieh zurück."

Unser gemeinsamer Tag in Badaro war glücklich gewählt; denn es gab Wasser, das in unsere Vorratstanks auf dem Dach sprudelte. So begannen wir mit dem Blumengießen. Während ich mich um die Zimmerpflanzen kümmerte, schraubte Michel einen Schlauch an den Wasserhahn in der Küche und machte sich ans Wässern der Terrassenpflanzen. Nach einer halben Stunde – wir waren noch nicht ganz fertig mit dem Gießen – wich unsere paradiesische Ruhe plötzlich einem metallischen Klirren von Rädern auf Asphalt. Bei diesem Geräusch musste ich immer an Hunderte scharfer Stahlklingen denken, die gleichzeitig gegeneinander schlugen.

Seit 1975 stand unser Stadtviertel unter dem Schutz der libanesischen Armee, mit Panzern, die an jeder Straßenecke stationiert waren. In diesen sechs Jahren hatten wir uns nicht nur an den Anblick dieser Ungetüme gewöhnt, sie gaben uns auch ein Gefühl der Sicherheit. Wenn nun die Armee aus irgendwelchen Gründen ihre Panzer bewegte, so bedeutete dies für uns drohende Gefahr. Entweder hatten sie den Befehl erhalten, Gefechtspositionen einzunehmen, etwa an den Grenzen unseres Viertels, um Angreifer abzuwehren, oder, was schlimmer war, in Deckung zu gehen, da sie gegen hereinkommende Raketen nicht aufkommen konnten. Was auch immer der Grund, wenn die libanesischen Panzer wegfuhren, war dies für uns das Zeichen, dasselbe zu tun.

"Wir müssen weg von hier!" rief Michel, packte mich am Arm und schob mich aus der Haustüre. Kaum waren wir im nächsttieferen Stockwerk angelangt, fiel die erste Bombe. Sie fiel so nahe, dass das Treppengeländer unter meinen Fingern zitterte. In meiner Angstpanik stolperte ich und schlug mit der Schulter gegen die Wand. Michel ergriff meine Hand und zog mich die Treppe hinab, wobei er mich trotz meiner schmerzenden Knie zur Eile antrieb.

"Geh nur vor," sagte ich endlich, "bitte geh, ich komme nach."

"Unsinn, natürlich werde ich dich nicht allein lassen."

Wir waren gerade dabei, im dritten Stock auf dem Treppenabsatz zu wenden, als das ganze Gebäude stark zitterte.

"Ich glaube, wir haben einen Treffer abbekommen," schrie ich.

Michel drehte sich plötzlich um und machte Anstalten, mich auf seine Schulter zu nehmen, aber ich ließ es nicht zu. "Bitte, Michel, das musst du nicht tun, Lieber, ich danke dir, aber tu das nicht."

Ich verlangte meinen Knien noch mehr ab. Im selben Augenblick wurde direkt über uns durch eine Explosion etwas ins Treppenhaus geschleudert, wohl eine Türe.

"Mensch," schrie ich, "hoffentlich war das nicht unsere Haustüre!"

Von oben begann Schutt auf uns runter zu rieseln, der uns weiß einstäubte. Als wir im Erdgeschoss waren, blieben wir nicht stehen. Stattdessen nahm mich Michel bei der Hand und führte mich noch eine Treppe tiefer ins Untergeschoss zum Schutzraum. Als er die Tür aufzumachen versuchte, gab sie nicht nach. Er versuchte es noch einmal, vergebens. Jetzt fing er an, mit den Fäusten an die Tür zu trommeln.

"Frau Eid, sind Sie da? Wir sind es, die Sultans, bitte machen Sie auf!"

Dann hörten wir ihre Stimme von der anderen Seite. "Wer ist es?" Sie wollte ganz sicher sein, dass es auch wirklich wir waren, bevor sie dir Tür entriegelte.

Frau Eid und ihr Mann Elie hatten den einst verwahrlosten, rattenverseuchten Keller in eine gemütliche Wohnung einschließlich Schlafzimmer und Bad verwandelt, indem sie den trockensten Bereich des Kellers durch eine Wand abgetrennt hatten. Den Strom zapfte sich Elie in der Hausmeisterwohnung ab, von der ein Kabel in den Keller führte. Der neue Raum wurde durch nackte Glübirnen erhellt, die von der Decke baumelten. Ich erinnere mich noch, wie sie nach jeder Bombenexplosion hin- und herschwangen und unheimlich quietschten. Wie alle Libanesen waren die Eids mit Batterien, Taschenlampen, Kerzen und Zündholzvorräten für Stromausfälle gerüstet. In einer Ecke des Wohnraumes hatte Frau Eid mit einem Herd wie dem meinigen, mit Kühlschrank, Spülbecken und Schränken eine funktionstüchtige Küche eingerichtet.

Besonders beeindruckt war ich von einem riesigen Strauß aus Dutzenden blühender Orangenzweige auf dem Arbeitstisch. Bevor ich Frau Eid fragen konnte, wo sie die alle gefunden hatte, kam sie mir zuvor:

"Letzte Woche, als es ruhig war, fuhr Elie nach Damour zurück. Von den Bäumen der verlassenen Orangenplantagen ganz in der Nähe unseres alten Hauses schnitt er die vollsten Zweige genauso, wie ich es ihm vor Jahren beigebracht hatte. Es war solch eine Überraschung."

Sie erzählte mir, wie sie jeden Frühling, wenn die Orangenblüte ihren Höhepunkt erreichte, die zarten Blüten vorsichtig abpflückte und in Zuckerwasser abkochte, bis nur noch die reinste Orangenessenz übrigblieb, die sie dann in Fläschchen abfüllte. Oft wird diese Essenz, leicht verdünnt, Kaffee oder Süßigkeiten zugesetzt.

Erst als wir uns auf einem abgenutzten roten Samtsofa direkt unter einer der Glühbirnen hingesetzt hatten, bemerkte ich die Schnittwunde an Michels Hand. Ich bat Frau Eid um etwas Wasser, um die Wunde zu reinigen, aber sie bestand darauf, es selbst zu tun. Diese kleine, rundliche Frau verrichtete alles mit einer natürlichen Fröhlichkeit, einem Liebreiz, was sich auch in ihrem Lächeln und ihren tiefblauen Augen – noch vergrößert hinter einer riesigen, babyblau gerahmten Brille – ausdrückte. Nachdem sie Michels Hand versorgt hatte, setzte sie Teewasser auf. Ich stand auf, um ihr zur Hand zu gehen, aber sie schickte mich entschieden zum Sofa zurück. Da sie mir den Rücken zugewandt hatte, konnte ich nicht sehen, was sie außerdem noch vorbereitete. Kurz darauf trat sie mit einem Tablett heran, beladen mit Teetassen und quadratisch geschnittenen Broten mit Aprikosenmarmelade. Vorsichtig ergriff ich eines zwischen Daumen und Zeigefinger. Das arabische Brot war noch warm, durch die dünnen Scheiben konnte ich die weiche, klebrige Frucht fühlen. Ich begann in winzigen Häppchen zu essen. Mit jeder Explosion draußen schien auch das reiche Fruchtaroma zu explodieren. Wie sonderbar, solche Delikatessen zu genießen, während um uns herum die Bomben fielen! Ich hatte einen Riesenhunger; ich hätte ein Dutzend dieser leckeren Brote essen können.

Nachdem ich gegessen hatte, lehnte ich mich ins Sofa zurück und blickte mich um.

"Madame Eid, konnten Sie irgendetwas aus Ihrer Habe in Damour retten?"

Sie schüttelte den Kopf. "Nein, wir haben alles verloren. Aber Nishkarallah (Gottseidank) lebt meine Familie. Das ist die Hauptsache."

"Was ist damals passiert? War es ein Überraschungsangriff?"

"Die Palästinenser stürmten das Dorf. Sie haben uns völlig überrumpelt. Zum Glück waren gerade ein paar Dutzend Kata'ib-

Milizionäre zu Hause. Sie haben zurückgeschossen. Diese Schüsse lösten bei uns Alarm aus und retteten uns das Leben. Wir hatten ein hübsches altes Haus mit einer gelben Steinfassade. Es stand am Ausgang des Dorfes mit Blick aufs Meer. Als wir die Schüsse hörten, trieb Elie uns schnell ins Auto. Wir fuhren auf Feldwegen durch die Orangenhaine, bis wir das nächste Dorf erreichten."

"Sind Sie zurückgegangen, als die Schießerei aufhörte?"

"Nein, wir warteten bis zum nächsten Morgen. Und ich wünschte, ich wäre nie zurückgegangen. Unser Haus war mit Dynamit gesprengt worden. Und als wir zum Haus meiner Schwester fuhren, lag sie mit gespreizten Beinen auf dem Boden. Sie haben sie..." Madame Eid begann zu weinen.

"Und die Kata'ib-Leute wurden auch alle umgebracht," sagte Elie. "Die Körperwunden zeigten klare Spuren der Folter. Es war schrecklich. Als Arafat erfuhr, was passiert war, wollte er angeblich den PLO-Anführer hinrichten lassen. Aber selbst wenn er das getan hätte, hätte sich nichts geändert. Ich sah, wie meine Nachbarn ihre toten Brüder, Väter, Onkel und Freunde anstarrten. Das einzige, was sie dachten, war Rache. Selbst unsere Söhne Samir und Salim waren wütend. Und damals waren sie gerade mal dreizehn."

"Die Palästinenser haben sogar noch Schlimmeres getan," sagte Madame Eid. "Auf dem Friedhof haben sie die Särge ausgegraben, die Scharniere kaputtgeschossen und die Leichen in den Hof geworfen. Ich fand den halbverwesten Kadaver meiner Mutter in einem Schutthaufen."

"Kann ich ihnen vom Baby deiner Schwester erzählen?" fragte Elie mit einem Blick auf seine Frau.

"Da Heelik (Bitte)!" rief sie. "Solche Schauergeschichten brauchen sie nicht zu hören."

Wie ich in diesem unterirdischen Schutzraum die Schreckensgeschichten dieser mutigen Menschen vernahm, fehlte mir der Wille, oder aber auch der Mut, meine eigene Furcht zu zeigen. Sollten die Eids etwa denken, dass die Frau des Arztes kein Rückgrat besitzt?

Es ist seltsam und fast lustig, was einem beim Beten durch den

Kopf geht. 'Lieber Gott, bitte lass mich hier lebend rauskommen. Wenn du meine Bitte erhörst, verspreche ich, nie wieder Gin und Tonic zu trinken.'

Es war nicht das ergebungsvolle, leise geflüsterte Gebet, das ich in der Kirche sprach, sondern eher ein verzweifelter Handel, den man eingeht, wenn einem der Tod vor Augen steht. Ich schäme mich dieser Gedanken, die mir zu Beginn durch den Kopf schossen, aber leider setzt die Vernunft erst später ein. Zum Glück rückten sich ein paar Minuten später meine Prioritäten wieder ins richtige Verhältnis.

'Bitte, lieber Gott, vergib mir meine Eigensucht. Führe Michel und mich sicher wieder zu unseren Kindern. Bitte, lieber Gott, lass die Bomben aufhören, damit wir zurückgehen können, und bitte, lieber Gott, segne meine Knie, damit ich zum Auto rennen kann.'

Gegen vierzehn Uhr, etwa drei Stunden nach Beginn der Bombardierung, sah Michel mich an und sagte: "Ich glaube, wir sollten versuchen rauszukommen. Es scheint eine Ruhepause eingetreten zu sein."

"Einverstanden," sagte ich. "Ich will zurück zu meinen Kindern."

Wir informierten Frau Eid über unser Vorhaben.

"Tun Sie das nicht," sagte sie. "Die Kampfhandlungen können jede Minute wieder beginnen."

"Wie wissen Sie das?" fragte ich.

"Ganz einfach," antwortete sie. "Wir sind schon oft genug hier unten gewesen, um es zu wissen. Sie werden es selbst sehen, es wird gleich wieder anfangen."

Wir warteten noch eine Weile, und als es weiterhin ruhig blieb, meldete sich Elie zu Wort: "Vielleicht ist der Zeitpunkt richtig. Vielleicht dauert die Pause ein paar Stunden. Wenn Sie wirklich nach Jounieh zurück müssen, ist es wohl besser, dass Sie es jetzt versuchen."

Michel wollte mich gerade noch fragen, ob ich nochmal schnell nach oben wolle, um den Zustand unserer Wohnung zu prüfen, aber ich ließ ihn nicht ausreden. "Nein, gehen wir sofort raus von hier."

Elie hielt uns die Türe auf. "Beeilen Sie sich," rief er uns hinterher, "machen Sie so schnell Sie können."

"Auf Wiedersehen und vielen Dank!" sagten wir, während wir schon zur Eingangstüre hoch eilten, vor der Michels Fiat geparkt war. Der Wagen war mit einer feinen weißen Staubschicht überzogen, und die Motorhaube sah aus, als ob jemand sie wegreißen wollte. Ich startete den Motor, um sicher zu sein, dass kein Shrapnell in den Motorraum gedrungen war. Nachdem Michel noch größere Zementbrocken vor dem Auto entfernt hatte, wanden wir uns im Slalom zwischen Trümmerbrocken durch die Badaro-Straße bis zur Damaskus-Straße. Da die nächste Straßenkreuzung, wie wir wussten, von Heckenschützen eingesehen wurde, bogen wir entgegen unserer Gewohnheit rechts in die Damaskus-Straße, dann links in die Sami Sohl-Straße, bis wir das Justizministerium an der Corniche Mazra erreichten. Doch fuhren wir nicht auf der Fahrbahn, die wieder im Blickfeld von Heckenschützen lag, sondern auf dem Gehweg unter Bäumen, bis wir sicher sein konnten, dass wir außerhalb ihrer Schusslinie waren. Zwanzig Minuten später kamen wir in Jounieh an.

Als wir uns der Haustüre näherten, kamen uns Naim und Nayla mit ausgestreckten Armen entgegen. Ich begann zu weinen.

"Willkommen zurück aus dem Totenreich," sagte Gisèle unter Tränen. In den Nachrichten wurde der Bombenangriff als 'schlimmer denn je' beurteilt; er sei der bisher brutalste syrische Angriff auf die christliche Enklave gewesen.

*E*s war zwei Monate vor der nächsten Krise, und vielleicht war alles eine natürliche Entwicklung, dass der endlose Kriegsstress mich irgendwann einholen musste. Aber vielleicht war es auch einfach meine Reaktion auf Wadias Rückkehr.

Zwei Tage nach Wadias Ankunft aus Boston in Jounieh, an einem Juliabend, bekam ich heftiges Kopfweh. Anstatt so wie meine früheren Kopfschmerzen, die der Anspannung entsprangen, bis zum folgenden Morgen zu verschwinden, wurde es nur noch schlimmer. Als ich nicht einmal mehr in der Lage war, den Kopf vom Kissen zu heben, erhärtete sich Michels Verdacht auf Hirnhautentzündung. Er bat seinen Freund Tony Awad, einen Neurologen, zu uns ins Haus zu kommen und eine Lumbalpunktion vorzunehmen, denn eine Überführung in ein Beiruter Krankenhaus war ausgeschlossen. Auf dem Weg zu uns machte er bei einer kleinen Klinik nicht weit von seinem Haus in den Bergen kurz Halt, um die nötigen Instrumente für die Prozedur mitzunehmen.

Tony brachte auch seine Frau Norma mit, eine Physiotherapeutin, die ihm assistieren sollte. Sie stieg auf der abgelegenen Seite zu mir ins Bett und half mir in die Embryonalstellung. Mit den Händen hielt ich meine Knie umklammert, während sie mich festhielt, damit ich mich nicht bewegen konnte.

Ich wollte tapfer sein, egal wie schmerzhaft es würde, aber dann hörte ich, wie Tony Michel zuflüsterte, dass er in der Klinik nicht die richtige Nadel finden konnte. So musste er eine andere mitnehmen die eigentlich zu groß war. Als Tony begann, mit der Hand den dritten Rückenwirbel am unteren Rücken abzutasten, stockte mir der Atem. Er strich die Wirbelgegend mit einem Antiseptikmittel ein. Das wohltuende Gefühl von Kühle und Frische auf meiner heißen Haut dauerte nur allzu kurz. Schon stieß Tony die Nadel so kräftig in den Rücken, dass es mir vorkam, als würde jemand mit einem Zahnstocher durch die verschiedenen Hautschichten bis zum Rückenmark bohren. Endlich erreichte die Nadel das innerste, halbflüssige Rückenmark. Entlang der ganzen Wirbelsäule baute sich solch ungeheurer Druck auf, dass ich in panisches Stöhnen ausbrach.

Durch meine Beine schossen blitzartig elektrische Stöße. Ich wollte mich unter den unerträglichen Schmerzen hin und her winden.

"Nein," rief Michel, "halte still!"

Er packte meine Beine und half Norma, sie aufs Bett zu

drücken. Tom arbeitete so zügig er konnte, um ein Manometer zur Messung des Druckes im Rückenmark an die Nadel anzuschließen, bevor er etwas Flüssigkeit abnahm. Endlich, nach fünfzehn Minuten, zog er die Nadel wieder heraus. Das Ergebnis der Lumbalpunktion bestätigte Michels Verdacht: Hirnhautentzündung. Die beste Behandlung dafür bestand aus völliger Bettruhe.

Gisèle half mir bei der Toilette, indem sie mich mit einem Schwamm abtupfte, meine Gliedmaßen behutsam mit Lotion einrieb, aber dies reichte nicht, um das Fieber und die Feuchtigkeit zu überwinden. Während Michel mir Schmerzmittel verabreichte, legte sie mir kalte Umschläge auf die Augen, um die Schmerzen zu lindern und das helle Licht abzuschirmen. Abgesehen von den wenigen Erinnerungen an Gisèles Bemühungen, meinen schweißgebadeten Körper sauber und kühl zu halten, wanderten meine Gedanken ziellos umher. Mir war, als sei mein Kopf in einem langen, lauten Tunnel, wobei ich nicht unterscheiden konnte, ob es sich bei dem Geräusch um Verkehrslärm, Meeresbrandung oder einen sprechenden Vogel handelte, den ein Passant auf der Straße vorbeitrug. Ich glaubte Wadia am Fußende des Bettes stehen zu sehen, wie sie mich tadelte, weil ich mich nicht genügend anstrengte, aufzustehen.

Es war kein Traum.

*I*ch hatte immer eine Schwäche für Hunde, vielleicht aus Trotz gegen meinen Vater, der mir und meinen Geschwistern Hunde grundsätzlich verbot. Er pflegte zu sagen, entweder sei er im Haus oder ein Hund. Obwohl es für uns nicht leicht war, während des Krieges im Libanon einen Hund zu halten, bin ich überzeugt, dass Foxy uns das Überleben erleichtert hat.

Als ich bettlägerig war, wusste ich immer, wann Foxy in der Nähe war. Sie saß auf dem Boden neben dem Bett, aufmerksam wie eine Krankenpflegerin, den Kopf neben mein Gesicht gelegt, so dass ich die weiche Nase fühlen konnte. Ihre Eskapaden entlockten uns oft ein mit Stolz vermischtes Lächeln, manchmal gar lauthalsiges Gelächter, oder, als sie meinen coq au vin auf den Fußboden kippte und sich daran gütlich tat, meinen heiligen Zorn, auch wenn sie in einem Moment meiner Unachtsamkeit das frischgemachte Bett wieder auseinanderzog, wobei Kissen und Tagesdecke auf dem Boden landeten. Aber nie brachte ich es über mich, sie zu schelten. Zu groß war ihr Mitgefühl, das ich spürte, wenn sie während der Bombenangriffe unter meinem Bett kauerte, zu groß mein Verlangen, sie in die Arme zu schließen und mein Gesicht in ihrem weichen Fell zu vergraben, zu stürmisch ihre Begrüßung, wenn wir die Tür öffneten, zu warm ihre Zunge an meiner Wange, wenn ich nach Hause kam und mich vom Stress des Tages erholte, zu lustig ihre Neugier, wenn sie im Auto neben mir auf dem Beifahrersitz hockte und, mit beiden Pfoten auf der halbgesenkten Scheibe, hinausblickte. Im Krieg, wenn niemand weiß, wie der nächste Tag aussehen wird, bietet ein Haustier eine beruhigende Kontinuität, die uns immer wieder neuen Mut gibt. Das ist es, was wir alle Foxy verdankten.

*N*ach zwei Wochen Bettruhe hatte ich wieder genügend Kraft gesammelt, um nur einen Wunsch zu haben: eine lange Dusche. Das Gesicht in den Wasserstrahl gehoben, beide Arme über dem Kopf, ließ ich das kühle Wasser eine Ewigkeit, schien mir, an meinem Körper herunterlaufen, bevor ich nach der Seife griff.

*I*n meinem Zustand konnte ich es nicht wissen, aber während ich mich allmählich von meiner Krankheit erholte, verloren die Israelis keine Zeit, um einen umfassenden Plan für einen Einmarsch in den Libanon auszuarbeiten. Das genaue Datum für den Einmarsch lag im Herbst 1981 wohl noch nicht fest, aber Arafat war bereits von dem Plan unterrichtet, und er wusste, dass der genaue Zeitpunkt der Operation allein von seiner PLO abhing. Natürlich brauchten die Israelis einen plausiblen Vorwand für den Einmarsch. Deshalb provozierten sie in den kommenden sechs Monaten unaufhörlich die PLO an der israeli-libanesischen Grenze in der Hoffnung, dass die PLO zurückschlagen würde. Den Vereinten Nationen zufolge hielt sich die PLO vom August 1981 bis zum Mai 1982 an der südlibanesischen Grenze an einen Waffenstillstand, der von den USA und Saudi-Arabien vermittelt wurde. Dagegen wurde dieser von den Israelis im gleichen Zeitraum 2777 Mal verletzt.69

Wie immer sollten die Libanesen die letzten sein, die davon erfuhren.

Während meiner Genesung schlüpfte der Juli in den August und der August in den September, den lieblichsten Monat im libanesischen Jahr, besonders an der Küste. Obwohl viele Bewohner aus den Bergen und umgebenden Orten nach Beirut zurückgekehrt waren und sich das allgemeine Leben in der Stadt wieder seinem alten Rhythmus näherte, lag mir nichts ferner als nach Badaro zurückzukehren. Während ich genügend wohlauf war, um den Strand und das Meer zu genießen, hatte ich noch nicht die Kraft, mich nach sechsmonatiger Abwesenheit wieder in das gefürchtete, allzugewohnte Ritual der Wohnungsinstandsetzung zu stürzen, selbst mit Leila an meiner Seite.

Immerhin war es gut zu erfahren, dass das Schuljahr 1981-82 am ersten November mit nur einmonatiger Verspätung offiziell beginnen würde. Und als Jacques aus Boston anrief und uns anflehte, den Libanon zu verlassen, da der schlimmste Krieg nun erst beginnen würde, schlugen wir seine Warnung in den Wind. Der gegenwärtige Anschein von Stabilität und Ruhe nährte in uns

---

69 Op. cit. 194; UNO Archiv; David, Ron. Arabs & Israel for Beginners. New York: Writers and Readers, 1996.

die Überzeugung, dass wir unser gewohntes altes Leben zurückgewonnen hätten.

Wieder einmal hatte mich mein kapriziöser, perfider Liebhaber Beirut in seinen Bann gezogen. Wieder einmal wiegte ich mich in dem Glauben, dass wir zusammen hier unser Glück finden könnten.

"Jacques lebt in Boston," meinte Michel. "Was kann der schon wissen?"

9
Menschen und Ratten

*I*ch war gerade bei Nicole Abouhalka zum Lunch, als ich vom Einmarsch der Israelis erfuhr, wenige Stunden nachdem er begonnen hatte. Nicole hatte ungefähr zwanzig Ärzte mit Ehepartner in ihr Sommerhaus in Baabdat[70] eingeladen. Es war ein strahlender Tag in den Bergen, und nicht zu heiß für uns, die wir in Nicoles herrlichem Garten die verschiedenen Düfte einsogen. Die hohen Jasminbüsche waren übersät mit weißen Blüten, um den Rasen ringten sich rote und gelbe Rosenbeete, und die fuchsienroten Bougainvillien klammerten sich an die Treppe, die zur Veranda hochführte. Wie üblich bei Beiruter Gesellschaften sonderten sich die Frauen in eine Ecke ab und die Männer in eine andere, und alle schienen zufrieden.

Kurz nach dreizehn Uhr baute Nicole das Lunchbüffet auf. Es gab einige libanesische Spezialitäten: Kibbeh nyeh*, ein Hackfleischgericht, das dem Steak Tartare ähnlich ist, seyyadiah, ein ganzer gebackener Fisch in einer pikanten Tahinisoße, und mougrabia*, ein Hühner-Couscous. Nachdem man sich bedient hatte, setzte man sich an kleine Tischchen im Garten oder auf der

---

70 Beliebtes Ausflugsziel und Luftkurort in den Bergen, ca. 25 km östlich von Beirut. (Übers.)

Veranda, während der Butler Wein servierte.

Im Anschluss an die Mahlzeit versammelten sich sechs der Gäste, drei Männer – George, Khalil und Richard – und drei Frauen, auf der Terrasse zu Zigarren bzw. Kaffee.

George hatte durch ein Mitglied seiner Familie enge Beziehungen zur Kata'ib-Miliz.

Khalil und Richard kannten jeden in Beirut, der einen Namen hatte. Ob andere Männer in unserer Gesellschaft mit führenden Politikern oder Militärs in Verbindung standen, konnte ich nicht sagen. Khalil war großgewachsen, mit breitem Oberkörper, etwas arrogant, mit leichtem Imponiergehabe. Alles was er von sich gab, klang streitsüchtig. Jedesmal wenn er und George in Wortgefechte verstrickt waren, musste ich schmunzeln. Trotz ihrer sonstigen Gutmütigkeit entstanden oft heikle Spannungen. Dabei war George der Diplomat, der 'deal maker', der auch im Streitgespräch die Ruhe bewahrte. Ich fand es großartig, wenn er den linken Arm um Khalils Schulter legte und, als wäre er der beste Freund, ihn fester packte und zugleich die rechte Hand, drei Finger zusammengepresst, in die Luft pumpte, um sein Argument zu unterstreichen.

"Sieh mal," flüsterte er, den Kopf nahe an Khalils Ohren. Dann hörte ich erst wieder "... israelischer Einmarsch...", und Sekunden später "... alle palästinensischen Lager..."

Die anderen mussten ihn auch gehört haben, denn plötzlich wurden alle still.

Als Khalil schrie, "Diese Hunde müssten alle umgebracht werden," standen die anderen Gäste, einschließlich mir, auf und umringten ihren Tisch.

George gab bekannt, dass die Israelis an diesem Morgen in den Libanon einmarschiert wären. Seinen Informationen zufolge hatte die israelische Armee vor, vierzig Kilometer an der Küste hoch zu marschieren und kurz vor Beirut Halt zu machen. Ich blickte mich um. Nach der Anzahl der Köpfe zu urteilen, die zustimmend nickten – bei weitem die Mehrheit gegenüber jenen, die stirnerunzelnd den Kopf schüttelten – schienen die Gäste

Israels Vorgehen weitgehend zu billigen. Obwohl ich einsah, dass es notwendig war, die PLO aus ihren Nestern zu vertreiben, hatte ich doch ein ungutes Gefühl, auf was wir uns mit dieser Zustimmung einließen. Ich selbst vermochte mein Gefühl nicht richtig auszudrücken; vermutlich war es die leichtfertige Art, mit der wir über die Ausrottung von Menschen sprachen, als handelte es sich um Ungeziefer. Ich schäme mich, dies jetzt zuzugeben, aber im Libanon von 1982 war dies die vorwiegende Meinung. Alle waren wir uns, was die PLO betrifft, einig: Wir konnten Yassir Arafat nicht mehr ertragen. Seine großsprecherische Devise, dass der Weg nach Palästina über Beirut führe, ging uns allmählich auf die Nerven. Er und seine PLO mussten ausgelöscht werden. In diesem Sinne taten die Israelis uns einen Gefallen.

Ein Teil von mir wollte dies wirklich glauben, und solange die Israelis ihr schmutziges Geschäft im Süden verrichteten, solange unser Leben in Beirut nicht in Gefahr war, redeten wir unbekümmert über ferne Gefechte, über ferne Kriegsopfer. Wenn ich jetzt zurückblicke, erröte ich angesichts der Naivität unseres Denkens; aber so war es eben, es herrschte Bürgerkrieg, und jeder dachte nur an sich selbst.

"Vielleicht lassen die Israelis, wenn sie schon mal dabei sind, auch ein paar Bomben auf Sabra und Schatila fallen," sagte Khalil, "und befreien uns von dem Abschaum."

"Das ist gar nicht lustig," sagte Nicole. "Was hält die Israelis davon ab, einfach mitten in Beirut einzumarschieren? Haben sie nicht im Süden auch den Libanesen ganz schön übel mitgespielt? Die bringen nicht nur Palästinenser um."

"Na ja, so sterben halt ein paar unschuldige Menschen," sagte Richard. "Ich glaube, dass wir dies in Kauf nehmen müssen. Möchtest du nicht auch endlich wieder ein normales Leben führen? Solange aber die PLO von Beirut aus operiert, wird es nicht dazu kommen."

"Schau," sagte Khalil und drehte sich Nicole zu, "die Sache ist sehr einfach. Der Libanon gehört nicht Arafat und darf nicht wegen ihm zerstört werden. Lasst uns den Hund und seine PLO endlich loswerden, und wenn die Israelis uns diesen Gefallen tun, dann kann ich nur sagen, 'Ahlan wa Sahlan' (bitteschön)."

*D*er fehlgeschlagene Mordanschlag vom 3. Juni 1982 auf den israelischen Botschafter in London lieferte der israelischen Regierung den willkommenen Vorwand für den Einmarsch in den Libanon, der unter dem Namen 'Operation Peace for Galilee'[71] von Ariel Sharon geführt wurde. In ganzen zwei Tagen waren seine Truppen bis Beirut vorgedrungen. Am 6. Juni begannen israelische Kampfflugzeuge mit der willkürlichen Bombardierung Westbeiruts.

Der Angriff auf die Stadt dauerte siebenundsechzig Tage.

*N*ach sieben Kriegsjahren hätten meine Familie und ich eigentlich der Angewohnheit, aufzuspringen, die Türen aufzureißen und in die Richtung der letzten Bombenexplosion zu starren, entwöhnt sein müssen. Doch da standen wir wieder auf dem Balkon über der Badaro-Straße und sahen mit der Hand die Sonne abschirmend zu, wie die israelischen Flugzeuge über den Himmel fegten.

"Das ist eine Phantom," rief Michel.

"Nein, das war eine F-16," widersprach ihm Naim und knipste ein Foto. Michel, der das Objekt kaum als Flugzeug ausmachen konnte, sah erstaunt seinen Sohn an, der auf diese Entfernung sogar fähig war, die einzelnen Typen zu unterscheiden. Mit seinen fünfzehn Jahren war Naim vom Krieg fasziniert, sammelte Granatsplitter und Patronenhülsen, konnte jeden Raketentyp am Geräusch erkennen und war auch mit jeder Flugzeugbauart bestens vertraut. Ein halbes Dutzend Jagdflugzeuge näherte sich im Sturzflug ausgesuchten Zielen im Sabra und Schatila-Lager.

---

71 .Frieden für Galiäa. (Übers.)

Sie klinkten ihre Bomben aus, stiegen wieder empor und kreisten, bevor sie erneut ansetzten. Die PLO im Lager hatte nur eine Waffe zur Verfügung, Flugabwehrkanonen. Fünfzehn Minuten später endete der Angriff.

*D*as Kairo-Abkommen, das 1968 unterzeichnet wurde, gewährte den Palästinensern völlig autonome polizeiliche Überwachung in ihren Lagern, ohne Einmischung der libanesischen Behörden. Zu Beginn des Jahres 1970 schaffte der damalige libanesische Präsident Sleiman Frangie seinen Geheimdienst Deuxième Bureau über Nacht ab, was den Palästinensern einen großen Vorteil verschaffte. Ohne diese fünfte Kolonne länger fürchten zu müssen, wagten sich die Palästinenser zum ersten Mal aus ihren Lagern heraus und sicherten sich allmählich über weite Teile der Stadt die polizeiliche Oberhand. In vereinzelten Fällen leisteten sie tatsächlich gute Arbeit. Unter amerikanischer Zustimmung sicherten sie das Ain Mreisse-Viertel, in der sich die amerikanische Botschaft befand. Die jüdischen Bürger Libanons, die vor allem in der Abou Jamal-Gegend wohnten, stellten Palästinenser ein, um ihre Synagoge zu bewachen – dieselbe Synagoge, welche im Sommer 1982 durch israelische Bomben zerstört wurde, um die Juden zur Auswanderung zu bewegen.[72] Während die Palästinenser zum Wohle der Stadt beizutragen schienen, indem sie der libanesischen Polizei halfen, Straftäter zu fangen und gestohlene Autos sicherzustellen, errichteten sie eifrig eine ganze Infrastruktur unter der Stadt, einschließlich Tunnels, Bunkern und einem ausgeklügelten Kommunikationsnetz. Ich selbst habe diese Tunnels nie gesehen und hielt alles zunächst für tendenziöse Gerüchte, bis ich mehrere Jahre später in Robert Fisks Buch Pity the Nation das Folgende las: Die Palästinenser haben unter den Lagern eine Reihe

---

72   Op. cit. 325.

von zementausgekleideten Tunnels gebaut, die sich über ca. sieben Kilometer erstrecken; sie haben sie mit Raketen, Mörsern und Munition für kleinere Waffen gefüllt. Ein Tunnel lief fast die ganze Länge von einem zum anderen Ende des Shatila-Lagers. Bei einer Höhe von 2,50 m und einer Breite von 1,80 m schloss er auch mehrere Betonkammern mit ein, die zur Lagerung von Raketen dienten.73

*D*er Bombenangriff der Israelis wurde am nächsten Tag fortgesetzt und auch am übernächsten. Für Michel war dies das Zeichen, dass wir unsere Wohnung wieder einmal verlassen mussten. Jedesmal wenn eine fünfhundert Kilo-Bombe im zwei Kilometer entfernten Flüchtlingslager Sabra und Schatila detonierte, zitterten bei uns die Wände, der Fußboden und auch die Luft. Unterhaltungen mussten wir unterbrechen, auch das Telefon hörten wir dann nicht. Meine Schwager hatten im vorigen Jahr ihr Haus in Jounieh verkauft, so blieb uns als Zuflucht nur noch die Wohnung von Wadia und Nademe in Achrafieh. Da mir die Sicherheit meiner Familie über alles ging, unterdrückte ich meine Vorbehalte, bei diesen Frauen einzuziehen. Der Krieg hatte mich gelehrt, die Dinge aus einer größeren Distanz zu sehen und – meistens – praktisch statt emotional zu handeln.

Da Arafat, abgesehen von den Israelis, die christlichen Milizen als Feinde ansah, wurde Achrafieh in regelmäßigen Abständen von den Palästinensern beschossen, aber es war dennoch sicherer als unser Viertel. Badaro lag einfach zu nahe am Sabra und Schatila-Lager und den israelischen Bombenangriffen; außerdem grenzte es an die Green Line, nur zwei Straßen vom gefährlichen Übergang nach Ostbeirut. Achrafieh war immerhin zwei Kilometer weiter entfernt, und mit seinen

---

73 .Op. cit. 463.

in engen Straßen und Gebäuden nahe beieinander lebenden christlichen Bewohnern gab es uns ein, wenn auch trügerisches, Gefühl der Sicherheit.

Früher hätte ich mich wohl gegen ein Verlassen unserer Wohnung gestemmt, aber inzwischen hatte ich Michels klaren Kopf in Notsituationen und seine Fähigkeit, potentielle Gefahrensituationen richtig einzuschätzen, respektieren gelernt. Obwohl ich mich normalerweise als vernünftige Person betrachte, konnte ich mich hartnäckig weigern, in Michels Praxis runterzugehen, wenn die ersten Bomben fielen. Zurückblickend bin ich nicht stolz auf das schlechte Beispiel, das ich damals den Kindern gab, jedoch für mich, die sich ihr Leben partout nicht durch einen Krieg diktieren lassen wollte, schien es logisch. Mehrere Male folgte ich nicht Michels Aufforderung, mitten in der Nacht mein Bett zu verlassen. Ich konnte es einfach nicht über mich bringen, im dunklen Treppenhaus nach unten zu gehen, zumal mir die Knie schmerzten. Lieber wollte ich in meinem weichen Bett sterben als mich in Michels Praxis in eine kalte Ecke zu drücken. In einer Nacht fielen die Bomben besonders oft und nahe, und Michel, seiner Verantwortung bewusst, stand auf.

"Los, Cathy," sagte er, "gehen wir runter."

Stattdessen drehte ich mich auf die andere Seite, zog das Kissen über die Ohren und schlief weiter. Immer wieder rüttelte Michel mich wach. "Komm," rief er, "die Kinder sind schon auf dem Weg nach unten!"

"Lass sie nur," antwortete ich, "ich sterbe lieber hier, danke schön. Geht ohne mich."

Ich wusste es damals nicht, aber die Kinder reagierten ähnlich trotzköpfig auf Michels Aufforderung wie ich. Als dies zum zweiten Mal passierte, nahm mich Michel eines Morgens ärgerlich zur Seite.

"Jetzt hör mal zu," sagte er. "Sei nicht so eigensüchtig. Hast du nicht gehört, was die Kinder mir in der letzten Nacht geantwortet haben?"

"Nein," bekannte ich.

"Wenn Mommy in ihrem Bett sterben darf, so dürfen wir das auch.' Unsere Kinder gehen vor, und du weißt das. Also hör auf mit dem Unsinn!"

Meine häusliche Fehde mit Wadia führte ich wie ein Politiker, indem ich alles unternahm, um in der Wohnung Ordnung zu halten. Manche Pflichten allerdings gingen über die Rolle einer ergebenen Ehefrau und Schwiegertochter weit hinaus. Trotz eines gewissen diplomatischen Geschicks, das ich mir vielleicht angeeignet hatte, empfand ich nicht die geringste Lust auf Wadias Gesellschaft, besonders nicht mit ihr allein. Aber da sie es ablehnte, ihr Bett aufzugeben – was natürlich ihr Recht war – musste entweder Michel oder ich in dem anderen Bett in ihrem Zimmer schlafen. Keiner von uns beiden wollte diese unangenehme Bürde auf sich nehmen, denn Wadias Schnarchen weckte Tote auf. Deshalb beschlossen wir, eine Münze zu werfen. Ich gewann und richtete mich auf der Couch im Wohnzimmer ein.

"Tut mir leid, Liebling," sagte ich lachend, "aber du hast verloren."

"Also komm, Cathy," bettelte er. "Du glaubst doch nicht im Ernst, dass ich bei ihr schlafen soll."

"Oh doch!" Siegeslächelnd stolzierte ich aus dem Zimmer. Etwas später fand mich Michel in der Küche. Hinter ihm folgten Nayla und Naim, was nach einer Verschwörung aussah. Ich musste lachen, da ich wusste, was jetzt kommen würde, aber beherrschte mich und spielte mit.

"Also Leute, was habt ihr jetzt ausgeheckt?" fragte ich.

Michel umschlang mich und flehte: "Bitte sage zu und schlafe bei der Mutter."

"Nein, nein, und nochmal nein," lachte ich. "Wir haben eine Münze geworfen und ich habe auf ehrliche Weise gewonnen."

"Mommy," warf Naim ein, "du willst doch nicht, dass Poppy schlechter Laune ist, oder?"

"Sieh mal, Cathy," sagte Michel, "du nimmst doch sowieso immer eine Schlaftablette. Also ist es doch egal, wo du schläfst, nicht wahr?"

Ich stemmte die Hände in die Hüften und musterte die drei Menschen, die mir lieber waren als alles andere in der Welt. Schließlich sagte ich: "Na gut."

Meine Kinder waren viel klüger als ich. Kaum waren wir bei Wadia angekommen, erklärte sich Naim bereit, auf einer Luftmatratze im Wohnzimmer zu schlafen, und Naila eröffnete ihrer Großmutter den Wunsch, im ehemaligen Zimmer des Großvaters zu schlafen. Wadia war von diesem Beweis anhänglicher Pietät gerührt und gab ihr die Erlaubnis. Sie ahnte nicht, was der wahre Hintergrund dieser Anliegen war.

Ich gab nur nach, weil ich neben Wadia nicht auch noch einen übermüdeten, missmutigen Ehemann haben wollte. Der eigentliche Sieger war aber Wadia. Solange sie ihr eigenes Bett nicht aufgeben musste, konnte es ihr egal sein, wer zusätzlich in ihrem Zimmer schlief, und wenn sie einmal ihr Hörgerät abgenommen hatte, war sie taub wie ein Türnagel. So war ich es, die in der Nacht einer fürchterlichen Kakophonie von Schnarchen, Bomben und Artilleriefeuer ausgesetzt war. Ich kann es nicht glauben, dass ich damals bei all meiner Kriegserfahrung nie daran dachte, mir etwas so Selbstverständliches wie Ohrstöpsel zuzulegen.

Ich wusste, wie libanesische und syrische Armeepanzer aussahen, denn beide rollten in den sieben Kriegsjahren immer wieder durch unsere Straße. Aber mit dem israelischen Merkava-Panzer waren die syrischen nicht zu vergleichen. Eines Tages, als wir gerade in Wadias Wohnung in Achrafieh beim Lunch saßen, hörten wir plötzlich einen ohrenbetäubenden Lärm, ein scharfes, ratterndes Geräusch, das die Türen des Esszimmers erzittern ließ. Gerade wie bei jedem Luftangriff oder bei jeder Explosion zog uns der Krach unwiderstehlich auf den Balkon.

Die schiere Größe und ungeheure Geräuschentwicklung eines Merkava hatten es auf Einschüchterung abgesehen, auf panische Angst, auf bedingungslose Kapitulation. Ich weiß nicht, wie hoch das Ungetüm genau war, aber wenn ich von Wadias vierten Stock aus hinabblickte, kam es mir vor, als könnte sein Fahrer mühelos auf jeden Balkon im ersten Stock springen, an dem er vorbeifuhr. Wir sahen zu, wie es sich durch unseren Boulevard schob, blaugrauen Qualm ausspuckend, den hitzeweichen Asphalt aufreißend wie eine teigige Masse, seine Spuren eingravierend, als sollte man sich auf ewig an seine Durchfahrt erinnern und keinesfalls vergessen, dankbar dafür zu sein. Drohend demonstrierte es allen ungeniert seine Macht. Was immer sich ihm in den Weg stellen mochte, wurde rücksichtslos niedergewalzt – vor unseren Blicken zwei Autos, ein Abfallcontainer, ein Verkehrszeichen. Endlich hielt der Panzer an und stellte sich in einem nahegelegenen Grundstück auf, um unser Viertel 'zu beschützen'.

Einige Tage später stellte ich mich ich an einer Tankstelle in unserer Nähe, während mein Auto betankt wurde, direkt neben einen Merkava. Mit meiner Körperlänge reichte ich nicht einmal bis an den oberen Rand der Räder. Es war nicht nur die gewaltige Höhe, die mir Angst einjagte, sondern auch der dunkle, kuppelartige Geschützturm, der hoch über mir schwebte und geisterartig – man konnte nicht hineinsehen – mir mit Drehbewegungen auf Schritt und Tritt folgte, als wollte er mich nicht aus den Augen verlieren.

In derselben Woche hatten Michel und ich eine persönlichere Begegnung mit einem Merkava. Wir waren mit meinem VW-Käfer auf dem Weg von Wadia zu unserer Wohnung. Kurz nachdem ich das Hôtel Dieu-Krankenhaus passiert hatte, musste ich den Wagen durch ein Labyrinth von Einbahnstraßen lenken, um beim Justizministerium auf die Corniche Mazra zu kommen. Offenbar hatte es ein israelischer Soldat mit seinem Merkava eilig und nahm dieselbe Abkürzung durch die engen Straßen wie ich, aber in der entgegengesetzten Richtung. Zu unserem Schrecken sahen wir plötzlich das Monstrum zwischen hochragenden Häuserwänden eingezwängt auf uns zu rasen. Im Bewusstsein dessen, was diese Panzer mit Autos machten – im Süden hatte einer eiskalt ein Auto mit einer vierköpfigen Familie überrollt, nur weil es im Weg war – gestikulierten Michel und ich frenetisch durch die offenen Fenster mit dem Arm, um zu signalisieren, dass wir liebend gerne im Rückwärtsgang Platz machten. Dies schien uns weit vorteilhafter als dass unsere Kinder am nächsten Tag in der Zeitung über einen Unfall lesen würden: 'Ein prominenter Arzt und seine amerikanische Frau befanden sich gestern unwillkürlich in einem Engpass gegenüber einem israelischen Merkava. Selbst die erstaunliche Wendigkeit von Frau Sultans VW-Käfer reichte nicht, um sie und Dr. Sultan zu retten.'

Sobald wir uns in Wadias Wohnung eingerichtet hatten und ich nicht gerade an die Merkavas denken musste, schmiedete ich Ausweichpläne für bombenfreie Tage. Obwohl in Wadias Viertel keine israelischen Bomben fielen, landeten immer wieder palästinensische Raketen bei uns in Ostbeirut, besonders wenn Merkava-Panzer in unserer Nähe geparkt waren, die dann natürlich zurückschießen mussten. So rief ich an Morgenden, wo Michel und ich es angebracht fanden, mit den Kindern zum Strand zu gehen, mehrere Freundinnen an. Gewöhnlich packte ich zu diesen Gelegenheiten fürs Picknick honig-glasierten Schinken und käsebelegte Brote ein, dazu in einer Kühlkiste 7-Up und Amstel-Bier. Dann fuhr ich nach Kaslik, dem Strandclub in Jounieh, dem wir 1978 beigetreten waren. Dies waren meine Lieblingstage. Wo sonst konnten im chaotischen Libanon fünf Mütter ihren zwölf Kindern freien Lauf geben und sie unbekümmert spielen lassen, ohne sich um ihre Sicherheit zu sorgen und gleichzeitig die Geselligkeit genießen?

Wenn wir nicht an den Strand gehen konnten, beteten die Kinder und ich, dass der Strom nicht vor elf Uhr abends abgeschaltet würde, sonst fand das Abendessen bei Kerzenlicht statt, und gelesen wurde vor dem Schlafengehen mit Taschenlampen, und natürlich kein Film. Naim war nämlich damit beauftragt, im nächstliegenden Videoladen immer Kassetten mit den neuesten Filmen zu besorgen. Wir veranstalteten dann heimliche Filmabende, nachdem Michel gewöhnlich schon um neun Uhr schlafen gegangen war. Während Wadia und Nademe um halb neun die arabischen Nachrichten sahen, bevor sie in ihre Zimmer verschwanden, sagten Nayla und ich ihnen Gute Nacht und machten Anstalten, ins Bett zu gehen. Mittlerweile wartete Naim geduldig im Wohnzimmer, bis die Nachrichten um neun Uhr zu Ende waren, bevor er seine Luftmatratze auf dem Boden ausrollte. Sobald es dann im Haus ruhig wurde und Wadia ihr Hörgerät herausgenommen hatte, schlichen Nayla und ich zurück ins Wohnzimmer, schlossen die Tür, kuschelten uns zu Naim auf die Matratze und schauten unseren Film an. Längst hatten wir es aufgegeben, Wadia und Nademe zum Film einzuladen. Denn wenn der Film auf Französisch war, pflegte Wadia den Dialog für Nademe mit lauter Stimme wie für eine Schwerhörige ins Arabische zu übersetzen. War der Film auf Englisch, bat sie uns, ihr die Handlung zu erklären, was sie dann wiederum laut auf Arabisch für Nademe wiederholte.

Am 24. Juni 1982 war Arafat schließlich kompromissbereit. Alles was er verlangte, war Beirut ehrenhaft zu verlassen. Der frühere libanesische Premierminister Saeb Salim wollte vermitteln, aber Ariel Sharon war nicht an Verhandlungen interessiert. Er wünschte für Arafat nichts als eine demütigende Niederlage.

Alexander Haig, US-Außenminister unter Präsident Reagan, hatte aber Sharons Plan schon unterwandert, bevor er das Weiße Haus erreichte, was zu einer neunundvierzigtägigen Verlängerung der Belagerung Beiruts führte.[74]

---

74 Op. cit. 268.

Am 3. Juli 1982 wurde die Bevölkerung Westbeiruts von sämtlichen Lebensmittel- und Brennstofflieferungen abgeschnitten. Am 4. Juli wurde das Wasser gesperrt, gefolgt von Stromsperre am folgenden Tag. Dies versetzte die ungefähr sechshunderttausend zurückgebliebenen Bewohner in eine extrem kritische Lage. Arafat und seine PLO dagegen waren von diesen Einschränkungen nicht betroffen. Sie besaßen genügend Generatoren und Lebensmittelvorräte in ihren unterirdischen Bunkern, um eine sechsmonatige Belagerung zu überstehen. Palästinenser, die aus dem Süden geflohen kamen, wurden in den Beiruter Flüchtlingslagern mit offenen Armen empfangen, erhielten Obdach und Nahrung. Als die armen Schiiten vor den israelischen Angriffen im Süden des Landes – die übliche Strafe dafür, dass sie den Palästinensern 'erlaubten', von ihren Feldern aus die Israelis zu beschießen – in Beirut Schutz suchten, blieben sie sich selbst überlassen.

Der Balkon meiner Schwiegermutter war für uns ein Logenplatz für die Horrorshow des Krieges. Abend für Abend stand ich fasziniert am Geländer und verfolgte die fallenden Bomben und die über den Nachthimmel huschenden Flutlichter. Man hatte nicht das Gefühl, dass diese Lichtscheine von Menschen stammten, es sah mehr nach einer Schlacht zwischen Himmel und Hölle aus. Nur allmählich wurde mir klar, dass weder ich noch meine Kinder dieses grässliche Schauspiel mit ansehen sollten; es lief allem zuwider, woran ich glaubte, und dennoch hing ich wie gebannt an der Balkonbrüstung und konnte mich einfach nicht losreißen. Ich wusste wohl, dass jede Bombe Menschen unter sich begrub, Menschen, die starben. Jedem Suchscheinwerfer am Himmel folgten Tausende von Kugeln, die auf die Flugzeuge gefeuert wurden, und in jedem Flugzeug – in der Dunkelheit nur an ihrem roten Hecklicht erkennbar – saßen ein oder zwei Piloten, höchstwahrscheinlich junge Männer in ihren

Zwanzigern, die fürchten mussten, dass ihre Maschine getroffen und auseinandergerissen wird. Womöglich trugen sie einen Ring am Finger: die Freundin oder die Frau zu Hause in Tel Aviv; womöglich trugen sie noch den Duft von Parfüm im Haar; womöglich waren es Reservisten, die gerade erst am Vortag einberufen worden waren; womöglich waren sie überzeugt, dass sie es nur auf 'Terroristen' abgesehen hatten und es somit völlig in Ordnung war, fünfhundert Kilo-Bomben über einer dunklen Stadt abzuwerfen, ohne ihr Ziel zu erkennen – wenn sie überhaupt Zielkoordinaten hatten. Und unten auf der Erde, wo die Bomben explodierten, waren ganz normale Menschen, Frauen mit schreienden Babys im Arm, alte Leute mit angstwinselnden Hunden, panische Ehemänner, deren Frauen und Kinder noch nicht nach Hause zurückgekehrt waren. Der Tod wütete in dieser dunklen Stadt, und ich stand auf dem Balkon und sah mir alles an wie ein Zaungast.

Zur gleichen Zeit ging die Politik weiter; Bachir Gemayel machte sich daran, für die Präsidentschaft des Landes zu kandidieren. Schon Monate zuvor hatte er in einem Pakt mit Israels Premier Begin den Weg dazu geebnet. Als Gegenleistung dafür, dass dieser gegenüber der amerikanischen Regierung Gemayel als bestgeeigneten Kandidaten für die Führung Libanons empfahl, versprach Gemayel seine Unterstützung für den israelischen Feldzug gegen die Palästinenser. Auch Ariel Sharon arbeitete im gleichen Sinne eng mit Gemayel zusammen. Man sah die beiden oft im Restaurant Retro in Achrafieh, allerdings nie, wenn wir dort waren. Als Gemayel erfuhr, dass die Israelis bereits über achttausend libanesische Zivilisten getötet hatten, zog er sich schweigend aus der Abmachung zurück.

In diesem Augenblick, wo Bachir Gemayel den Mut fand, den Israelis den Rücken zu kehren, sahen wir in ihm einen Mann, der entschlossen war, sich für das Gemeinwohl der Libanesen einzusetzen. Er scheute keine Mühe, um alle religiösen Gruppierungen davon zu überzeugen, dass für ihn nichts wichtiger sei als die Beendigung des Bürgerkriegs. Er versprach, das Land neu und besser wieder aufzubauen, die religiösen Schranken niederzureißen und Regierungsbeamte gemäß ihrer Eignung und nicht gemäß ihrer Religion einzustellen.

*I*n Wahrheit gab es keinen libanesischen Politiker, der all dies hätte umsetzen können. Wir sehnten uns eben nach einer Führung mit den Fähigkeiten einer guten Hausfrau, jemand, der Ordnung ins Haus bringen und unter allen Verwandten Frieden schaffen könnte. So entschieden sich sowohl wir Christen als auch die gemäßigten Muslims für Gemayel.

*D*ie Syrer hielten Ostbeirut seit 1976 besetzt. Im Zuge des Waffenstillstandsabkommens, das 1978 der dreimonatigen Bombardierung des christlichen Sektors folgte, erklärte Syrien sich einverstanden, sich teilweise aus Ostbeirut zurückzuziehen. Wir erinnern uns, dass ein Teil der syrischen Truppen sich in der Umgebung von Jamhour (wo sich die Schule unserer Kinder befand) niedergelassen hatte, aber die meisten wurden nach Westbeirut umgelegt. Als die Israelis 1982 mit ihren Merkavas und schweren Geschützen in Ostbeirut einzogen, nisteten sie sich in denselben engen Vierteln ein wie zuvor die Syrer. Bei der Einfahrt nach Badaro entschieden sie sich offensichtlich, dass unser Apartmentgebäude besonders für die Unterbringung von Offizieren geeignet wäre und besetzten es sogleich. Es war Frau Eid, die in unserer Abwesenheit die Hausverwaltung übernahm und gewissenhaft überwachte, wer kam und ging. Als ein israelischer Offizier erschien und unsere Wohnung inspizierte, rief sie uns bei Wadia an.

"Doktor Sultan, kommen Sie so schnell wie möglich nach Hause, die Israelis wollen Ihre Wohnung besetzen."

Michel versicherte ihr, dass er alles unternehmen würde, um

die Israelis aus unserer Wohnung rauszuhalten.

In zehn Minuten war er ausgefertigt, schloss die Tür hinter sich und stieg ins Auto, um nach Badaro zu fahren. Zunächst hatte er sich zurechtgelegt, dem israelischen Offizier zu erklären, dass er Arzt sei, der immer nach seinen anstrengenden Runden im Krankenhaus in seine Wohnung zurückkehren musste. Als er aber unser Wohngebäude erreichte, hatte er es sich anders überlegt und beschloss, als Fürbitter einer Frau aufzutreten, deren Vorname wir nicht einmal wussten. Wir redeten sie immer entweder als Frau Eid oder als 'Imm Samir' (Mutter Samirs, ihres ältesten Sohnes) an. Unter uns nannte ich sie unseren 'ange gardien' (Schutzengel).

"Sie können das Gebäude nicht betreten," sagte der israelische Soldat und stellte sich Michel in den Weg.

"Ich muss zu meiner Wohnung," sagte Michel.

"Ohne Genehmigung kommt hier niemand rein."

Michel stellte sich vor und bat, den beaufsichtigenden Offizier zu sehen. Der Soldat verschwand eine Minute lang, um sich wohl bei seinem Vorgesetzten in einem der Obergeschosse zu erkundigen.

"Sie können durch. Mein Kommandooffizier möchte Sie sehen. Er ist im siebten Stockwerk."

Michel fand einen jungen Offizier auf dem Balkon unserer Wohnung, auf einem unserer Stühle sitzend, Tee aus einer unserer Tassen schlürfend.

"Was möchten Sie," wollte der Offizier wissen.

"Dies ist meine Wohnung. Haben Sie das gewusst?" fragte Michel.

Der Offizier schüttelte den Kopf und hörte sich an, was Michel zu sagen hatte.

"Sie haben doch Frau Eid kennengelernt, nicht?" begann Michel.

Als der Offizier nickte, fuhr Michel fort: "Wussten Sie denn, dass sie und ihre Familie Flüchtlinge aus Damour sind? Sie haben 1976 die leere Wohnung hier unter uns bezogen, nachdem die Palästinenser ihr Haus zerstört hatten. Die Gegenwart eines israelischen Offiziers in diesem Gebäude bringt sie deshalb in Lebensgefahr. Und – verzeihen Sie, wenn ich das sage – die Eids haben weiß Gott schon genug durchgemacht."

Allein der Name Damour ließ den Israeli aufhorchen. Die Zerstörung Damours durch die Palästinenser war die Rache für die brutale Auslöschung des Karantina-Lagers[75] durch die Kata'ib-Miliz.

"Die Eids sind völlig solidarisch mit Ihnen, wenn es um die Vertreibung der PLO aus Beirut geht," fuhr Michel fort. "Übrigens gehören zwei ihrer Söhne zur Kata'ib-Miliz, was sie zu Ihren Verbündeten macht. Einer von ihnen wurde durch einen Schuß in die Brust schwer verletzt, als seine Einheit unter palästinensisches Feuer kam. Er liegt heute noch im Krankenhaus."

Wie Michel mir später erzählte, schwieg der israelische Offizier, nachdem Michel geendigt hatte. Mehrere Minuten lang ließ er den Blick über die Stadt schweifen, bevor er antwortete.

"Mir fällt gerade ein," sagte er schließlich, "Ihre Wohnung ist für mich und meine Leute viel zu sehr feindlichem Feuer ausgesetzt."

Michel reichte dem Offizier lächelnd die Hand. "Ich danke Ihnen."

Der junge Offizier verlegte daraufhin sein Quartier an die Ecke von Badaro- und Damaskus-Straße, gegenüber dem Buick-Autohändler, wo Michel einmal auf vier Männer geschossen hatte, als er Wache hielt. Wir hielten diesen Offizier in bewundernder Erinnerung und Michel hoffte ihm noch einmal zu begegnen, um ihn zum Essen einzuladen, aber er sah ihn nie wieder.

Dem unerschütterlichen libanesischen Optimismus treu, war der Ausstellungsraum des Buick-Händlers mit Neuwagen vollgestellt. Als der Händler aber sah, wie die Israelis sich direkt

---

75 Karantina (von frz. quarantaine) ist ein Stadtteil im äußersten Nordwesten Beiruts, direkt westlich vom Hafen. Es war kein Lager im engeren Sinne, indem es keine Einzäunung gab, aber das Viertel bot mehreren tausend Palästinensern einfache Behausungen. (Übers.)

an der seinem Geschäft gegenüberliegenden Ecke häuslich einrichteten, komplett mit Merkavas und allen anderen Geschützen, wusste er, dass seine Autos in Gefahr waren. Michel war noch in Badaro bei Eids in ihrer Wohnung im sechsten Stock, als er die gellende Stimme des Geschäftsinhabers durch die Straße hallen hörte. Vom Balkon aus konnte er sehen, wie er – ein kleiner, rundlicher, glatzköpfiger Mann – atemlos zum Taxistand an der nächsten Querstraße rannte. Dort engagierte er alle Taxifahrer, um seine Neuwagen wegzufahren. Michel sagte, es habe lustig ausgesehen, wie acht Männer hinter dem drolligen Händler die Badaro-Straße zu seinem Geschäft zurückliefen. Nur wenige Minuten später sah man die glänzenden Wagen der Reihe nach mit eingeschalteten Scheinwerfern wie in einem Leichenzug aus dem Ausstellungsraum rollen, vermutlich in Richtung Berge.

Mit den Israelis, die nun ihre Geschütze und Panzer in unserem Viertel aufstellten, war es wirklich nicht anders als früher mit den Palästinensern, die sie nun auszurotten versprachen. Jene hatten ihre Raketenbasen und Flakgeschütze in Dörfern stationiert, wo alte Frauen in langen bunten Kleidern und alte, weißbärtige Männer in weiten schwarzen Hosen unter israelischen Vergeltungsschlägen zu leiden hatten.

Jetzt waren wir an der Reihe.

*I*m Juli dieses Jahres 1982 sollten die Kinder und ich zu einem Familientag nach Washington fliegen, aber sobald der Luftkrieg begann, stornierte ich die Buchung. Unter den Umständen glaubte ich keine Wahl zu haben: Ich vermochte mir einfach nicht vorzustellen, nicht in Beirut zu sein. Obwohl es sicher ratsam gewesen wäre, die Stadt auf eine Weile zu verlassen, konnte ich es nicht über mich bringen, in das ferne Amerika zu reisen und womöglich dort festzusitzen.

Nach der Stornierung der Reise überredete ich Michel, einen Teil der rückerstatteten Summe für die Renovierung unserer Wohnung zu verwenden. Die stete Möglichkeit, dass wir von einem Tag auf den andern die Wohnung verlieren könnten, hielt mich nicht davon ab. Mein unerschütterlicher, ja fast krankhafter Glaube, dass wir bald wieder nach Badaro zurückkehren könnten, verdrängte den gesunden Menschenverstand. Mir schien, dass Naim und Nayla bereit waren, mein va banque-Roulette mitzuspielen. Wenn an unserer Wohnung Veränderungen vorgenommen werden sollten, so bestanden sie darauf, in die Entscheidungen miteinbezogen zu werden. Sie wählten den Stoff für die Vorhänge und Tagesdecken sowie die Wandfarbe. Das Streichen der Wände wollten sie diesmal selbst besorgen.

Für den größten Teil der Renovierungsarbeiten wählten wir drei unsere Tage gut, konnten mehrere Stunden am Stück streichen und unbehindert zu Wadia zurückkehren. Aber an dem einzigen Tag, wo Michel mitkommen konnte, erlebten wir eine seltsame Begegnung.

Wir fuhren wie immer den Boulevard von Achrafieh hinunter, am Hôtel Dieu-Krankenhaus vorbei, und erst als wir beim Justizministerium um die Ecke bogen, merkten wir, dass wir in einem riesigen Verkehrsstau gelandet waren. Jeder Quadratmeter Asphalt war mit Autos vollgestellt, soweit das Auge reichte. Alles was ich tun musste, war den Rückwärtsgang einlegen, um uns aus dem Verkehrschaos zu befreien, und Michel redete auf mich ein, genau dies zu tun. Doch aus irgendeinem unerklärlichen Grund machte sich mein Fuß selbständig und trat aufs Gaspedal. Das Auto schoss nach vorne, und bevor wir es wussten, standen wir mitten im Stau, umgeben von Tausenden von Flüchtlingen, die nach Westbeirut wollten, um nach ihren Wohnungen zu sehen. Uns selbst blieben gerade mal noch zwei Häuserblocks bis zum Museum bei unserer Wohnung. Doch dazwischen lag nun ein Armeekontrollpunkt, der all den Ärger und die Verwirrung noch steigerte, denn diese riesige Flut von Blech und Menschen musste sich plötzlich von fünf Fahrspuren auf eine zusammenziehen, bevor sie dieses Nadelör durchqueren konnte.

Ich lenkte mein Auto anfangs in die mir nächstliegende rechte Spur, um mich anschließend nach links durchzuarbeiten. Mein Blick fiel dabei auf das mir benachbarte Auto, auf die Frau, die auf dem rechten Vordersitz saß. Auf dem Dach des Autos war das Gepäck turmhoch mit Bändern festgezurrt. Auf dem Rücksitz drängten sich vier Kinder, alle jünger als die unseren. Der Deckel des überquellenden Kofferraums – den Inhalt konnte ich nicht sehen – war mit Spanngurten halbwegs heruntergezurrt. Die Frau lächelte und grüßte mich auf Englisch mit "Hello."

"Wo kommen Sie her," fragte ich. Bevor sie antworten konnte, schob sich ihr Auto um eine Länge nach vorne. Als ich aufgeholt hatte, sagte sie: "Wir sind bei unserem Bruder nördlich von Tripoli geblieben."

Wir unterhielten uns auf Englisch. Sie hieß Nadia, eine offensichtlich gebildete Muslimin.

"Es fallen immer noch Bomben. Warum kehren Sie jetzt schon zurück?" fragte ich. Jetzt musste ich mich einen Meter weiter vorschieben.

Als unsere Fenster wieder auf gleicher Höhe waren, antwortete sie: "Ein Nachbar hat uns gestern angerufen. Unsere Wohnung hat Schaden erlitten." Sie zuckte mit den Achseln. "Wir wollen einfach sehen, was zu tun ist."

"Es geht ein übles Gerücht um, Nadia," sagte ich.

Sie stützte sich mit den Ellenbogen auf den Fensterrahmen, um sich weiter herauslehnen zu können.

"Man sagt hier, dass die Israelis kurz vor dem Einmarsch in Westbeirut stehen," fuhr ich fort. "Es wird schlimm werden, wenn dies wahr sein sollte. Seien Sie vorsichtig."

Nadias Mann konnte wieder etwas nach vorne ziehen.

"Versorgen Sie sich für alle Fälle mit ausreichend Lebensmittelvorräten, Wasser und Gaskanistern." Ihr Lächeln verriet, dass sie dies alles schon wusste.

"Allah Ma ak (Gott sei mit Ihnen)," sagte ich und winkte ein letztes Mal, bevor sie und ihr Mann sich dem Kontrollpunkt näherten. Wir selbst waren nicht mehr weit von unserer Wohnung. Natürlich hatte sie meinen Rat nicht nötig.

"Vielleicht sollten wir dich zum Oberkommandanten des ganzen Landes machen, Cathy. Du scheinst allen und jedem Rat geben zu müssen, selbst wildfremden Leuten," sagte Michel lachend.

Ich bekam ein heißes Gesicht und strafte ihn mit einem bösen Blick, obwohl er Recht hatte. Diese nette Muslimin erinnerte sich wohl an mich als 'jene alberne, besserwisserische Amerikanerin.'

*A*m 5. August war ich mit Naim allein, als wir eine weitere seltsame Begegnung erlebten. Es war kein Autostau diesmal, was allein schon eine Warnung hätte sein müssen. Ausnahmsweise hatte unser Gebäude Strom, so dass wir mit dem Aufzug hochfahren konnten. Wir wollten an diesem Morgen im Schlafzimmer arbeiten, rührten die Farbe und legten die Spritztücher aus. Auf einmal klirrten wieder Panzerketten durch unsere Straße, so dass Naim und ich sofort auf den Balkon rannten. Unter uns wand sich eine Schlange von ungefähr einem Dutzend Merkava-Panzern von der Gegend des Justizministeriums und Fourn ni Chebak zur Kreuzung Badaro- und Damaskus-Straße, wo sie anhielt. Nur Augenblicke später hörten wir die israelischen Jagdflugzeuge. Wie auf ein Kommando, das von den Flugzeugen kommen musste, setzten die Merkavas nun ihre Fahrt fort. Sie folgten der Damaskus-Straße bis zur Kreuzung mit der Corniche Mazra beim Museum. Im selben Moment setzten die Flugzeuge unmittelbar hinter dem Museum zum Sturzflug an, während sie ihre Bomben lösten. Wir liefen zur Westseite des Balkons, um einen besseren Blick zu bekommen. Von dort konnten wir sehen, dass die Flugzeuge die Pferderennbahn bombardierten.

Nun beschossen auch die Merkavas das Rennbahngelände, das schon durch die Bomben der F-16-Jäger mit Kratern übersät war. Bald konnte man kaum mehr etwas sehen, da alles in eine dicke graue Rauchwolke gehüllt war. Ich staunte, wie es den Palästinensern gelungen war, vom Sabra und Schatila-Lager, das zweieinhalb Kilometer entfernt war, so weit nach Osten vorzudringen.

"Die haben einfach einen weiteren Tunnel gegraben," sagte Naim. Er wusste eben alles.

In der Jerusalem Post schrieb der Berichterstatter Hirsh Goodman, dass die Israelis an diesem Tag die strategisch wichtige Straßenkreuzung beim Museum erobert hätten. So hatten es aber Naim und ich nicht gesehen.

Die israelischen Flugzeuge ließen immer noch mehr Bomben fallen, aber aus der geschützten palästinensischen Position wurde ununterbrochen zurückgeschossen. Der Lärm glich dem Schlussakt einer Wagner-Oper, wo Chor und Orchester hergeben was sie können. Am Ende stellte sich die PLO als starker Gegner heraus. Die Merkavas konnten ihre Stellung nicht halten und mussten sich zurückziehen.

Das Gleiche passierte während eines gleichzeitig geführten Angriffs in der Nähe des Beiruter Flughafens. Die israelischen Stellungen waren zu sehr dem Gegenfeuer ausgesetzt und mussten aufgegeben werden. Robert Fisk, Korrespondent der London Times, den ich wegen seiner genauen und – zumindest in meinen Augen – untendenziösen Berichterstattung hoch schätze, schrieb, dass diese zwei Gefechte 'der israelischen Armee die seit Beginn der Invasion größten Tagesverluste beigefügt [hätten]; neunzehn Soldaten getötet und zweiundneunzig verwundet.'[76]

*D*as Flächenbombardement ist eine wirksame Methode, den Feind ohne Einbußen an eigenen Truppen zu zerstören – vorausgesetzt es gibt einen Feind. Das Konzept ist denkbar einfach: Laufend sich ablösende Bombengeschwader werfen unablässig so lange Bomben gleichmäßig über eine festgelegte Zielfläche, bis der Feind ausgeschaltet ist. Das Geräusch, das durch ein Flächenbombardement erzeugt wird, ist schwer zu beschreiben. Ältere Leser erinnern sich vielleicht an den schrillen, auf- und ab jaulenden Ton der Bombenalarmsirenen aus dem

---

76   Op. cit. 298.

Zweiten Weltkrieg. Wenn man den Sirenen zu nahe kommt, wandert der sprichwörtlich ohrenbetäubende Lärm ins Kopfinnere und verursacht Kopfweh und Ohrensausen. Zum Glück dauern Sirenentests nur zwei Minuten. Nun stelle man sich aber diesen Sirenenton direkt über dem Kopf über eine Dauer von neun, elf oder manchmal gar sechzehn Stunden vor. Der schrille, jaulende Ton lässt sich nicht abstellen, man kann auch nicht weglaufen. Man mag sich vielleicht das Kissen über den Kopf ziehen, um den Lärm halbwegs zu ersticken, aber man fühlt immer noch das Zittern, hört immer noch mitten im Kopf den dumpfen Aufprall der Bomben und die darauffolgende Explosion.

In einer mutigen Demonstration marschierten zweihundertfünfzigtausend Israelis durch die Straßen von Tel Aviv, um die gewissenlose Vorgehensweise ihrer Regierung gegen unschuldige Libanesen anzuprangern.

Das Bombardement der Israelis endete am 21. August 1982, genau drei Minuten, nachdem Alexander Haig sein Amt als US-Verteidigungsminister niederlegte. In den Worten von Robert Fisk:

In Gesprächen mit Ariel Sharon hatte Haig sein stilles Einverständnis mit der israelischen Invasion im Libanon gegeben. Den ganzen Sommer 1982 über hatte Saudi-Arabien dringende Telegramme nach Washington geschickt, in denen es Präsident Reagan drängte, Druck auf die Israelis auszuüben. Reagan erhielt diese Telegramme nie, denn Haig hatte sie im Außenministerium abgeblockt. [...] König Fahd von Saudi-Arabien drohte an, dass sein Land ab sofort sämtliche Investitionen aus den USA abziehen und innerhalb von Stunden gegenüber dem Westen ein Öl-Embargo verhängen würde, wenn die Amerikaner die israelische Armee nicht unter Kontrolle brächten. Reagan hatte schließlich den Ernst der Krise erkannt und Haig zum Rücktritt gezwungen.[77]

---

77 Op. cit. 268f.

*I*m Anschluss an den Waffenstillstand wurden Maßnahmen getroffen, um Yassir Arafat und seiner PLO den Auszug aus Beirut zu ermöglichen. Die PLO-Soldaten wurden auf Syrien, Jordanien, Südjemen, Algerien, Irak, Kuweit und die Vereinigten Arabischen Emirate verteilt. Zurückbleiben in den Sabra und Schatila-Lagern durften nur Frauen, Kinder und Alte.

*A*m 22. August fuhr ich zu unserer Wohnung, um festzustellen, was vor unserem erneuten Einzug zu tun war. Über das arabische Telefon rief ich wieder Leila an und sagte ihr, dass ihre Hilfe bei diesem elften Male des Aufräumens nötiger denn je sei.

Das Badaro-Viertel war wie ausgestorben. Fast kein Geschäft hatte wieder aufgemacht. Beim Buick-Händler sah es geisterhaft aus. Durch die zerbrochenen Scheiben sah man nur den leeren Ausstellungsraum, dessen Rückwand weggeblasen war. Hinter den Metallgittern von Colifichet und Lunettes gähnten ebenfalls leere Schaufensterrahmen. Kurioserweise waren die großen schwarzen Glaslettern mit den Namen der Geschäfte unbeschädigt geblieben und hingen noch sinnentleert über den Türen. Vor unserem Wohnblock war der Gehweg durch Explosionen aufgebrochen; ein Haufen Steintrümmer versperrte den Eingang.

Seit dem Beginn des israelischen Flächenbombardements hatte unser Gebäude keinen Strom. Zum Glück ließen die geborstenen Fenster in den Zwischengeschossen genügend Sonnenlicht ins Treppenhaus, um die kontrastierenden Stufen erkennbar zu machen.

Deshalb konnte ich auch so gut die Ratte sehen. Sie kam gerade ins Licht gehuscht, das ihr weißes Gesicht kurz aufleuchten ließ. Eine Sekunde lang trafen sich unsere Augen, gerade genug, um sich der Gegenwart des anderen zu versichern. Dann verschwand sie wieder in der Dunkelheit.

In panischer Angst, noch mehr Ratten zu sehen, stützte ich mich an der Wand, um nicht zusammenzusinken. Schließlich, vorsichtig einen Fuß vor den anderen setzend, stieg ich langsam die Treppe weiter hoch. Jedesmal wenn ich nach längerer Abwesenheit in unsere Wohnung zurückkehrte, hoffte ich auf ein Wunder, das aber immer noch ausblieb. Im vierten Stockwerk sah ich den Schwanz irgendeines verrotteten Tieres, das unter dem Schutt begraben war. Und als ich feststellen musste, dass die erst vor kurzem abgezogenen Soldaten die dunklen Ecken zum Wasser Ablassen verwendet hatten, wusste ich, dass es dieses Mal auch kein Wunder geben würde.

Ich fand unsere Wohnung wieder im üblichen Zustand der Zerstörung vor: Glaslose Fenster, Vorhänge so zerfetzt, als hätten Randalierer darin mit dem Rasiermesser gewütet. Zum ersten Mal fehlte auch ein Stück des Balkons, gerade vor dem Schlafzimmer der Kinder – ein meterbreites, dreieckiges Stück Boden, das herausgebrochen war – wahrscheinlich durch einen größeren Schrapnellsplitter. Nichts Besonderes, dachte ich, Hauptsache, die Kinder waren zu dem Zeitpunkt nicht in ihrem Zimmer. Ich hatte von Kindern gehört, die draußen spielten, mit ihren Freunden eine Straße runter liefen, oder einfach am Fenster saßen, als sie plötzlich tot vornüber fielen, nachdem Schrapnell sie am Kopf getroffen hatte.

Ich ging ins Schlafzimmer der Kinder, um zu sehen, ob kein Schutt eingedrungen war, vor allem nicht auf Naylas Bett, das direkt hinter der Wand zum Balkon stand. Sie hatte mich gebeten, dass ich ihr die Raggedy Ann[78] zurückbringe, ihre Lieblingspuppe. Als ich die Puppe vom Bett hochhob, entdeckte ich unter ihr kleine schwarze Knöllchen. Auch über Naylas andere Plüschtiere – sie hatte über zwanzig – waren die Knöllchen verstreut. Ich wollte mir weismachen, dass es die Ausscheidungen von Mäusen wären, aber natürlich wusste ich, dass sie von Rat-

---

78 "Zerlumpte Ann," eine in den USA sehr beliebte Puppe aus Stoff und Wollfäden. (Übers.)

ten stammten. Das Bett war ganz zerwühlt, als wäre jemand unter Naylas Bettdecke gekrochen. Mir wurde übel, der Magen drehte sich mir um, als hätte eine Ratte meine Tochter angefallen.

Normalerweise war ich eine ziemlich vernünftige Person, die den Kopf auf den Schultern trug. Manchmal wurde ich auch, wie schon erwähnt, 'die Frau mit den stählernen Nerven' genannt. Immerhin hatte ich bis jetzt einen Krieg überstanden. Trotzdem war es mir in vierzehn Jahren in Beirut noch nicht gelungen, eine Kakerlake zu zerdrücken. Und jetzt sollte ich mir vorstellen, dass diese klugen Nager mit ihren spitzen Näschen und ihren intelligenten kleinen Knopfaugen, die es an Wagemut den Menschen gleichtun – dass diese Tiere in meiner Wohnung nisteten! Wie konnte man sie, egal wie gründlich die Reinigungsaktion, wieder loswerden? Ich war kein Mörder, aber in diesem Falle war ich bereit, eine Ausnahme zu machen. Doch jegliche Pläne, die ich mir zur Bekämpfung meiner Rattenverseuchung zurechtgelegt hatte, mussten einem viel dringenderen Ereignis weichen.

Am 23. August 1982 hielt der Libanon seine Präsidentschaftswahlen ab, ein Freudentag für die libanesischen Christen. Bachir Gemayel – er wollte uns vor einer palästinensisch-muslimischen Koalition schützen – stand vor dem Wahlsieg. Die Mitglieder des libanesischen Parlaments, die sich 'Volksvertreter' nannten, hatten den Präsidenten zu wählen, wobei es üblich war, dass sie ihre Stimme dem Meistbietenden verkauften, deren Abgeordnete sie wirklich waren. Gewaltige Geldsummen wechselten den Besitzer, um sicherzustellen, dass die Abgeordneten am Tage der Wahl im Parlament anwesend waren und für Gemayel stimmten. Es kursierten Gerüchte, dass einige Stimmen für weit über eine Million Dollar gehandelt wurden und dass der US-Gesandte Dean Brown die Wahl finanziert habe. In den früheren Wahlen war Syrien der Drahtzieher, aber 1982 war es anders, wenn auch nicht für immer.

Zunächst reichte die Zahl der anwesenden Abgeordneten nicht für ein beschlussfähiges Quorum. In aller Eile wurde nun viel telefoniert, mit noch höheren Bestechungsangeboten. Endlich, mit mehrstündiger Verspätung, wurden vier greisenhafte Abgeordnete in die Kammer 'begleitet', womit das Quorum zur Wahl Gemayels erzielt wurde.

Man kann wohl mit Fug und Recht behaupten, dass es bei dieser Wahl wesentlich zivilisierter zuging als 1969, als Sleiman Frangie der Präsidentschaftskandidat war. Da nämlich feuerte ein Assistent Frangies im Parlamentsgebäude seine Pistole.

*A*m jetzigen Wahltag saßen Naim, Nayla, ihr Vetter Philippe, Michel, Nademe und ich in Wadias Wohnung in Achrafieh, der Hochburg Gemayels, vor dem Fernseher so wie Hunderttausende andere Gemayel-Anhänger. Wir konnten kaum den Sprecher bei der Auszählung der letzten Stimmen hören, so ohrenbetäubend waren die Hochrufe, die von dem Gedränge auf den Straßen dieses christlichen Viertels zu uns heraufdrangen. Menschen lehnten sich aus den Fenstern, um ihren Nachbarn die Freudennachricht zuzurufen. Nachdem das Wahlergebnis offiziell feststand, ging das Feiern erst richtig los. In ihrer Begeisterung feuerten libanesische Zivilisten von ihrem Balkon Schüsse in die Luft. Persönlicher Waffenbesitz gehört zur langjährigen Tradition im Libanon. Gebraucht wurden diese Waffen jedoch meistens nur, um das neue Jahr zu begrüßen. Dies hat sich im Krieg geändert.

Autos, so überladen, dass auch noch auf dem Dach und der Motorhaube Menschen saßen, schaukelten hupend durch die Straßen. Ganze zwölf Stunden lang sandten Milizionäre Feuersalven in den Himmel, von ihren Kasernen aus, von fahrenden Jeeps oder von der Mitte einer Straßenkreuzung. Ich ahnte nicht, wie gefährlich das Ganze war, bis ich am folgenden Tag erfuhr, dass fünf Personen diese Freudenschießerei mit ihrem Leben bezahlt hatten.

Ein paar Tage nach der Wahl lud Bachir Gemayel alle Libanesen auf seinen Familiensitz in Bikfaya[79] ein. Am Tage nach seiner Amtseinführung hatte er schon jeden politischen und religiösen Muslim-Anführer besucht und um Mithilfe bei der Einigung Libanons gebeten. Alle erklärten sich bereit und demonstrierten dies öffentlich, indem sie der Einladung Gemayels nach Bikfaya Folge leisteten. Ich nahm Naim, Nayla, Nademe und Philippe nach Bikfaya mit. Das Gedränge war so groß, dass man hätte glauben können, ganz Libanon sei gekommen. Wir waren Teil einer jubelnden, respektvollen Menschenmasse, jeder einzelne in frischer, hoffnungsvoller Stimmung, wie man es unseren Gesichtern und unseren Stimmen entnehmen konnte. Niemandem schien es etwas auszumachen, stundenlang Schlange zu stehen. Was bedeutete schon Zeit, wenn man unserem Retter die Hand schütteln durfte? Bachir Gemayel sprach mit jedem, als begrüße er einen alten Freund. Als er mich erblickte, leuchteten seine großen braunen Augen auf. Lächelnd legte er seine Hand in die meine.

"Ah ja," sagte er, "ich erinnere mich. Wie konnte ich die Frau vergessen, die sich weigerte, in meiner Radiostation zu arbeiten? Ich wollte etwas Hübsches, um mein Büro aufzuhellen. Meine Männer waren so hässlich, aber Sie haben dennoch abgelehnt."

Ich lachte und schüttelte den Kopf. "Und Sie können sich nicht vorstellen, in welche Schwierigkeiten ich wegen dieser Ablehnung kam."

"Oh," sagte er, "dann werden Sie wieder in Schwierigkeiten kommen, denn sie sollen wieder für mich arbeiten."

Am 25. August 1982 landeten die US-Marines[80] in Beirut. Sie waren Teil der multinationalen Frie-

---

79 Vornehmer Ferienort und Ansammlung reicher Landsitze in den Libanonbergen, nicht weit östlich von Beirut. (Übers.)

80 Das United States Marine Corps (Marinekorps der Vereinigten Staaten) untersteht offiziell der US-Navy (Kriegsmarine), wird aber auch auf Land eingesetzt. Es wird oft als Eliteeinheit angesehen. (Übers.)

denstruppen, die auch französische und italienische Soldaten mit einschloss. Ihre Aufgabe war zweifach: Überwachung des Abzugs von zwölftausend PLO-Kämpfern, gemäß dem Waffenstillstandsabkommen, das von Präsident Reagans Gesandten Philip Habib und dem ehemaligen libanesischen Premierminister Saeb Salim ausgehandelt wurde, und über die nächsten dreißig Tage für die Sicherheit der zurückbleibenden palästinensischen Zivilisten im Sabra und Schatila-Lager zu sorgen. Reagan hoffte auf diese Weise das Blutvergießen in Beirut zu beenden.
Wir sollten bald sehen, dass es anders kam.

*N*ach Gemayels Wahlsieg traf ich endlich die Vorbereitungen zum Rück-Einzug in unsere Wohnung. Leila und ich vereinbarten den Tag für die Schlussreinigung. Ich war bestrebt, so schnell wie möglich wieder in unserer Wohnung zu sein, da ich dringend eine Knieoperation nötig hatte, sobald unser Leben zu einer gewissen Normalität zurückgekehrt war. Leila hatte schon die wichtigste Vorarbeit erledigt, nämlich die Beseitigung des Rattenschmutzes, während ich die Bettwäsche wusch. Der Trockenreinigung gelang es wie durch ein Wunder, Naylas Plüschtiere wieder in ihren ursprünglichen Zustand zu versetzen.

Ich kam am letzten Putztag als Erste in der Wohnung an. Schon vor der Wohnung sah es einladend aus: Der Treppenabsatz gründlich gereinigt, die Wände frisch und hell, die Wohnungstüre weißglänzend mit waldgrün gestrichenen Feldern. Ich drehte den Schlüssel um und ging hinein. Nach all den Flickreparaturen hatte ich die alten Gardinen entsorgt und für Wohn- und Esszimmer neue angefertigt. Nun schien alles neu – der Marmorfussboden, die frischgestrichene Decke, die neuen stockwerkhohen Fenster, die gediegenen Walnuss- und Kirschbaummöbel, Papas Kunstobjekte, die leuchtend bunten Perserteppiche, das polierte Silber in den Vitrinen, das Essgeschirr im Schrank – alles hieß mich willkommen.

Ich ging in die Küche, um etwas Obst und Käse in den Kühlschrank zu tun. Das Treppensteigen in der Hitze hatte mich schwindlig gemacht, also setzte ich mich hin. Auf einmal hörte ich etwas – ich hielt still. Das Herz klopfte mir bis zum Hals, ich wusste nun, dass sie immer noch da waren, sie waren nicht weggezogen. Und Leila hatte behauptet, dass sie gehen würden.

"Wenn wir die Wohnung reinigen, ziehen die Ratten ab."

Sie hatte sich geirrt.

Für mich waren Ungeziefer und Schmutz dasselbe. Ich rieb mir die Arme, sie fühlten sich unheimlich an, als ob etwas auf ihnen herumkrabbelte. Von der Straße herauf drang Verkehrslärm, selbst den Wind konnte ich hören. Dann vernahm ich Laute, die wie geflüsterte Worte hinter vorgehaltener Hand klangen. Mein Rücken versteifte sich. Es war nun klar, wo sie waren – in dem Loch hinter dem Herd, ein perfekter Ort für ein warmes, kuscheliges Nest. Meine Angst wich der Wut. "Was fällt euch ein!" zischte ich. Sie mussten mich gehört haben, denn das Geräusch hörte sofort auf.

Ich wusste, was zu tun war, aber ich konnte es nicht über mich bringen, die grausame Tat selbst zu verüben. Leila hätte sie anschließend wohl beseitigen können, aber für die Mordtat selbst engagierte ich Herrn Eid. Er kam mit seiner Frau, die einen Sack und eine kleine Schaufel mitbrachte. Ich stellte mich in sicherer Entfernung unter den Türrahmen zum Wohnzimmer und folgte Herrn und Frau Eid mit den Augen. Bevor er mich freundlich ins Wohnzimmer wies und die Tür hinter sich schloss, riet er mir, einen kleinen Spaziergang zu machen oder zumindest im Erdgeschoss zu warten. Ich lehnte ab und horchte.

Zuerst hörte ich einen metallischen Klang. Es war die Schaufel, die gegen die Seite des Herdes schlug.

Dann hörte ich Herrn Eid zu seiner Frau auf Arabisch sprechen: "Gut, das ist schon die erste; vielleicht geht es leichter als ich gedacht hatte."

Frau Eid antwortete: "Na warte erst, bis du die Mutter findest. Die wird für ihre Jungen kämpfen."

Ein weiterer Schlag mit der Schaufel, gefolgt von Quietschen.

Herr Eid schrie: "Da ist sie, schlag fester zu!" Wieder quietschte das Tier. "Noch einmal, sie ist noch nicht tot."

Als ich hörte, wie die Metallschaufel die Rattenmutter auf dem Küchenboden zermalmte, wurde ich fast ohnmächtig.

Jetzt hörte ich Frau Eid: "Komisch, siehst du den weißen Fleck zwischen ihren Augen?"

Der Küchentisch wurde offenbar umgeworfen, es gab mehrere Schaufelschläge gegen die Fliesenwand. O Gott, jagte er tatsächlich die Rattenjungen die Wand hinauf? Nach einem Schlag gegen die Tür sagte Frau Eid: "Gut, das müssen sie alle gewesen sein."

"Ja," sagte der Mann, "ich glaube auch."

Frau Eid öffnete meine Tür einen Spalt weit und bat mich um Eimer und Spülseife. Beim Weggehen hatte Herr Eid einen Jutesack voll toter Ratten fest im Griff. Ich betrat die Küche. Überall, auf der weißen Fliesenwand und dem Marmorboden sah ich Blutspuren. 'Nun ja,' dachte ich, 'ich werde alles noch einmal so oft überstreichen, bis diese Schreckenstat ein für alle Mal aus meiner Wohnung getilgt ist.'

Ich wusste nicht genau, warum mein Feldzug gegen die Ratten mich dennoch weiter beschäftigte. Ein paar Tage später, als ich bei meiner Tasse Tee auf dem Balkon saß, erkannte ich plötzlich: Ich hatte mein eigenes kleines Sabra und Schatila-Massaker veranstaltet. Aber Ratten waren doch nur Ratten, nicht Menschen, da machte ich mir nichts vor. Und in einer menschlichen Behausung sind Ratten eben gefährlich. Was mich trotzdem so sehr verstörte, war der unterbewusste Vergleich der Ratten mit der PLO. Wenn Ratten tödliche Gefahren mit sich bringen und deshalb ausgemerzt werden mussten, galt dies nicht auch für eine Horde Menschen, die unsere Stadt in finsterer Absicht infiltrieren will – möchte man ihnen nicht auch den Tod wünschen?

Die Art, wie die Mutterratte mit ihrem eigentümlichen weißen Fleck ins Licht huschte und sich zu erkennen gab, machte mir etwas bewusst, was ich nie zuvor bedacht hatte. Erst hatte ich ganz natürlich angenommen, dass es sich um eine männliche Ratte handelte, aber Frau Eid wusste instinktiv, dass es die Mutter war.

"Komisch, siehst du den weißen Fleck zwischen ihren Augen?" hatte sie gesagt.

Mit Blick auf das palästinensiche Sabra und Schatila-Lager erkannte ich zum ersten Mal, dass jeder Bewohner in diesem erbärmlichen Lager männlich oder weiblich war, dass die meisten Opfer unschuldige Zivilisten waren, die nur den Fehler begangen hatten, als Palästinenser geboren zu sein.

So hatte ich sie bisher nie gesehen.

10
Alle Hoffnung dahin

*A*m 1. September 1982, dem Tag, als die letzten Schiffe mit palästinensischen Guerillas Beirut verließen, besuchte der amerikanische Verteidigungsminister Caspar Weinberger die Stadt. Die Friedensmission, so erklärte er, sei, 'praktisch gesehen, so gut wie abgeschlossen'. Er befahl den Abzug der Marines, obwohl sie gemäß dem Waffenstillstandsabkommen und dem Beschluss der US-Regierung noch dreißig weitere Tage in Beirut hätten bleiben müssen, um palästinensische Zivilpersonen zu schützen. Da mit dem Abzug der Marines die gesamte Friedensmission de facto beendet wurde, zogen auch die italienischen und französischen Truppenkontingente ab. Im selben Waffenstillstandsabkommen wurde den Amerikanern von Israel versichert, dass seine Truppen nicht in Westbeirut einmarschieren würden, wenn Arafat und seine PLO sich bereit erklärten, die Stadt zu verlassen.

Am 11. September 1982 verließen die Marines Beirut, dreizehn Tage vor Ablauf der vereinbarten 30 Tage-Frist.

*A*m 14. September zogen wir wieder in Badaro ein. Nach einem frühzeitigen Frühstück mit Wadia und

Nademe trafen wir schon vor acht Uhr in unserer Wohnung ein. Ibraham, mein Handwerker, war schon mit seinen Leuten da, um unsere neue Wasserinstallation zu überprüfen und letzte Feineinstellungen vorzunehmen, was sich dann über den ganzen Tag erstreckte. Leila hatte ihn hereingelassen. Sie war über Nacht geblieben, denn sie wollte vor unserer Ankunft noch einmal den Balkon schrubben, die Fußböden wischen und die Küche reinigen. Naim und Nayla waren so aufgeregt, ihr erneuertes Schlafzimmer in Besitz zu nehmen – azurblaue Wände, goldgelbe Vorhänge, dunkelblaue Tagesdecken – dass sie erstaunlicherweise bereit waren, ihre Schubladen und den Schreibtisch zu säubern und in Ordnung zu bringen und auch den Kleiderschrank aufzuräumen. Bevor sie damit anfingen, bat ich sie allerdings, unsere fünfhundert Comicbücher neu ins Regal zu sortieren, während ich zu Wadia zurückging, um die letzten Sachen zu holen.

Ich war gerade dabei, mit einer Kiste auf dem Arm die Wohnung meiner Schwiegermutter zu verlassen, als eine gewaltige Explosion das Gebäude erschütterte. Ich setzte meine Kiste ab und eilte mit Wadia und Nademe auf den Balkon. Eine dicke Rauchwolke hatte sich schon über unser Wohnviertel gelegt. Ich lehnte mich über die Brüstung und sah, wie unten die Menschen auf die Straße strömten. Besonders eine Frau fiel mir auf, die, die Hände in ihren Haaren vergraben, etwas laut rief, was ich nicht verstehen konnte. Sie wiederholte es immer wieder wie eine Gebetslitanei, bis ich es endlich verstand: "Es ist der Kata'ib-Bau. Bachir ist drinnen!"

Ich kannte das Gebäude gut, es beherbergte auch die Radiostation. Und ich erinnerte mich an den winzigen, schallisolierten Senderaum in der Mitte des Gebäudes, wo ich die Nachrichten verlesen hatte. Bachir Gemayels Büro befand sich unmittelbar darunter.

Als designierter Präsident bestand er auf persönlichem Kontakt zu seinen Anhängern. Trotz großer Sicherheitsbedenken kam er jeden Mittwoch zu seinem Hauptsitz in Achrafieh, um sich mit Nachbarn und Freunden zu treffen. Der Raum war an diesem Tag mit Menschen gefüllt; Gemayel stand in der Mitte, umgeben von Gratulanten und Wunschüberbringern, als in der Decke direkt über ihm eine Hundertkilo-Bombe detonierte. Das gesamte Gebäude stürzte ein. In den Nachrichten, die am Abend eingingen, wurde betont, dass Gemayel am Leben wäre. Immerhin war die jüngste Tochter der Eids, die sich zur Zeit der Bombenexplosion in dem Gebäude befand, mit nur ein paar Kratzern davongekommen. So blieb uns Hoffnung.

Michel und ich waren an diesem Abend auf einer Dinnerparty, wo von nichts anderem die Rede war. Unser Gastgeber, Joe Chahine, der Arzt war, rief einen seiner Kollegen im Hôtel de Dieu-Krankenhaus an, wohin Gemayel angeblich gebracht worden war, und es wurde ihm ausdrücklich versichert, dass der Präsident die Explosion überlebt hätte.

Als wir am nächsten Morgen, dem 15. September, aufwachten, schalteten wir sofort das Radio ein. Auf allen Sendern erklang klassische Musik, im Libanon ein Zeichen der Trauer. Augenblicklich wussten wir: Bachir Gemayel war tot, unsere Träume waren zerplatzt, unsere Zukunftshoffnungen dahin. Die morgendliche Stille wurde nur durch ein israelisches F-16 Kampfflugzeug durchschnitten, das flügelwippend über die Stadt flog, um einem gefallenen Helden die Ehre zu erweisen.

Am 18. September 1982, vier Tage nach Gemayels Ermordung, wurden im Sabra und Schatila-Lager die Leichen von eintausendfünfhundert bis zweitausend Männern, Frauen und Kindern aufgefunden. Niemand wusste genau, wie viele es waren. Die libanesische Regierung sprach von siebenhundertzweiundsechzig Toten, aber andere amtliche Schätzungen gingen davon aus, dass mindestens die doppelte Anzahl bereits von Familienangehörigen bestattet worden seien.

Das Massaker hatte in der Nacht des 16. September begonnen. Ungefähr zweihundert Milizionäre, von Israels Verteidigungsminister Ariel Sharon gesandt, waren in das Lager eingedrungen. Die gut durchorganisierte Abteilung bestand aus Mitgliedern der Christian Lebanese Forces von Gemayel und der südlibanesischen Armee, Israels Stellvertreter in der sogenannten 'Sicherheitszone' in Südlibanon. Die christlichen Milizionäre wurden von Elie Hobeika, einem von Gemayels Kommandanten, befehligt. Seine Leute stammten aus der Damouri-Brigade, einem extremen Element der christlichen Milizen. Sie kamen aus Damour, dem Heimatdorf der Eids im Süden, das im Januar 1976 von den Palästinensern überfallen wurde. Diese jungen Männer hatten zugeschaut, wie ihre Familienmitglieder abgeschlachtet und geschändet, ihre Häuser zerstört wurden. Hobeika stand seinerseits mit seiner Truppe unter dem Befehl von General Amos Yaron, Generaldirektor des israelischen Verteidigungsministeriums. Während des ganzen Massakers, vom Abend des 16. bis zum 18. September, hatten die Israelis vor dem Lager Wache bezogen, um flüchtende Palästinenser abzufangen. Flugzeuge warfen Leuchtkugeln ab, die das Lager für die Angreifer in helles Licht tauchten.

Die Opfer waren unbewaffnete palästinensische Zivilisten – dieselben, die ich verflucht und verwunschen, bevor ich sie als Individuen und Mitmenschen anerkennen gelernt hatte.

Sie waren jetzt alle tot, ausgerottet wie meine Ratten.

Bevor die Milizionäre das Lager am 18. September verließen, schoben sie die Leichen mit Planierraupen zusammen und anschließend in flach ausgehobene Gruben, die sie notdürftig zuschütteten.[81]

In einem Artikel für die britische Tageszeitung The Independent aus dem Jahr 2001 untersuchte Robert Fisk noch einmal das Sabra und Schatila-Massaker. Während eines mehrwöchigen Aufenthalts in Israel war er erstaunt über Ariel Sharons wiederholte Bezeichnung der Palästinenser als 'Mörder, Terroristen'. Diese Bezeichnungen hatte er auch schon früher von Sharon gehört. 'Ich rief eine alte Bekannte an, die sich ausgezeichnet auf Archivforschung verstand. Ich gab ihr das Datum, das ich im

---

81 Op. cit. 364.

Kopf hatte, den 15. September 1982, die letzten Stunden für bis zu zweitausend Palästinenser, die im Sabra und Schatila-Lager in Beirut ermordet wurden. Sie fand schließlich eine Meldung der Associated Press vom September 1982: "In einer Erklärung brachte Verteidigungsminister Ariel Sharon das Attentat [auf Bachir Gemayel] mit der PLO in Verbindung mit den Worten: 'Es zeigt die terroristische Mordlust der terroristischen Organisationen der PLO und deren Anhänger.'" Einige Stunden später schickte er die Phalangisten in das Lager. Fisk schrieb weiterhin: "Beim erneuten Lesen dieser Meldung lief es mir kalt über den Rücken. Noch heute gibt es Israelis, die dieselbe Wut gegen die Palästinenser hegen wie die Phalanx vor 19 Jahren. Und so höre ich heute dieselben Worte, die ich damals gehört hatte, vom selben Mann über dieselben Menschen. Warum?"[82]

Könnte es sein, dass wir immer noch keine Führungspersönlichkeit haben, die sich mit den verschiedenen Konfliktgruppen an einen Tisch setzt und eine vernünftige, menschenwürdige Lösung verlangt?

Kurz nach dem Massaker stießen wir vor dem Aufzug auf Frau Eid. Da alle in diesen Tagen darüber sprachen, fand es Michel vollkommen normal zu sagen: "Was für eine furchtbare Tragödie! Ich muss mich schämen, Christ zu sein."

Dann fragte er: "Haben Sie von Ihren Söhnen Samir und Salem gehört? Haben sie etwas von dem Tötungskommando gehört? Was sagen sie dazu?"

Frau Eid stand eine Weile reglos, ohne zu antworten.

"Sie waren doch nicht an den Morden... Die waren sicher nicht im Lager, oder?" erkundigte sich Michel ganz zaghaft.

Frau Eid war nur ungefähr ein Meter fünfundfünfzig groß, und

---

82 Vgl. Robert Fisk, "Travels in a Land Without Hope," The Independent (London), 29. August 2001.

wenn sie uns ansehen wollte, musste sie zu uns hinaufblicken. Ihre tiefblauen Augen füllten sich mit Tränen.

"Doch," erwiderte sie, "sie waren im Lager."

Da standen wir nun, Angesicht zu Angesicht mit der Frau, die uns während dem Bombardement Schutz geboten, Ratten für uns getötet und sich in unserer Abwesenheit um unsere Wohnung und Terrassenpflanzen gekümmert hatte, dieselbe Frau, die alles, was sie besaß, verloren hatte. Und dennoch brachte sie so viel Liebe und Mitgefühl auf, dass ihr Herz zu denen ausging, die einst ihre Feinde waren und von denen ihre Söhne wohl einige umgebracht hatten. Ich fühlte mich so beschämt durch Frau Eids Menschlichkeit, dass ich hoffte, auch mit meinem Herzen so klar zu sehen.

Michels Sekretärin Freyha war Palästinenserin und lebte in einem Wohnblock am Rande des Sabra und Schatila-Lagers. Als sie am Montag morgen zur Arbeit kam, war ich begierig zu erfahren, was sie über das Massaker wusste.

Sie hatte die Maschinengewehrsalven gehört, die fast zwei Tage lang andauerten, aber es waren die Schreie, das Weinen der Kinder, das Flehen der Frauen, was sie noch verfolgte. "Ich hatte solch schreckliche Angst, dass ich es nicht einmal wagte, die Jalousien hochzuziehen," sagte sie. "Aber es sind die Stimmen, die vergeblichen Flehrufe, die ich nie wieder vergessen kann."

Erst am späten Samstagmorgen, als alles im Lager still war, wagte sie sich kriechend auf den Balkon und spähte durch das Geländer.

Es hing ein fauler, süßlicher Geruch in der Luft," sagte sie. "Und die Fliegen – überall diese Fliegenschwärme. Da wusste ich, dass etwas Furchtbares geschehen war."

Sie war besonders erschüttert beim Anblick einer Gruppe von kleinen Jungen. Es sah so aus, als hätten sie sich zu Beginn eines Spieles im Kreis um einen Ball zusammengekauert. Sie saßen Schulter an Schulter, die Arme ineinander gehakt und sind dann alle nach vorne zusammengefallen. Ihre Gesichter sahen aus, als ob sie jemand mit dem Finger rot bemalt hätte. In einer engen Gasse nicht weit davon lag ein kleines Mädchen auf der Seite. Freyha hielt sie zuerst für eine Spielpuppe. Sein Kleidchen war blut- und schmutzbedeckt. Um seinen Kopf hatte sich ein roter Kreis wie ein Heiligenschein gebildet.

Später sah sie eine Gruppe von Journalisten ins Lager gehen. Einer von ihnen kletterte auf einen riesigen Schutthaufen, um einen besseren Überblick zu bekommen. Der Haufen war fast drei Meter hoch und der Journalist kam ins Schwanken und streckte beide Arme aus, um sein Gleichgewicht zu halten.

"Haben Sie jemals jemanden gesehen, der quer über ein Trampolin läuft?" fragte sie lachend. "Genauso hat der ausgesehen."

Der Journalist kam ins Rutschen und strauchelte. Als er sich fangen wollte, griff er unversehens nach einem dunkelroten Steinblock – gefärbt wie der fruchtbare Boden des Libanon – der aus dem Schutt herausragte.

"Aber es war kein Stein," sagte sie, "sondern der aufgedunsene Bauch eines Toten."

Entsetzt ließ der Journalist seinen Griff fahren, verlor das Gleichgewicht und purzelte nach unten.

Ironischerweise durften sich die muslimischen Politiker ihre Verurteilung der maronitisch-christlichen Teilnahme am Massaker in Sabra und Schatila nicht anmerken lassen, denn die Parlamentsregeln schrieben vor, dass nun ein neuer Maronite zum Präsidenten gewählt werden müsse, um Bachir Gemayel zu ersetzen. Die älteren, eingefleischten Politiker betrachteten Bachirs Bruder Amine, der schon seit Jahren Parlamentsabgeordneter war, als annehmbaren Kompromiss. In vieler Hinsicht verkörperte er das genaue Gegenteil seines Bruders – stur, Bachir dagegen schlau taktierend; und unnahbar, während Bachir eine charismatische Anziehungskraft besaß. Andererseits sah sich Amine gern als Verfechter des Ausgleiches und der Versöhnung, anders als Bachir, der eher dazu geneigt hatte, seine Widersacher zu zerstören. Für Amine waren die Kata'ib-Milizionäre unter Bachir nichts als brutale Schläger. Auch unterhielt Amine keinerlei Beziehungen zu Israel.

Am 21. September 1982, nur eine Woche nach der Ermordung seines Bruders, wurde Amine Gemayel auf die nächsten sechs Jahre als Libanons neuer Präsident eingeschworen.

Aber das interessierte niemanden.

Vielmehr fesselte uns eine Bombe, die ein israelisches Flugzeug kurz nach Amines Amtseinsetzung auf das Munitionslager der libanesischen Armee bei Fourn al Chebak[83] abgeworfen hatte. Naim und ich waren gerade dabei, in meinem Schlafzimmer die Möbel umzustellen. Obwohl Leila im Nebenzimmer ihr Radio anhatte, konnte ich das Flugzeug hören. Sekunden später erschütterte eine Serie von Explosionen die Stadt. Unserer unersättlichen Neugier folgend, versuchten wir auf den Balkon zu stürmen, doch die heiße Druckwelle, ausgelöst durch die Detonation der Bombe, schleuderte uns zurück ins Zimmer. Wir landeten beide auf dem Boden und fanden uns Auge in Auge mit Foxy, die sich in weiser Voraussicht unters Bett verzogen hatte.

Die rasch sich aufblähenden Qualmwolken tauchten die Stadt in unheimliche Dunkelheit. Nach Auffassung einiger wollten die Israelis Amine durch diese Aktion bedeuten, dass es in seinem Interesse sei, so wie sein vormaliger Bruder Israel zu unterstützen, und zwar sofort.

Acht Tage nach Amines Amtseinführung kamen die US-Marines nach Beirut zurück, um den diplomatischen Schaden, den ihr vorzeitiger Abzug verursacht hatte, wieder gutzumachen.

Über die nächsten sechs Monate sollte sich ihre erneute Mission als ein kompletter Fehlschlag erweisen.

*N*ach vier Monaten gefüllt mit fast ununterbrochenem Aufruhr und Stress, verursacht durch die

---

83   Stadtteil zwischen Achrafieh und Badaro. (Übers.)

kumulative Wirkung der israelischen Invasion, der fortgesetzten Bombenangriffe, des Flächenbombardements, des Mordanschlags auf Bachir Gemayel, des Massakers in Sabra und Schatila, meiner Gehirnhautentzündung und der chronischen Knieschmerzen, war ich am Ende meiner Kräfte angelangt. Dazu kam auch noch die dreieinhalbmonatige Teilung des Schlafzimmers mit Wadia, deren pfeifendes und rasselndes Schnarchen ich mir Nacht für Nacht anhören musste. Es war einer der wenigen Momente in meinem Leben, wo das Fass überzulaufen begann. Es wurde mir bewusst, dass ich mich in einer ernsthaften Krise befand. Die Müdigkeit schien nicht mehr von mir weichen zu wollen, selbst wenn ich die Nacht geschlafen hatte. So etwas hatte ich noch nie erlebt, und darüberhinaus brauchte ich dringend eine Knieoperation.

Normalerweise freut man sich nicht auf einen medizinischen Eingriff, aber ich war so verzweifelt, dass ich der Gelegenheit, im Krankenbett etwas Ruhe zu finden, erwartungsvoll entgegensah. Wenn ich in Michels Gegenwart davon sprach, schüttelte er nur den Kopf und nannte mich wieder 'seine Frau mit den stählernen Nerven'. Er wusste nicht, dass ich, um mich beim Kochen, beim Gehen, beim Treppensteigen, beim Putzen auf den Beinen zu halten, die doppelte Dosis Schmerztabletten nahm. Auch schien er vergessen zu haben, dass ich bereits zwölf Mal an den Knien operiert worden war. Was machte dann schon eine Operation mehr? Ich sehnte mich nach Erleichterung, aber noch wichtiger war mir, dass sich endlich jemand um mich kümmerte.

Und es war Leila, die dies besser verstand als alle anderen. Mit Freuden und größter Dankbarkeit übergab ich ihr alle Haushaltspflichten. Das einzige, was sie von mir verlangte, war die Planung der Mahlzeiten. Den Rest besorgte sie.

Ich erinnere mich, wie ich nach der Operation im Krankenzimmer die Augen öffnete und Englisch sprechen hörte. Es war Fay. Sie sprach leise in der Ecke mit den Kindern.

Das letzte, das ich noch mitbekam, bevor ich wieder in meinen Drogenschlaf zurückfiel, war etwas über ein Lunch am nächsten Tag. Als ich das nächste Mal aufwachte, drangen mehrere Stimmen an mein Ohr, diesmal auf Französisch. Ich öffnete kurz die Augen und erblickte meine Freundinnen Sonia, Hoda, Myrna und Lina, die sich über den Bettrand beugten und leise weitersprachen, bis ich ganz wach war. Als Sonia merkte, dass ich Mühe hatte, die Augen offen zu halten, lehnte sie sich zu mir herunter.

"Kann ich dir irgendetwas bringen, Cathy?" fragte sie.

Ich lächelte nur, schüttelte den Kopf und versank wieder in meinen himmlischen Morphinschlummer.

Michels Schwester Andrée zog zu mir ins Krankenzimmer. Sie ließ sich ein Bett bringen und verbrachte die nächsten fünf Nächte bei mir. Nach ein paar Tagen, als ich schon wacher war und nicht Gefahr lief, sofort wieder einzuschlafen, redeten wir, oder besser gesagt, hörte ich ihr zu. Andrée war eine geborene Rhapsodin, die ihr Garn mindestens so gut spann wie Scheherazade. Wenn sie erzählte, vergaß ich meine Schmerzen.

Mein Schwager Raymond wurde am gleichen Tag wie ich an der unteren Wirbelsäule operiert. So lagen wir im gleichen Krankenhaus, nur ein Stockwerk auseinander. Wadia besuchte täglich ihren Sohn, aber fand nie die Zeit, auch bei mir vorbeizuschauen. Zehn Tage nach meiner Entlassung rief sie endlich an, um sich zu erkundigen, ob ich etwas brauchte.

Michel war über das Benehmen seiner Mutter empört. Eines Tages hörte ich, wie er zu Andrée sagte: "Weißt du, wann sie schließlich meine Frau anrief?"

Ich habe ihn nie gefragt, ob er Wadia jemals wegen dieser Schmähung zur Rede gestellt hat, und ich wollte es auch nicht wissen. Wenn jemand Wadia zum Arzt begleitete, mit ihr zum Einkaufen ging und nie vorgab, zu beschäftigt zu sein, nie ablehnte, so war es ich. Nun war ich so wütend, dass ich mir schwor, nie wieder für diese Gänge verfügbar zu sein. Doch irrte ich mich sehr, wenn ich annahm, mich so einfach meiner schwiegertöchterlichen Pflichten entledigen zu können.

So wie Wadia und Nademe waren auch meine Freundinnen neidisch auf mich. Alle wussten, wie gewissenhaft und geschickt Leila sämtliche Aufgaben erledigte, die sich ihr stellten, und alle wünschten, Leila würde für sie arbeiten. Leilas größte Begabung zeigte sich beim Kochen. Während ich mich noch von der Operation erholte, wurde allseits bekannt, dass Leila unglaublich leckere Kekse backte.

Ein sablé ist ein dreischichtiges Butterplätzchen. Die Ober- und Unterschicht bilden Kekse mit gewelltem Rand. Der obere Keks hat als besonderes Kennzeichen in der Mitte ein Loch, das mit einer speziellen Form vor dem Backen ausgestochen wird. Wenn diese beiden Kekse gebacken sind, werden sie mit einer dicken Schicht Aprikosenmarmelade zusammengeklebt; dann wird das Ganze reichlich mit Puderzucker überstreut.

Leila reichte dieses feine Gebäck zu hausgemachter Limonade. Egal wie viele Kekse sie aufs Backblech brachte, wie viele Zitronen sie auspresste, es war nie genug. Selbst an Tagen ohne Strom, wenn wir keine Besucher erwarteten, wurden wir überrascht. Eines Nachmittags, als meine französische Freundin Cathérine anrief, sagten wir ihr, sie solle nicht kommen, da wir keinen Strom hätten. Sie kam dennoch alle sieben Stockwerke hochgestiegen, obwohl sie den einen Fuß im Gips hatte. Sie und ihr Mann, ein Archäologe, hatten in Vorbereitung für eine Ausstellung schwere Marmorskulpturen transportiert, als ihr eine auf den Fuß fiel. Bis heute bin ich mir nicht ganz sicher, ob sie nur wegen unserer sablé-Plätzchen kam.

Am 26. September 1982 zogen sich die israelischen Truppen aus Beirut in die Chouf-Berge südlich der Stadt zurück. In dieser Gegend lebten auch maronitische Christen und die Drusen. Beide Gruppen fanden hier einst vor den Sunni-Anführern des Osmanischen Reiches Zuflucht. Während des Bürgerkrieges hatten die Drusen die meisten Christen aus ihren Dörfern vertrieben. Als aber die Israelis sich in den Bergen einrichteten, erlaubten sie den maronitischen Christian Lebanese Forces die Rückkehr.

In voller Kenntnis der konfliktreichen Geschichte entzündeten sie auf diese Weise die hundertvierzigjährige Blutfeindschaft zwischen Maroniten und Drusen aufs Neue. Wie vorauszusehen war, versuchten die libanesischen Streitkräfte mit denselben brutalen Mitteln, die sie auch an anderer Stelle einsetzten, die Oberherrschaft über das Gebiet zu gewinnen, aber die Drusen wehrten sich. In wenigen Tagen hatte die gut ausgerüstete Drusenmiliz die christlichen Streitkräfte besiegt und die restlichen Maroniten in den Bergen eingekesselt. Nun war es nur noch die israelische Armee, die zwischen den Drusen und Maroniten stand.

Diese prekäre Situation hielt fast ein Jahr an, bis die Israelis im September 1983 ganz plötzlich ihre Truppen aus den Chouf-Bergen abzogen. Die daraufhin unvermeidliche Schlacht zwischen Maroniten und Drusen war außerordentlich erbittert und grausam. Sie veränderte unser Leben auf immer.

Eines Abends im Januar 1983 lief ich kurz vor dem Abendessen aus der Küche, um im Flurschrank einen Servierteller zu holen. Da sah ich Nayla, wie sie ins Bad ging. In ihrer rechten Hand trug sie die Pistole ihres Vaters. Bevor ich sie einholen konnte, hatte sie die Badezimmertür hinter sich geschlossen und verriegelt. Sie schluchzte. In höllischer Angst schrie ich nach Michel und Naim. Unsere flehenden Bitten, sie möge die Tür öffnen, waren vergebens. Ihr bitteres Weinen, das aus tiefster Seele zu kommen schien, zerriss mir das Herz. Nach langer Mühe gelang es Michel, sie zum Sprechen zu bringen und uns zu sagen, warum sie so sehr aufgewühlt war, selbst wenn sie die Türe nicht aufmachen wollte. Endlich drehte sich von innen der Schlüssel. Michel ging hinein, senkte den Toilettendeckel, setzte sich, nahm Nayla auf den Schoß und schloß sie in seine Arme. Naim und ich standen draußen und warteten.

Auf Michels ruhige Bitten hin fing sie an zu reden. Offenbar hatten ihre Klassenkameraden eine Reihe von Parties abgehalten, von denen sie zu keiner einzigen eingeladen war. Sie konnte es nicht ausstehen, ausgeschlossen zu sein. Ihre beiden einzigen Freundinnen waren Susie und Sylvia. Von den Jungen in der Klasse mochte sie keiner, sie fühlten sich von Nayla eingeschüchtert. Mit den anderen Mädchen konnte sie auch nichts anfangen, weil sie ihr zu kindisch waren. Und während sie einerseits versucht war, sich dumm zu stellen, um auf deren Niveau angenommen zu werden, weigerte sie sich wiederum, nur aus diesem Grund jemand anderes vorgeben zu wollen, als sie wirklich war. Michel sprach im Flüsterton mit ihr, seine Stimme war so traurig und sanft, dass ich weinen musste. Er sagte seiner Tochter, dass auch er, als er so alt war wie sie, mit ähnlichen Problemen zu kämpfen hatte.

"Egal was auch immer ist, Nayla, verbirg nie deine wahre Natur," sagte er. Er versprach ihr, dass sie bald reifere und intelligentere Freunde und Freundinnen finden würde.

Michel nahm Nayla behutsam die Pistole aus der Hand und steckte sie in seine Hosentasche. Von nun ab verwahrte er sie an einem heimlichen Ort unter Schloss und Riegel.

Wenige Tage später fragte ich Nayla, warum sie mit der Pistole ins Badezimmer gegangen war. "Hattest du wirklich vor, sie zu benutzen?" wollte ich wissen.

"Nein," gab sie zur Antwort, "ich wollte nur, dass ihr mir Beachtung schenkt."

Michel war überzeugt, dass es sich bei Naylas Krise nur um ein pubertäres hormonelles Ungleichgewicht handelte. Ich nahm es ihm ab, denn diese Erklärung schien mir viel erträglicher als die Möglichkeit eines ernsteren Problems.

Winter und Frühling 1982-83 waren ungewöhnlich. Das erste Mal in zwanzig Jahren schneite es in den nördlichen Vororten von Beirut in der Nähe von Jamhour. Auf den Skihängen lag der Schnee so hoch, dass es eine Woche dauerte, die Parkplätze zu räumen und die Pisten zu walzen, bevor sie geöffnet wurden. Israelische Touristen, die man an den blauen

Autokennzeichen erkennen konnte, besuchten dieses Jahr Beirut. Zum allerersten Mal durften auch Libanesen nach Süden über die israelische Grenze fahren. Amerikanische Marines patrouillierten die Straßen Beiruts, während vor der Küste Fregatten und Kreuzer der sechsten US-Marineflotte das Meer kontrollierten. Zumindest machte die amerikanische Präsenz den Libanon wieder für ausländische Investoren interessant. Das libanesische Pfund, das gegenüber dem US-Dollar auf sechs zu eins gefallen war, erholte sich auf drei zu eins. Inmitten dieser unwirklich erscheinenden Periode des wirtschaftlichen Wachstums und der lärmenden Zuversicht verdrängten wir wissentlich die Tatsache, dass keines unserer Probleme gelöst war.

Der Krieg verursacht Gedächtnisschwund.

Am 18. April 1983 fuhr ein Selbstmordattentäter in einem Lastwagen, der mit zweihundertfünfzig Kilo TNT beladen war, in das Hauptgebäude der amerikanischen Botschaft.

Gerade fünf Tage vorher war ich dort gewesen, um meinen Pass verlängern zu lassen. Samir, ein Libanese, der in der Konsularabteilung arbeitete, half mir beim Ausfüllen der Formulare. Ich kannte ihn seit 1969. Er und achtundfünfzig andere Beamte und Angestellte kamen bei der Explosion ums Leben. Ich denke oft an Samir, denn ich verdanke ihm mein Leben. Er war es, der vorschlug, dass meine Kinder und ich die libanesische Staatsangehörigkeit beantragen. Dies ermöglichte uns, nach Ausbruch des Krieges an den Kontrollpunkten unseren libanesischen Personalausweis anstatt des amerikanischen Passes zu zeigen. So konnten wir ungehindert passieren.

Die amerikanische Botschaft in Beirut, die sich an der Corniche befand, bestand aus drei Gebäudeteilen, dem sechsstöckigen Hauptgebäude, rechts und links flankiert von Seitentrakten. Es gab keine Betonsperren vor der kreisförmigen Einfahrt; der Attentäter konnte ungehindert direkt ins Gebäude fahren. Die

Detonation war so stark, dass vorbeifahrende Autos von der Straße ins Meer geschleudert wurden. In der Visaabteilung, wo ahnungslose Libanesen den ganzen Morgen Schlange gestanden hatten, um ein Besuchervisum für die USA zu beantragen, verbrannten alle bei lebendigem Leibe. Die CIA-Direktoren für das Gebiet des Nahen Ostens waren zum Zeitpunkt des Anschlags zu einer Besprechung in der Botschaft versammelt. Später fragten sich die Fachleute, ob es sich beim Thema der Sitzung nicht um die vom Iran unterstützten, schiitischen Hisbollah-Kämpfer drehte, die kurz zuvor in der Bekaa-Ebene angekommen waren und vorhatten, gegen den Westen einen 'islamischen Dschihad' auszurufen.[84]

*I*n jenen Jahren gab es eine Menge, was die amerikanische Regierung über den Nahen Osten, und besonders über den Libanon, nicht verstand. Mit Sicherheit verstand sie nicht, dass der Libanon aufgrund seiner eklatanten sozialen Unterschiede zum Brennpunkt wurde, wo die jahrhundertelange Unzufriedenheit der Araber gegenüber dem Westen Stimme und Stoßrichtung fand, wo die Ideologie des iranischen Ayatollahs Khomeini Fuß fasste und den Hass auf die USA bündelte.[85] Leider trug der amerikanische Einmarsch im Irak 2003 noch zur Verschlechterung des Klimas bei; trotzdem hielten die USA an ihrer alten Nahostpolitik fest, was die Gewalt und den Hass gegen alles Westliche nur noch mehr anschürte.

Der vorläufige Friedensvertrag, der am 17. Mai 1983 von Libanon und Israel unterzeichnet wurde, dient als perfektes Beispiel für die amerikanische Unbeholfenheit. Die Abmachungen, die von den Amerikanern ausgehandelt wurden, konzentrierten sich auf eine Reihe von Geheimklauseln zwischen Israel und dem Libanon. Sie bestimmten den stufenweisen Abzug der israelischen Truppen aus ganz Libanon unter

---

84 Vgl. Fisk, Pity the Nation (op.cit.), 478f.
85 Op. cit. 443, 469.

der Bedingung, dass gleichzeitig Syrien seine Truppen ebenfalls aus dem Libanon abzieht. Die libanesische Regierung, endlich befreit von ausländischer Einmischung, wäre dann in der Lage, mit Israel geregelte Beziehungen aufzunehmen, welche zu einem dauerhaften Frieden führen würden. Der Vertrag hatte allerdings einen fatalen Haken: Die Amerikaner versäumten es, den syrischen Präsidenten Assad rechtzeitig in Kenntnis zu setzen. Um die Regierung von Amine Gemayel für den Ausschluss der Syrer bei den Verhandlungen mit Israel zu bestrafen, veranlasste Assad die Bombardierung des christlichen Ostbeirut durch die Drusen aus den Chouf-Bergen.

Ich kam gerade vom Friseursalon, der ganz in der Nähe unserer Wohnung lag, als ich die Explosionen hörte. In den Morgennachrichten wurde berichtet, dass das französische Kontingent der multinationalen Friedenstruppen Restminen sprengen würde, die noch auf der Pferderennbahn lagen, und zwar den ganzen Tag. Da die Pferderennbahn nur zwei Straßen von uns entfernt lag, nahm ich an, dass dies die Explosionen waren, die ich gehört hatte. Auf dem Heimweg ging ich noch beim Gemüsehändler vorbei, um fürs Mittagessen Salat zu holen. Sein seltsamer Blick fiel mir kaum auf. Beim Bäcker Azam war ich überrascht, kein Weißbrot mehr vorzufinden.

"Haben Sie heute nicht gebacken?" fragte ich.

"Doch, Madame, aber Sie wissen ja, wie die Leute panisch werden, wenn Bomben fallen. Sie kaufen alles auf."

"Das sind keine Bomben," warf ich lachend ein und drehte mich zum Gehen um. "Die Explosionen kommen von den Minen. Haben Sie nicht die Nachrichten heute morgen gehört?"

Ich war mir meiner Sache so sicher, dass ich beim Anblick von Michels geparktem Wagen vor unserem Gebäude nichts weiter dachte, als dass er früher zurückgekehrt sei, um in seiner Praxis Sprechstunde zu halten. Beim Öffnen der Wohnungstüre fand ich es seltsam, dass weder Foxy noch Leila zu sehen waren. Ich hatte gerade meine ergebnislose Suche nach ihnen in der ganzen Wohnung beendet, als Michel hereingestürmt kam.

"Cathy, was machst du hier oben?"

"Was soll die Aufregung?" wollte ich wissen. "Wo sind Leila und Foxy? Ist ihnen etwas zugestoßen?"

"Bist du ganz verrückt geworden? Hörst du nicht die Bomben?"

"Bomben...? Ich dachte, es wären..." Bevor ich weiterreden konnte, erinnerte ich mich an Naim und Nayla.

"Ich muss unbedingt nach Jamhour!" Wie ich mich umwandte, um meine Handtasche zu holen, stieß ich beinahe Michel um, der mich an den Schultern packte.

"Beruhige dich. Andrée ist schon gegangen, um sie von der Schule zu holen."

Ich fiel auf den nächsten Küchenstuhl und fing an zu weinen. "Wie kann ich mich beruhigen, wenn meine Kinder den Heckenschützen und Bomben ausgeliefert sind? Ich sollte es sein, der sie nach Hause bringt. Dann brauchte ich jetzt nicht hier zu sitzen und mir Sorgen zu machen."

"Komm, meine Dame mit den stählernen Nerven," sagte Michel, "gehen wir runter in die Praxis."

Meine Knie taten mir so weh, dass ich kaum die Treppe runterlaufen konnte. Leila, die mit Foxy schon unten war, ging noch einmal in die Wohnung hinauf, um etwas zu essen zu holen. Ich schluckte indessen meine Schmerztabletten, machte es mir auf dem Ledersofa so bequem wie möglich und wartete. Nach einer halben Stunde schreckte Foxy plötzlich auf und schnüffelte an der Eingangstür. Als sie mit dem Schwanz zu wedeln begann, wusste ich, dass die Kinder sicher zurück waren. Meine Schmerzen vergessend sprang ich auf, um die Tür zu öffnen und meine Kinder in Empfang zu nehmen. Nayla löste sich schnell aus meiner Umarmung und warf sich aufs Sofa. Naim, dem es selten die Sprache verschlug, schüttelte auf meine Frage, wie schlimm es sei, lediglich den Kopf.

Der Bombenangriff der Drusen auf Ostbeirut hätte zu keinem ungelegeneren Zeitpunkt kommen können. Schon am nächsten Morgen war Michels Abreise in die USA vorgesehen.

Erst nach sechs Wochen, gefüllt mit medizinischen Besprechungen, einem Auffrischungslehrgang an der University of Wisconsin und einem Besuch bei seinem Bruder Jacques in Boston, wollte er wieder zurück sein. Ich war überzeugt, er würde die Reise jetzt, wo Bomben fallen, absagen. Der Nachmittag verging, das Bombardement wollte nicht aufhören, doch Michel sagte nichts. Endlich konnte ich sein Schweigen nicht länger ertragen. "Nun, ich nehme an, du wirst deine Reise absagen, nicht?"

"Nein," erwiderte er, "ich geh immer noch."

Er hatte alles vorausgeplant. Seine Schwester Andrée und ihr Mann Ernst waren in Paris; deshalb hatte Michel entschieden, uns in ihrer Wohnung in Achrafieh unterzubringen.

"Morgen früh werde ich von dort aus ein Taxi zum Flughafen nehmen."

Mein Mund öffnete sich, um zu fragen: "Wie kannst du das nur tun?" aber als er mich ansah, war etwas in seinem Gesichtsausdruck, das mich an den zitternden Storch von Qurnat Schahwan erinnerte, den die Kinder vergeblich versucht hatten gesund zu pflegen.

"Ich denke, das ist ein guter Plan," sagte ich stattdessen, während ich mich fragte, wie ich sechs Wochen lang meine Angstvorstellungen in Schach halten würde.

Ich musste Michel versprechen, dass wir Andrées Wohnung erst wieder verlassen würden, wenn das Bombardement zu Ende wäre. Dies fiel mir nicht schwer, wenn ich bedachte, wie heftig die Gefechte in unserem Viertel waren.

Nach fünf Tagen in der Wohnung meiner Schwägerin, wo wir von der Wirtschafterin Hasna versorgt wurden, kehrten die Kinder und ich nach Badaro zurück. Ich glaubte, dass wir diese letzten Kriegstage ziemlich erfolgreich überstanden hatten. Umso überraschter war ich, als Nayla sich weigerte, am Tage der wieder geöffneten Schule das Bett zu verlassen.

"Ich kann nicht in die Schule gehen, Mommy," klagte sie. "Bitte zwinge mich nicht."

"In Ordnung, Darling, du darfst heute zu Hause bleiben."

"Nein, Mommy, du verstehst mich nicht," und sie begann zu weinen. "Ich kann überhaupt nicht mehr in die Schule. Nie wieder."

Nachdem sie wieder eingeschlafen war, rief ich Michel bei seinem Bruder in Boston an.

"Das ist nur eine ihrer Launen, nimm's nicht zu ernst," meinte er.

Seine Worte erinnerten mich an den Vorfall mit der Pistole, und wie ich damals mit seiner Auslegung von Naylas Verhalten einverstanden war. Dieses Mal glaubte ich meinem eigenen Instinkt folgen zu müssen. Ich hängte auf und rief gleich Elie Karam an, einen Freund und Kollegen Michels. Er war Psychiater und versprach, später am Nachmittag vorbeizukommen und Nayla zu sehen.

Er redete eine Zeit lang mit Nayla in ihrem Zimmer, dann kam er zurück ins Wohnzimmer und setzte sich zu mir. Er merkte schnell, wie besorgt ich war, und sah ein, dass er mich in diesem Zustand von einer nüchternen klinischen Diagnose verschonen musste. Stattdessen beschrieb er Naylas Depression als eine Form von Selbsterhaltung.

"Sie hat sich aus ihrer realen Wahrnehmung ausgeklinkt, um sich nicht länger mit dieser brutalen Wirklichkeit, die sie umgibt, auseinandersetzen zu müssen."

In solch einem düsteren Augenblick, wenn die ganze Welt um dich herum unterzugehen droht, überkommt dich die Furcht, dass deine Tochter sich nie mehr erholen wird, und wenn dein Mann, dessen Unterstützung du brauchst, fünftausend Kilometer weg ist, ist es dir ganz recht, solch eine simplistische Diagnose vorgesetzt zu bekommen. Elie hielt es fürs Beste, Nayla ein Antidepressivum zu verschreiben.

Ich hätte es beinahe vorgezogen, dass Michel in den USA geblieben wäre, denn bei seiner Rückkunft war er genauso deprimiert wie Nayla.

"Wie kannst du in solch einem Zustand zu mir zurückkommen?" forderte ich ihn heraus.

"Ich kann nicht anders," sagte er, "während der ganzen Zeit, die ich in USA war, hörte ich nichts als Hiobsbotschaften aus dem Libanon."

Die meisten Informationen, die Michel erhielt, stammten von unserem Freund Mike C., den wir schon immer verdächtigten, ein CIA-Agent zu sein. Wenn man den zweifelhaften Erfolg der amerikanischen Unternehmungen im Nahen Osten, insbesondere in Beirut, in Betracht zieht, so musste ich mich laut fragen, warum Michel diesem Mann, der eine Behörde vertritt, die unfähig ist, ihre eigenen Leute vor einem Bombenangriff in der US-Botschaft zu bewahren, Glauben schenkt.

Ich fixierte Michel mit den Augen. "Gibt es irgendetwas, was du mir verschweigst?"

"Was denn?"

"Hast du den Libanon innerlich abgeschrieben? Hast du schon entschieden, mit uns zurück in die Staaten zu gehen und es mir nur noch nicht gesagt?"

"Nein, gewiss nicht."

"Warum lässt du dir dann all diese Hiobsbotschaften über den Libanon aufschwätzen? Seit Jahren ruft uns dein Bruder an und bedrängt uns zu gehen. Und jedes Mal haben wir ihn ausgelacht und gesagt: 'Was weiß der schon?' Nein, ich gehe nirgendwo hin und du auch nicht. Ist denn dauernd Krieg? Nein. Haben wir nicht auch ruhige Zeiten?"

Er nickte.

"Dann tu mir einen großen Gefallen, Michel. Komm mir nicht wieder mit diesem Untergangsgewäsch."

Ich ging rüber zum Telefon.

"Ich rufe jetzt Elie Hayek an und lade ihn und Eva heute abend auf einen Drink ein. Er hat seinen Finger am Puls der Stadt. Er wird dir sagen, dass alles gut wird."

*M*anchmal muss bei depressiven Patienten ein Medikament nach dem anderen ausprobiert werden, bis eins gefunden ist, das am besten anspricht. Als das erste Präparat bei Nayla keine nennenswerte Besserung brachte, verschrieb ihr Elie ein anderes. Nachdem endlich das richtige Mittel bei einem Patienten anschlägt, kann es bis zu zwei Wochen dauern, bevor eine Veränderung erkennbar wird, eine ewig lange Zeit, wenn man verzweifelt auf die geringsten Zeichen einer Besserung wartet. Nayla aß tagelang nichts, schlief viel und war auch im Wachzustand abwesend. Ich wollte sie fragen, was sie in dieser anderen Welt gesehen hat, aber ich hatte Angst vor ihrer Antwort. 'Nichts,' würde sie sagen, und das hätte mir noch mehr Schrecken eingejagt. Auch wollte sie ihre Freundinnen nicht sehen. Erst hatten sie noch angerufen, um sie zum Strand einzuladen, aber das hörte bald auf. Dann – ich weiß nicht warum, es war wohl reiner Zufall – hatten wir Glück. Ihre beiden besten Freundinnen Sylvia und Susie standen plötzlich unangemeldet vor unserer Haustür.
"Hast du sie eingeladen, Mommy?"

"Nein, Darling. Ich hatte keine Ahnung, dass sie kommen würden."

Sie brach in fröhliches Lachen aus; innerlich jubelte ich vor Erleichterung. Doch gerade so abrupt, wie sie aus dem Dunkel ans Tageslicht getreten war, so schnell zog sie sich wieder in ihr nächtliches Inneres zurück. Manchmal packte mich kaltes Grausen, wenn sie auf dem Balkon stand und in die Ferne blickte. Schon glaubte ich sie aufs Geländer klettern zu sehen, schon ließ sie sich fallen, schon lag sie unten ausgestreckt auf dem Pflaster, ausgelöscht, als wäre sie nie dagewesen.

Jedesmal wenn wir zu Elie in die Sprechstunde gingen, um Naylas Zustand überprüfen zu lassen, drückte ich mich in die Ecke eines braunen Ledersofas und beobachtete sie. Von Zeit zu Zeit antwortete sie auf Elies vorsichtige Fragen in kaum hörbarem Flüsterton. Dann starrte sie wieder an ihm vorbei, als wäre er gar nicht da

An einem dieser Besuche überkam mich tiefste Traurigkeit. Erst dachte ich, es läge an meiner Angst, dass Nayla sich nie wieder von ihrer Depression erholen würde. Dann aber merkte ich, dass es meine eigene Depression war, die durchbrach. Ich beneidete sogar meine Tochter, die sich in den Frieden ihrer inneren Welt zurückziehen konnte, wo sie sich nur um sich selbst, nicht um andere zu sorgen hatte. Ich dagegen sollte für alle der unerschütterliche Felsen der Anlehnung sein, 'die Frau mit den stählernen Nerven', ohne die Möglichkeit zu entfliehen. Ich begann zu weinen.

Elie kam herüber und setzte sich zu mir. Er dachte, ich weinte wegen Nayla und tröstete mich, dass sie sicher bald wieder gesund würde. Ich nickte nur, während er versuchte, auf mich einzureden, aber ich konnte mich nicht dazu bringen, so ehrlich zu sein wie meine Tochter.

Ungefähr dreißig Prozent aller libanesischen Kinder im Alter Naylas durchliefen im Laufe des Krieges eine Phase der Depression. Auch ihr Vetter Philippe und Andrées Wirtschafterin Hasna mussten sich aus demselben Grund behandeln lassen. Wenn ich mit Nayla in die Sprechstunde ging, saßen fast immer auch Bekannte im Wartezimmer, entweder Patienten oder deren Begleitpersonen.

Nach drei weiteren Wochen mit einem neuen Präparat zeigte Nayla zu unserer großen Erleichterung erste konkrete Zeichen der Besserung. Michel und ich entschieden, dass dies ein guter Zeitpunkt für einen Tapetenwechsel wäre. Es waren schon vier Jahre her, seitdem die Kinder und ich das letzte Mal den Libanon verlassen hatten. So beschloss ich, auf zwei Monate mit den Kindern in die Vereinigten Staaten zu reisen, um Familie und Freunde zu besuchen. Auch Elie konnte sich keine bessere Medizin für Nayla vorstellen. So setzten wir unsere Abreise auf Ende Juni fest, sobald Naim mit der Schule fertig war.

$\mathcal{D}$ie amerikanischen Marines kehrten im Sommer 1983 nicht wie ursprünglich geplant in die USA zurück. Einige von ihnen blieben für immer. Am Sonntag, dem 23. Oktober – sechs Monate nach dem Anschlag auf die amerikanische Botschaft – fuhr ein Selbstmordattentäter mit zwei Tonnen Sprengstoff an den Wachtposten vorbei in das Hauptquartier der Marines nicht weit vom Beiruter Flughafen. Die Explosion machte das vierstöckige Gebäude des Battalion Landing Teams dem Erdboden gleich. Zweihunderteinundvierzig Marinesoldaten kamen ums Leben. Zur annähernd gleichen Zeit schaffte es ein zweiter Selbstmordattentäter, in den Sitz der französischen UN-Friedenstruppen einzudringen, wobei achtundfünfzig Fallschirmjäger getötet wurden. Der junge Amerikaner, der vor dem Marinequartier Wache stand, konnte nicht auf den Attentäter schießen, weil die Waffe nach den Vorschriften nicht geladen sein durfte.

Schließlich war es ja eine 'Friedensmission'.

11
Chaos

*M*eine Kinder, nun fünfzehn und sechzehn Jahre alt, und ich flogen in der ersten Juliwoche 1983 nach Amerika. Ich konnte es kaum glauben, nach vier Jahren tatsächlich wieder Ferien zu machen. Obwohl mir bei dem Gedanken, Michel so lange allein zu lassen, gemischte Gefühle aufkamen, schien er selbst über unsere Abreise froh zu sein und hatte nichts dagegen, mit Foxy zu seiner Mutter zu ziehen. Trotz meiner sorgfältigen Planung entpuppte sich aber unsere Abreise als ein nervenaufreibendes, riskantes Abenteuer.

Unser Flug mit den libanesischen Middle East Airlines nach New York führte über Paris. Der Abflug von Beirut war für 11.40 Uhr vorgesehen. George, mein bevorzugter Taxifahrer, sollte uns zum Flughafen bringen. Ich wollte nicht, dass Michel uns fährt, denn die Syrer, die immer noch Westbeirut besetzt hielten, hatten auf dem Flughafenzubringer Kontrollpunkte eingerichtet.

Unsere Koffer waren gepackt, mit einem Fuß waren wir schon aus der Tür, als das Telefon klingelte. Es war Akram Itani, unser Reisebüroagent, der uns in großer Panik anrief.

"Michel muss Sie zum Flughafen begleiten," sagte er. "Es geht nicht anders. Die Syrer lassen keine Frauen und Kinder durch, außer der Ehemann ist zugegen, um in ihrer Gegenwart die Einverständniserklärung zu unterschreiben."

Als ich dies Michel erzählte, den ich vom Krankenhaus zurückgerufen hatte, erbleichte er und ließ sich in den Stuhl fallen.

"Ich habe ein mulmiges Gefühl bei dieser Sache, Cathy, ich weiß nicht genau warum. Das hätte gerade noch gefehlt. Was, wenn mein Name immer noch auf einer ihrer Listen steht?"

George, der gerade an der Türe klingelte, um unser Gepäck runterzutragen, versuchte aber, uns zu beruhigen.

"Keine Angst, Madame Sultan. Es besteht keine Gefahr für Ihren Mann. Zu dieser Tageszeit herrscht so viel Verkehr, da haben die keine Zeit, um Sie zu stoppen."

Doch George irrte sich. Trotz des Verkehrsgewühls wurden alle Autos an den Kontrollpunkten zur Ausweiskontrolle angehalten. Als die Reihe an uns kam, prüfte der Soldat flüchtig meinen und die Personalausweise der Kinder, bevor er sie uns wieder aushändigte. Doch als er bei Michel feststellte, dass er in Syrien geboren war, nahm er den Ausweis an sich und ging zu seinem Vorgesetzten im Wachhäuschen auf der anderen Straßenseite. Michel warf den Kopf zurück und schloss die Augen, während ich durch die Tür des Wachhäuschens sehen konnte, wie die beiden Soldaten offenbar auf einer Liste nach seinem Namen suchten. Nach ein paar Minuten – mir erschienen sie wie eine Ewigkeit – drehte sich der jüngere Soldat um und überquerte die Straße zurück in Richtung unseres Wagens. Inzwischen hatte sich der Vorgesetzte von seinem Stuhl erhoben und trat vor die Tür. Wegen seiner dunklen Sonnenbrille konnte ich seine Augen nicht sehen, aber ich hätte schwören können, er hatte unser Auto im Visier. Er wartete. Im selben Moment kniff mich etwas in den linken Arm. Ich zuckte zusammen. Es war Nayla, die auf der Rückbank zwischen Michel und mir saß und angestrengt nach draußen sah. Sie sagte kein Wort, aber ihre kneifende Hand stellte die Frage: "Und?"

Ich schüttelte den Kopf, um anzudeuten, dass ich noch nichts wüsste. Als ich wieder aus dem Seitenfenster blickte, traf mein Blick im vorderen Rückspiegel Naims Augen; er schien mit den Wimpern vorsichtig zu nicken. Der Soldat kam auf Michels Seite.

Schon glaubte ich ihn brüllen zu hören: 'Sie sind verhaftet.' Aber noch hielt ich den Atem an. Dann, wortlos – nicht einmal ein 'Ta Faddel' (bitteschön) kam über seine Lippen – gab er Michel seinen Ausweis zurück und bedeutete uns durch ein fast unmerkliches Kopfnicken weiterzufahren. Niemand sagte etwas, doch wie im Chor atmeten wir alle gleichzeitig auf.

Auf ihrem Rückweg, nachdem George uns am Flughafen abgesetzt und Michel uns noch ins Flughafengebäude begleitet hatte, mussten die Männer wieder durch die syrischen Kontrollen. Beim Ausladen des Gepäcks hatten wir besprochen, wie Michel am besten zum Krankenhaus zurückkäme. George sollte ihn hinfahren und dann Wadia telefonisch Bescheid geben, dass er wieder im Krankenhaus sei. Ich würde meinerseits das Krankenhaus anrufen, um mich auch zu vergewissern. Da die Telefonzentrale des Krankenhauses besetzt war, plante ich stattdessen Wadia direkt anzurufen, sobald wir die Sicherheitskontrolle im Flughafen hinter uns hätten.

Bevor wir an Bord des Flugzeuges gingen, versuchte ich wiederholt Wadia anzurufen, aber ihre Leitung blieb besetzt. Noch ein letztes Mal wählte ich die Nummer, gerade als wir unsere Bordkarte zeigen mussten, aber wieder vergebens. Trotzdem sprach ich ins Telefon, als sei Wadia am anderen Ende, um Naim und Nayla, die mein Sprechen gespannt verfolgten, vorzuspiegeln, dass ihr Vater wieder im Krankenhaus wäre. Sie waren sichtbar erleichtert. In mir blieb die Ungewissheit, und beim Betreten des Flugzeuges musste ich die Tränen zurückhalten.

"Was ist los Mommy?" fragte Nayla.

"Ach, Darling, mir tut der Kopf weh von der ganzen Aufregung," lenkte ich ab. "Holt eure Walkmans und Bücher raus und macht es euch bequem. Ich werde versuchen, mir die Spannung etwas abzuschlafen. Wenn wir in Paris landen, werde ich mich sicher viel besser fühlen." Ich nahm zwei Aspirintabletten und betete, dass Michel in Sicherheit sei.

Am Pariser Flughafen Orly erklärte mir eine Angestellte der Middle East Airlines, wie ich mir eine Telefonkarte kaufen könne.

Den Kindern erklärte ich, ich wolle Poppy nur bestätigen, dass wir in Paris sind. Dann wählte ich Wadias Nummer. Ich hatte solche Angst zu erfahren, dass Michel nie zurückgekehrt wäre, dass meine Hände zitterten. Es klingelte das erste Mal bei Wadia, das zweite Mal… Auf meiner Stirn bildeten sich Schweißtropfen, das Blut pochte mir in den Ohren. Hebt denn niemand ab? Endlich, nach dem dritten Klingeln, hörte ich Michels Stimme. Mir fiel ein Stein vom Herzen.

"Alles in Ordnung hier," sagte er, "aber um Haaresbreite. Ich wurde wieder angehalten und war überzeugt, dass sie mich abtransportieren würden. Doch ich bin wieder zu Hause. Ich werde nie wieder nach Westbeirut rüber gehen."

"Oh Michel," hörte ich meine weinerliche Stimme, bis ich mich erinnerte, dass meine Kinder neben mir standen, "bitte pass auf dich auf. Wir schicken dir einen großen Kuss und melden uns von New York wieder."

Ich beendete das Gespräch und gratulierte mir im Geiste, die Kinder vor der Wahrheit verschont zu haben. Naim aber warf mir einen bohrenden Blick zu.

"Du hast uns angelogen."

"Stimmt, Darling, aber ich tat es nur, damit ihr euch keine Sorgen macht."

Ich schielte zu Nayla hinüber. Sie stand stocksteif da und starrte ihren Bruder an. Das einzige, was sich an ihr bewegte, waren die Finger, die an ihrem Rocksaum zupften.

"Ok, Mommy, lass mich mal raten, was passiert ist," sagte Naim. "Die Syrer haben Poppy auf dem Heimweg angehalten, stimmt's?"

Ich nickte nur.

"Wo hätten sie ihn hingebracht?" fragte Nayla.

"Was denkst du wohl," gab Naim ungeduldig zurück. "Nach Palmyra natürlich, hast du's vergessen? Mit dem unterirdischen Gefängnis mitten in der Wüste, da wo niemand mehr lebend rauskommt."

Während Naim redete, beobachtete ich meinen angeschlagenen Storch, wie die Farbe aus ihrem Gesicht wich, als ob sie auf etwas anderes reagierte, das sie verfolgte, etwas Unerwartetes. Ich spulte mein Gedächtnis zurück bis zu dem Tag, als ich die Kinder in meinem VW-Käfer aus der Schule rettete, während hinter uns die Bomben fielen, und wie wir auf dem Weg vom Auto zu unserem Hauseingang den Heckenschützen ausweichen mussten. Wie diese Gedanken in meinem Kopf herumschwirrten, begann ich zu verstehen, dass es nicht nur ihr eigenes Leben war, worum Nayla sich Sorgen machte, sondern auch das ihrer Familie, in diesem Fall ihres Vaters. Alle diese Gefahren, denen wir nur knapp entronnen waren, kamen plötzlich auf mich heruntergekracht wie ein einstürzendes Dach.

Auf einmal wollte ich nur noch weglaufen. Ich war einfach zu erschöpft, um mit diesen Wahnsinn noch weiterzumachen. Ich brauchte jemanden, der sich um mich kümmert, der mir die Last abnimmt. Ich war nicht mehr fähig zusammenhängend zu denken. Wie wäre dies auch möglich gewesen? Das was wir taten oder so wie wir lebten, war alles andere als normal, es war verrückt. Ich wusste nicht einmal mehr, wie ich es bis jetzt geschafft hatte, Tag für Tag zu überleben. Wenn ich überhaupt irgendetwas richtig gemacht hatte, so war es entweder Glück oder blinde Gewohnheit.

Und nur aus Glück oder Gewohnheit schaffte ich es, mit den Kindern wieder ins Flugzeug zu steigen.

Das Gewühl, das uns im Kennedy-Flughafen erwartete, traf mich völlig unvorbereitet. Wir hatten gerade die Zollkontrolle hinter uns gebracht, als wir uns nur wenige Meter gegenüber einem Drahtflechtzaun befanden, der bis an die Decke reichte. Auf der anderen Seite drängten sich die Menschen an die Absperrung wie Gefangene, die um ihre Freiheit bettelten. Ein paar Männer kletterten sogar am Zaun hoch und winkten wild, um irgendwelche Ankommenden auf sich aufmerksam zu machen. Dies war nicht das Amerika, das ich nach vierjähriger Abwesenheit in Erinnerung hatte. Auch etwas anderes fand ich im wörtlichen Sinne befremdend: Ich war in meinem Geburtsland, und dennoch hörte ich mehr andere Sprachen als Englisch.

Meine Nervosität steigerte sich noch, als ich draußen unter den Wartenden Sheila, meine Schwester, nicht entdecken konnte. Dabei hatte ich nicht gemerkt, dass unsere Maschine vierzig Minuten früher als geplant gelandet war. Erst als Naim seine Uhr nach der neuen Ortszeit stellte, wurde es uns bewusst. Wir warteten in einer klimatisierten Halle, von der aus man die Straße draußen überblicken konnte. Als Sheila eine halbe Stunde später immer noch nicht da war, fiel mir ein, dass ich sie anrufen könnte. Ich durchsuchte meine Handtasche nach ihrer Nummer, aber dummerweise hatte ich vergessen sie aufzuschreiben. Natürlich hätte ich wissen müssen, dass sie früher oder später kommt, aber mein Herz fing an zu rasen, und gerade als ich in Tränen ausbrechen wollte, rief Naim: "Guck, Mommy, da ist sie, Sheila." Und er rannte ihr entgegen, um sie als erster zu begrüßen.

Die hochnäsige Heimgekehrte jedoch – jene junge Frau, die zu einer eleganten, modebewussten Beiruti gereift war – sah in ihrer Schwester immer noch das Hippiemädchen aus den Sechzigerjahren. Was für ein Banause ich war, wenn man bedenkt, wie freundlich und großzügig Sheila und ihr Mann Luis uns in ihr Haus eingeladen hatten, ich mich aber innerlich über ihren langen, weiten Rock, ihre kurzärmlige Bluse und ihre Birkenstock-Sandalen lustig machte.

Nach einer Woche in New York, angefüllt mit Museumsbesuchen, Theatervorstellungen und Einkaufen, wurden die Kinder, ich, Sheila und Luis von meinen Eltern in ein Strandhaus in Virginia Beach zu einem wochenlangen Familientreffen eingeladen. Meine zwei anderen Schwestern und mein Bruder – alle mit ihren eigenen Familien – kamen auch. Vater hatte das Haus für diesen Zweck angemietet. Wir alle teilten uns die Miete und die Einkäufe.

Vier Jahre früher hatten mich meine Eltern tief enttäuscht. Sie hatten uns am Flughafen abgeholt, fuhren uns zu ihrer Dreizimmerwohnung in Arlington[86] und gingen sofort wieder weg, um einer Dinner-Einladung bei Freunden nachzukommen. Meine Beiruter Familie hätte sich dies nie erlaubt.

"Das macht dir wohl nichts aus, Cathy," sagte mein Vater. "Wir dachten, dass du von der langen Reise müde sein wirst."

Natürlich wollte ich statt zu schlafen erst einmal mit meinen Eltern zusammen sein. Schließlich war ich um die halbe Welt gereist, um sie zu sehen.

Als meine Eltern uns im Libanon besuchten, fuhren wir, wie schon erwähnt, mit meinem Vater nach Palmyra in Syrien, um ihm die römischen Ruinen zu zeigen. Damals weigerte er sich, mit uns frühmorgens in die Wüste zu wandern, um den spektakulären Sonnenaufgang mitzuerleben, was der Hauptanlass unserer sechsstündigen Fahrt von Damaskus war. Er hatte seine Mütze vergessen und befürchtete, der Wind möge ihm die Haare zerzausen. Und nun – welche Ironie – hatte er sich entschieden, an den Strand von Virginia zu fahren, wo dauernd eine steife Brise bläst.

Diesmal war es wieder genau das Gleiche.

Meine Mutter hatte so wie jeden Morgen in der Küche das Radio an, um die Nachrichten und den Wetterbericht nicht zu verpassen. Als ich vom Esszimmer, wo wir gerade frühstückten, plötzlich das Wort 'Beirut' hörte, eilte ich in die Küche und stellte das Radio lauter. Doch mein Vater, der unmittelbar hinter mir war, reichte mit dem Arm an mir vorbei und stellte den Apparat mitten während der Nachricht über Beirut aus.

"Kommt nicht in Frage, Cathy," sagte er. "Ich will nicht, dass du Beirut mit in unsere Ferien nimmst."

Naim verbrachte die Woche in Virginia Beach fast ausschließlich im Meer, wo er mit seinen Vettern

---

86 Vorort von Washington D.C. (Übers.)

und Onkeln um die Wette schwamm und sich von den Wellen tragen ließ. Dick, der Mann von Donna – ihr zweiter, der sich besonders gut mit Naim verstand – mietete zu zwei Gelegenheiten ein Motorboot und nahm Naim sowie meinen Bruder Joe zum Hochseefischen mit.

An einem anderen Tag hatte Dick eine Kanufahrt auf einem nahegelegenen Fluss organisiert. Nayla und mir wurde eines der drei Kanus zugeteilt, was ein Fehler war. Weder sie noch ich hatte die geringste Ahnung, wie man ein Kanu paddelt. Sie saß mit dem einen Paddel vorne, während ich – mit meiner Dior-Sonnenbrille, die mir meine Kinder zum Geburtstag geschenkt hatten – im Heck saß und mit dem anderen Paddel verzweifelt versuchte, das Gefährt auf Kurs zu halten. Vor uns fuhr Naim mit Dick; Donna und unsere andere Schwester Barb folgten uns. Als wir durch ein paar an sich harmlose Stromschnellen schlingerten, kenterte unser Boot. Nayla und ich, die wir keine Schwimmwesten trugen, befanden uns plötzlich völlig unter Wasser. Da der Flussboden unter uns aus reinem Schwemmsand bestand, der nun aufgewirbelt wurde, verloren wir jede Orientierung. Prustend schaffte ich es an die Oberfläche, aber ärgerte mich, weil ich meine Sonnenbrille verloren hatte. Dann aber musste ich lachen – unsere Unbeholfenheit war eigentlich doch ungemein spaßig, dachte ich, obwohl mir noch das Herz klopfte. Indes wurde unser Kanu durch die Stromschnellen, sich kreiselnd, weiter flussabwärts getrieben. Unter Scherzen und Gelächter versuchten Naim and Dick es wieder einzufangen. Jetzt drehte ich mich nach Nayla um, doch wo war sie? Einen Augenblick lang packte mich panische Angst, dann schoss sie auf einmal nicht weit von mir aus dem Wasser wie eine Rakete. Sie schrie, ihre Augen waren riesig erweitert, die Pupillen schwarz. Ich arbeitete mich so schnell ich konnte zu ihr durch und schloss sie in meine Arme.

"Alles in Ordnung, Darling, du bist in Sicherheit und wirst in Sicherheit bleiben."

Über Naylas Kopf hinweg sah ich Naim, wie er zu uns rüber watete. Er schlang die Arme um uns beide und hielt uns lange fest.

"Mommy sagt, dass ich in Sicherheit bin. Ist das wahr?" fragte Nayla ihren Bruder.

"Ja, das stimmt, Nayla," antwortete er und weinte.

*D*ie Kinder und ich kehrten nach New York zurück, weil wir noch mehr Broadway Shows sehen wollten. Auf Naylas Wunsch sahen wir das Musical Cats und im Lincoln Center ein Ballett. Für eine Matinee-Vorstellung von Amadeus konnten wir nur noch zwei Karten ergattern, die Nayla und ich in Anspruch nahmen. Ich hatte mich sehr auf dieses Musical gefreut, das mir schon meine Freunde in Beirut empfohlen hatten. Wir saßen auf dem Balkon in der ersten Reihe. Als die Lichter ausgingen und die Musik den Theaterraum füllte, wanderten meine Gedanken unversehens nach Beirut zurück, zu Bachir Gemayel und Tony Frangie. Mozart und Salieri waren vergessen. Ich gab Nayla vor, ich müsse auf die Toilette und verließ schluchzend meinen Platz. Die befremdeten Blicke der anderen Besucher folgten mir, während ich meinen Weg zum Ausgang bahnte. Wahrscheinlich hielten sie mich für verrückt. Draußen im Foyer versuchte ich mich wieder zu beruhigen, bevor ich ein paar Minuten später wieder meinen Platz einnahm. Aber noch einige Male mehr warf mich die Wucht des Dramas direkt wieder zurück nach Beirut, so dass ich mehrere Papiertaschentücher aufbrauchen musste.

Auf der Rückfahrt zu Sheilas Wohnung sah ich die Schattenseiten des Lebens an mir vorbeiziehen: Vor einer Eingangstür ein Mann mit einer Flasche in der Hand; auf dem Gehweg eine Prostituierte in rotem Satin, die auf unmöglich hohen, bleistiftdünnen Stöckelabsätzen auf und ab stolzierte; am Rande eines Parks ein Mann, der gerade einer alten Frau die Handtasche wegschnappte, ohne dass einer der Vorbeigehenden den Kopf gehoben hätte; an der Ecke vor Sheilas Wohnung ein Polizist, der seine Pistole an den Kopf eines Mannes hielt, während er mit der anderen Hand umständlich die Handschellen hervorholte. Was für eine Welt!

Unser Taxi fuhr am Hause meiner Schwester vor. Auf der Eingangstreppe stand ein Mann. Er starrte uns an. Auf einmal zündete es in meinem Kopf.

Die kurzen Ärmel seines weißen T-Shirts, die bis an die Schultern hochgerollt waren, legten seine massiven Armmuskeln frei. Er war es. Das war der Mann, der vor zwanzig Jahren in Washington versucht hatte, mich zu vergewaltigen. Er musste es sein! Ich verlor alle Selbstbeherrschung. Ich glitt im Sitz nach unten und umklammerte die Hand meiner Tochter.

"Mommy, was machst du denn da?" rief Nayla. "Du tust mir weh!"

"Nayla, je ne peux pas bouger," flüsterte ich. "C'est l'homme, c'est lui, c'est l'homme qui a essayé de me violer. Je sais que c'est lui."[87]

"Mommy, was redest du denn da?"

"En français," ermahnte ich sie auf den Taxifahrer zeigend.

"Gib mir dein Portemonnaie, lass mich zahlen."

Sie nahm unsere beiden Taschen an sich und half mir aus dem Taxi und ins Gebäude.

Später, nachdem Nayla mir ins Bett geholfen hatte, kam sie zurück und setzte sich zu mir. Ich erzählte ihr, was im Jahr 1965 im Providence-Krankenhaus in Washington geschehen war.

"Mommy, das kann unmöglich derselbe Mann gewesen sein. Dieser hier war völlig harmlos. Hast du nicht gesehen, wie er uns höflich den Weg frei machte, als wir hochkamen??

"Schon gut, Darling, aber..."

"Mommy, du darfst dich nicht so aufregen."

Während des Krieges war ich die starke, unermüdliche Hausfrau, die alles zusammen hielt. Und jetzt, wo der Druck weg war, sollte ich zusammenklappen wie ein Taschenmesser?

An unserem letzten Tag in New York saßen Nayla, Sheila und ich zu Mittag in einem Terrassenrestaurant im South Side Har-

---

[87] Nayla, ich kann mich nicht bewegen. [...] Das ist der Mann, er ist es, das ist der Mann, der versucht hat mich zu vergewaltigen. Ich weiß, dass er es ist.

bor-Viertel.[88] Nayla schien in guter Laune. Im Ann Taylor-Laden[89] hatte ihr ein grauer Zweiteiler so gefallen, dass ich ihn ihr gekauft habe. Nach dem Essen schlenderten wir die Wall Street entlang und kamen erst nach sechzehn Uhr zurück.

Nayla ging sofort in ihr Schlafzimmer, um ihr neues Kostüm wegzuräumen. Zehn Minuten später trat ich in ihr Zimmer und fand sie auf der Bettkante sitzend. Tränen strömten ihr übers Gesicht; in der Hand hielt sie ein Häufchen Pillen. Langsam ging ich zu ihr und setzte mich neben sie. Ich küsste sie auf den Kopf und drückte sie an die Brust. Ihr Weinen löste sich in hemmungsloses Schluchzen. Auf meine Frage, ob sie tatsächlich vorhatte, alle diese Pillen zu schlucken, wusste sie keine Antwort. Wie ich so neben Nayla auf der Bettkante saß, kam mir wieder einmal das Bild von unserem verwundeten Storch in den Kopf, der in Qurnat Schahwan auf seinem Strohbettchen lag.

Am Morgen des 1. September 1983 konnte ich mich nicht im Bett halten. Es war unser Rückreisetag, am Abend mit den Middle East Airlines von New York wieder über Paris nach Beirut, zurück nach Hause. Die Koffer waren gepackt. Ich war froh, dass meine Eltern in der Arbeit waren, so dass wir diesen Tag für uns alleine hatten, nachdem wir die ganze letzte Woche in meinem Elternhaus verbracht hatten. Die Enge ihrer Wohnung bei Washington störte mich nicht, auch nicht, dass ich mein Zimmer mit den Kindern teilen musste. Was mich störte, war mein Vater, der jedes Mal, wenn ich ins Zimmer trat, die Zeitung vor die Nase hielt, damit ich ihn nicht mit Nachrichten aus Beirut stören würde, und meine Mutter, die ihn in dieser Angewohnheit noch unterstützte, die sich weigerte, ihrem Mann klarzumachen, dass er sich wie ein Kind ben-

---

88 Hafenviertel gegenüber der Südspitze von Manhattan. (Übers.)

89 Bekannte Geschäftskette für Damenmoden. (Übers.)

ahm. Wie gezwungen und absurd dies alles war! Ich konnte es nicht erwarten, die Wohnung meiner Eltern endlich hinter mir zu lassen und wieder ins Chaos meines Beirut einzutauchen. Ich mochte dort sterben, aber bis dahin hatte ich mein Leben im Griff, ließ mich durch nichts aus der Bahn werfen, außer einem Besuch bei meinen Eltern.

Gegen Mittag klingelte plötzlich das Telefon. Es war Michel. An seiner Stimme merkte ich sofort, dass etwas nicht stimmte, dass vielleicht jemand gestorben war.

"Du kannst nicht nach Hause kommen, Cathy," sagte er, "Es ist wieder losgegangen."

"Was meinst du damit?" fragte ich. Meine Beine wurden weich, langsam ließ ich mich in den Sessel neben dem Telefon sinken. Ich wusste schon, was jetzt kommen würde.

"Der Krieg, er hat wieder angefangen."

"Wir haben uns doch gerade erst vor zwei Tagen gesprochen, Michel, und alles war in Ordnung. Was ist passiert?"

"Die Israelis haben sich über Nacht aus den Chouf-Bergen zurückgezogen und sofort ist die Gewalt wieder losgegangen.[90] Es ist nicht zu fassen, Cathy. So schlimm war es noch nie. Seit zwei Tagen fallen ununterbrochen die Bomben, und es will nicht aufhören."

"Ich werde die Fluglinie anrufen, um zu sehen, ob..."

"Hör mir zu, Cathy. Middle East Airlines hat alle Flüge gestrichen. Ihre Flugzeuge müssen am Boden bleiben. Hast du schon vergessen, wie es vor zwei Monaten war? Wenn Bomben fallen, startet und landet kein einziges Flugzeug hier."

Ich versuchte ruhig zu bleiben. "Ja, und was sollen wir jetzt tun?"

---

90 Obwohl nach Abzug der IDF (Israel Defense Forces) die Chouf-Berge Hauptaustragungsort der Feindseligkeiten zwischen verschiedenen muslimischen und christlichen Gruppierungen waren, breitete sich der Konflikt fast gleichzeitig auch nach Beirut aus, wo sich Christen und Muslims (diese von Syrien und der PLO unterstützt) die bis dahin schwersten Gefechte lieferten. Dies zog auch den Badaro-Distrikt in größte Mitleidenschaft. (Übers.)

"So wie es im Moment aussieht, müsst ihr erst einmal in den USA bleiben," sagte er. "Vielleicht solltest du die Kinder dort zur Schule gehen lassen. Ruf Jacques an und sieh, was er vorschlägt."

"Michel, alles dies geht mir über den Kopf. Ich kann überhaupt nicht mehr denken. Ich muss dich später zurückrufen."

Ich hatte keine Zeit, mich zu sammeln, keine Zeit, meinen Teenage-Kindern gegenüber die Erwachsene zu spielen; allein meine Stimme verriet ihnen, dass etwas fürchterlich schief gelaufen war. Durch ein großes Doppelfenster sah man Bäume, Gras und Farbtupfer: Rote Salvia, gelbe Rosen und lila Veronika. Ich wollte dort draußen sein, einen langen Spaziergang machen, vielleicht sogar ganz weit weglaufen, an irgendeinen Ort – nur nicht hier im Wohnzimmer sein und sagen, was ich sagen musste.

Naim und Nayla hatten verstanden, dass wir noch eine Weile länger in Amerika bleiben mussten, aber vom Rest wollten sie nichts wissen.

"Nein," rief Naim. "Ich weiß, was du sagen willst. Irgendwas mit hier in die Schule gehen, oder? Sag kein Wort mehr. Wir werden hier nicht zur Schule gehen."

"Es kann Wochen, sogar Monate dauern, bis wir..."

Aber Naim ließ mich nicht zu Wort kommen. "Na und?" schrie er, dass ihm die Stimme brach.

Dann, ganz plötzlich, so wie damals, als sie aus dem trüben Flusswasser geschossen kam, meldete sich Nayla: "O bitte, bitte, Mommy, schick uns hier nicht in die Schule!"

Der Terror in ihrer Stimme schnitt mir ins Herz wie ein Messer, und ich fing an zu heulen. Und der Junge, der so leichtfertig über die Bomben geredet hatte, die hinter unserem Auto Krater aufrissen, über Palmyra, über die Leichen auf der Straße, heulte auch.

Mir blieb keine Zeit, mich in Ruhe mit den Einzelheiten eines auf unbestimmte Zeit verlängerten Aufenthalts in den USA zu befassen. Aber einige Entscheidungen musste ich auf der Stelle treffen. Zwei Dinge waren mir klar: Bei meinen Eltern wohnen war ausgeschlossen, und das neue Schuljahr hatte schon begonnen. Am liebsten wäre ich zu meiner Großmutter geeilt, um ihren Rat einzuholen, aber sie war schwerkrank. Eine missglückte Augenoperation machte sie blind. Die Vorstellung, nicht mehr lesen, nichts mehr alleine machen zu können, war ihr unerträglich. Sie hatte den Lebenswillen verloren, stand nicht mehr auf und begann, sich körperlich und geistig dem Ende zuzuneigen.

Grandma Catherine war fünfundneunzig, als sie im September 1984 starb. Während ich mich eigentlich über ihr schönes, langes Leben hätte freuen sollen, befand ich mich nicht in der seelischen Verfassung dazu. Ich hatte ja niemand anders in meiner Familie, an die ich mich hätte wenden können. Noch nie in meinem Leben brauchte ich ihren Rat, ihre Unterstützung so sehr wie gerade jetzt. Zum Glück hatte ich das gleiche getan, was Michel kurz vor dem Tod seines Vaters tat: Von Beirut aus schrieb ich meiner Großmutter vor ihrem Tod einen Brief, in dem ich ihr sagte, wie wichtig sie mir wäre und wie dankbar ich sei, dass sie sich so für mich eingesetzt hatte. Die Gewissheit, dass sie noch diesen Brief lesen konnte, tröstete mich jetzt sehr.

*N*ach einer telefonischen Unterredung mit meinem Schwager Jacques beschlossen wir, zu ihm nach Boston zu fliegen. Jacques' guter Freund Joe Soussou – er hatte ja zu Beginn seines Studiums am MIT zusammen mit Jacques bei uns gewohnt – bestand jetzt darauf, dass wir bei ihm und seiner Familie blieben, bis wir wieder nach Beirut zurückkehren konnten. Jacques meldete die Kinder in Privatschulen an, Naim bei der jesuitischen High School des Boston College[91], Nayla bei der Newton Country Day School, die klein und wegen der persönlichen Zuwendung, besonders an die Schülerinnen, hoch angesehen war.

---

91 Die amerikanische High School steht ungefähr zwischen unserer Mittelschule und dem Gymansium. Sie führt von der 9. bis zur 12. Klasse. In diesem Fall ist die Schule an das Boston College, eine Universität, angegliedert. (Übers.)

Joe und seine liebenswürdige Frau Helen stellten ihr Dachgeschoss, bis dahin teils Speicher, teils Spielzimmer, Naim zur Verfügung. Nayla und ich bekamen ein geräumiges Schlafzimmer mit Doppelbett im Obergeschoss. Dieses Zimmer wurde Naylas Refugium, ihr Kokon, den sie fast nie verließ, weder zum Essen noch um mit den Gastgebern zu reden, die dies als Beleidigung empfinden mussten. Sie hielten Nayla für launisch, was mich an Michels Diagnose erinnerte, als sie sich mit seiner Pistole ins Badezimmer einschloss. Joe fasste sich schließlich ein Herz und fragte mich ganz unverblümt, warum Nayla so unhöflich sei, wo er und Helen doch alles täten, damit sie sich zu Hause fühle. Und auch mein Schwager beschwerte sich, dass sie missmutig und übelgewillt wäre. Beiden wollte einfach nicht einfallen, dass Nayla unter Depression litt. Dabei hatte Jacques' eigener Sohn immer noch Albträume vom Krieg im Libanon, als er 1978 von Jounieh mit dem Taxi zum Beiruter Flughafen fuhr. Und nun war der Vater nicht fähig zu akzeptieren, dass Nayla, die acht Jahre unter Bomben gelebt hatte, deprimiert war. Natürlich liegt es in der Natur der Menschen, die Wahrheit zu verfälschen und sie für ihre Zwecke zurechtzubiegen. Um die Tiefe der Niedergeschlagenheit zu verstehen, in die ein deprimierter Mensch fallen kann, muss man die Erfahrungen dieses Menschen miterlebt haben. Deshalb kann man den Soussous, die nie einen Krieg mitgemacht hatten, auch verzeihen, dass sie die Traumata nicht begriffen, die meine Kinder und ich mit uns herumtrugen, sowie auch die Sehnsucht nach den schönen Augenblicken eines Lebens, das wir hinter uns gelassen hatten.

Immer wieder hatte ich das Gefühl, als sprächen wir verschiedene, gegenseitig unverständliche Sprachen. Sie fanden es seltsam, dass ich jedes Mal staunte, wenn heißes Wasser aus dem Hahn sprudelte. Woher sollten sie auch wissen, dass wir acht Jahre lang ohne diesen Luxus auskommen mussten. Ich für meinen Teil fand es lächerlich, dass sie schimpften, wenn sie wegen Stromausfalls ihre Lieblingsfernsehsendung verpassen mussten. Wir hatten während des Krieges die meiste Zeit keinen Strom.

Die Soussous taten alles Erdenkliche, um unseren Aufenthalt bei ihnen so angenehm wie möglich zu machen. Helen lieh mir ihren Wagen, damit ich täglich Nayla zu und von der Schule fahren konnte. Wenn mein zarter kleiner Storch mir beim Aussteigen aus dem Auto einen Abschiedskuss auf die Wange gab, wussten wir beide, dass sie in der Schule kaum den Mund aufmachen würde. Mit ihrem nach innen gekehrten Wesen und all den Kriegseindrücken, die sich unauslöschlich in ihrem Kopf festgesetzt hatten, schaffte es meine Tochter einfach nicht, aus sich herauszugehen und neue Freundschaften zu schließen. Wenn sie am Nachmittag – ohne den ganzen Schultag lang mit den anderen Mädchen auch nur ein Wort gesprochen zu haben – mit dem selben traurigen Gesicht wie am Morgen wieder aus der Schule trat und wortlos ins Auto stieg, blutete mir das Herz.

Helen war gerade dabei, ihre Magisterarbeit zu beginnen, als wir bei den Soussous einzogen. Sie erinnerte sich an meine Unternehmungslust und sah nun mit an, wie ich mich in einem Dauerzustand der Krise ohne irgendwelche Pläne durch den Tag quälte. So kam ihr die blendende Idee, mich fürs Einkaufen und Kochen einzusetzen. Jetzt hatte ich etwas im Tagesablauf, worauf ich mich stützen konnte. Sie nahm mich auch in ihren Fitnesskurs mit, der in einem kleinen Studio in Cambridge[92] abgehalten wurde. Helen erzählte der Kursleiterin Dorothy, dass ich unter extremen Angstzuständen litt. So lehrte mich Dorothy, wie ich durch gezielte Körperbewegungen meine Spannungen abbauen könnte. Abgesehen von den Knien plagten mich auch starke Ischiasschmerzen, die den Rücken hinab bis in die Beine schossen.

"Ein Zeichen äußerster Verspannung," klärte mich Dorothy auf.

---

92 Dieses Cambridge ist ein Stadtteil von Boston, wo sich die Harvard-Universität befindet. (Übers.)

Mit Dorothys Hilfe lernte ich, auf meinen Körper zu horchen. Wenn ich auch keine sofortige Besserung erzielte, so begann hier mein lebenslanger Lernprozess der Stressreduzierung. Natürlich konnte ich nicht erwarten, dass die Strapazen, die sich in acht Jahren Schicht auf Schicht angehäuft hatten, in ein paar Wochen oder Monaten verschwinden würden.

Naim ging anders vor. Anstatt sich durch die erlebten Schrecken des Krieges verzehren zu lassen, lenkte er seine aufgestaute Wut in Schularbeit um, je schwieriger umso besser. Nur in einer Sache gab er nach, nämlich nicht mit der zwölften, sondern der elften Klasse der Boston College High School anzufangen, denn nach Auffassung der Lehrer gäbe ihm das zusätzliche Jahr Zeit, sich an das amerikanische Schulsystem zu gewöhnen, sich auf das SAT[93] vorzubereiten und bei einer guten Universität angenommen zu werden. Wenn Naims Schulberater ihm empfahl, in seinem ersten Jahr leichtere Fächer zu belegen, so wählte Naim dafür umso mehr Kurse, bis sein Stundenplan zum Bersten gefüllt war.[94] Sein Schulweg mit Bus und U-Bahn nach Dorchester[95] kostete ihn täglich drei Stunden. Obwohl Naim sich so weit wie möglich von anderen Menschen abseits hielt, erlaubte er es mir, ihm das Frühstück zuzubereiten und ihn mit einem Kuss auf den Weg zu schicken. Er verließ das Haus durch die Hintertüre neben der Küche. Ich stellte mich dann in die offene Türe und blickte ihm nach, wie er durch den Garten die Abkürzung zur Bushaltestelle in der Garfield-Straße nahm. Der traurige Anblick ist mir noch heute gewärtig: Mit hängendem Kopf, die Schultern nach vorne gezogen wie unter einer erdrückenden Last trottete er davon. Auf der Anhöhe drehte er sich noch einmal mit schmerz-

---

93 Scholastic Aptitude Test – eine landesweit standardisierte Einstufungsprüfung für das Studium an amerikanischen Hochschulen. (Übers.)

94 Die meisten amerikanischen Sekundarschulen verfügen über hauptamtliche Berater, die den Schülern, die, abgesehen von einigen Pflichtfächern, erhebliche Wahlfreiheit besitzen, eine Fächerkombination empfehlen, die oft auf die beruflichen Wünsche der Schüler zugeschnitten ist. (Übers.)

95 Vorort im Süden Bostons (Übers.).

verzogenem Gesicht zurück, um zu sehen, ob ich noch in der Türe stünde, und winkte. Das war der ersehnte Augenblick für mich, ihm einen Handkuss zuzuwerfen, bevor er meinen Blicken entschwand.

Von der Schule heimgekehrt, aß er einen Bissen und verschwand dann in seinem Dachzimmer, bis es Zeit zum Abendessen war. Es tat mir sehr weh, dass er nicht mit mir reden oder sich trösten lassen wollte. Er wusste doch besser als alle anderen im Haus, wie sehr ich unter den Depressionen litt, wie gefühlsselig, wie schwierig ich im Umgang geworden war und dass ich gerade deshalb Ansprache brauchte.

Der einzige Lichtblick der Woche kam samstagmorgens um neun, wenn wir alle mit Michel telefonierten, jeder an einem anderen Apparat. Ungeduldig verfolgten wir den Zeiger der Uhr, bis es soweit war. Wir hatten alle möglichen Fragen vorbereitet, aber wenn wir dann im Gespräch waren, fiel uns nur ein 'Wie gehts? Wie geht's Foxy? Kommst du noch ins Krankenhaus? Wie schlimm ist es? Gibt es Anzeichen für eine Feuerpause?' und vor allem 'Wann können wir nach Hause kommen?' Es war der Klang seiner Stimme, der genügen musste, uns durch die Woche bis zum nächsten Samstag zu bringen.

Die stetige Sorge um Michels Sicherheit, die Trennung von ihm und meinen Freunden, war viel schwerer zu ertragen als alle Entbehrungen und Gefahren, denen ich in Beirut ausgesetzt war. So sehr sich auch unsere alten Freunde in Boston um uns bemühten, konnten sie beim besten Willen nicht begreifen, dass die Ursache meiner Anpassungsschwierigkeiten mit den Kriegsjahren zu tun hatte, die ich im Libanon verlebt hatte. Ratlos, wie sie auf meine Tränen reagieren sollten, sobald nur der Name Michel oder Beirut fiel, gaben sie erst das Fragen auf, bevor sie mir völlig aus dem Weg gingen. Offensichtlich hatte ich damals in Griechenland nichts von Gino und Nancy gelernt, die es satt hatten, mich dauernd von Beirut reden zu hören.

Erst viele Jahre später wurde mir klar, was meinen Bostoner Freunden natürlich von Anfang an bewusst war: Ich war völlig mit den Nerven runter. Jedes Wort, das mir über die Lippen kam, war durch einen Wust von Gefühlen belastet; ich musste den Eindruck einer Bombe erweckt haben, die jeden Moment hochgehen konnte. Meine Freunde besaßen weder den Mut noch die Worte, um mir die Wahrheit über meinen Zustand ins Gesicht zu sagen. Es lag an mir selbst, diese Wahrheit aufzudecken, wenn die Zeit reif dazu war. Aber Naim wusste Bescheid, ebenso wie Nayla. Als sie mir einmal sagte, dass die Mutter ihrer Freundin mich bei einer Dinnerparty, zu der wir eingeladen waren, als 'einigermaßen hysterisch' bezeichnete, fehlte mir jegliches Verständnis dafür.

Wenn ich an diesen Abend zurückdenke, sehe ich mich als eine Frau, die ununterbrochen über den Krieg redete und nüchtern sachlich ihre Reaktion auf die verschiedenen Kriegsgeräusche beschrieb.

"Maschinengewehrfeuer nahmen wir nie allzu ernst," erklärte ich, "selbst wenn es ganz in der Nähe war. Und wenn unser Viertel nicht unter direktem Raketenbeschuss stand, kauerten wir alle vor dem Badezimmerfenster und schauten zu, wie die Dinger um uns herum runterkamen." Ich hatte es so nötig, es allen verständlich zu machen, was wir erlebt hatten, nur damit sie es auch erleben konnten.

Noch jetzt habe ich die Gesichter der anderen Gäste vor Augen. Untereinander wechselten sie besorgte Blicke. Sie wussten, bei mir stimmte etwas nicht.

*M*anchmal überlege ich mir, was passieren würde, wenn mich eine andere ernste Krise in meinem Leben überkäme, wenn ich plötzlich Michel oder eins meiner Kinder verlieren würde. Hätte ich die seelische Kraft, damit fertig zu werden, oder ist das emotionale Trauma ein ewiger Kurzschluss, der nicht mehr abgeschaltet werden kann? Würde ich schneller die Nerven verlieren als jemand, der dies nie zuvor erfahren hatte, oder würde ich mich im Gegenteil umso mehr beherrschen, bevor der Dämon der Panik mich packt, nur weil ich schon vorher so oft am Abgrund stand?

Genau dies konnten wir bei meiner guten Freundin Edith im Juni 1999 beobachten, auf unserer jährlichen Reise durch den Norden Libanons. Zehn Jahre zuvor hatte sie ihr jüngstes Kind Katia im Libanon verloren. Katia erlitt einen Stromschlag, als sie ein herunterhängendes Kabel berührte, das in einer Freudenschießerei am Abend zuvor zerfetzt worden war. Wie jedes Jahr besuchten wir das Dorf, wo sie starb. An der kleinen Gedenkstätte, die Katias Freunde am Rande der Straße errichtet hatten, zündeten wir Kerzen für die Jungfrau Maria an. Wie wir uns der Stätte näherten, wurde Edith von tiefster Traurigkeit ergriffen. Aber dann fühlte ich, wie sie den unfassbaren Schmerz überwand, bevor sie sprechen konnte. Unter bewundernswerter Selbstbeherrschung hatte sie es geschafft, vom Abgrund zurückzutreten.

Wieder einmal war sie dem Dämon der Panik entwichen.

Während meiner Zeit in Boston schickte Michel mir einmal eine Skizze von sich selbst, eine Art Selbstporträt. Das Papier war praktisch leer. Nur in der unteren rechten Ecke hatte er einen kleinen viereckigen Käfig gezeichnet. Daneben stand in Druckbuchstaben 'Ich'.

Ich hatte Michel ständig vor mir. Er war gerade auf dem Weg zum Krankenhaus im Begriff, die große Kreuzung beim Justizministerium zu überqueren, als der Motor plötzlich streikte und ein Heckenschütze ihn erschoss. Oder er führte Foxy spazieren, als die ersten Bomben fielen. Beide waren getroffen und lagen blutend auf der Straße. Oder er war wütend auf einen Kata'ib-Milizionär, der die Straße blockierte, und schrie ihn an. Der Mann schritt auf seinen Fiat zu, zog Michel raus und schlug ihn zusammen.

Die Todesarten kannten bei mir keine Grenzen.

Einmal fragte mich Jacques' Frau Linda, ob ich von Michel gehört hätte, und statt zu antworten brach ich in Schluchzen aus.

"Mensch, Cathy," rief sie, "mit dir kann man überhaupt nicht mehr reden. Alles was du tust ist weinen."

In einem unserer samstäglichen Telefongespräche – es war Anfang November – kündigte Michel uns an, dass er zu Besuch kommen wolle. Naim bat ihn, über Thanksgiving[96] zu kommen, wenn er und Nayla Schulferien hätten. Mich fragte Michel, ob er mir etwas aus unserer Wohnung mitbringen solle. Ich schlug ihm vor, das rotgoldene Damast-Tischtuch mit den dazu passenden Servietten einzupacken. Ich wollte ein Souvenir von unserem Leben in Beirut, etwas typisch Arabisches, denn ich war nicht sicher, ob ich unsere Habseligkeiten jemals wieder sehen würde.

Michel brachte eine tüchtige Portion libanesischer Wirklichkeit mit. Die Lage war so prekär, die Gefechte brachen noch immer so häufig aus, dass wir auf keine baldige Rückkehr hoffen konnten. Gleichzeitig wurde uns bewusst, dass wir die Gastfreundschaft von Joes Familie nicht noch länger überziehen durften. So erklärte sich Michel einverstanden, dass wir eine kleine Wohnung mieten und uns ein Auto zulegen. Jacques fand uns einen bescheidenen, gebrauchten Chevrolet Cavalier[97], und ich eine Dreizimmerwohnung in der Summer Street, ganz in der Nähe von Jacques und seiner Familie.

Michel blieb lange genug, um uns beim Einzug in unser neues Quartier zu helfen. Kurz vor Weihnachten aber flog er wieder nach Beirut. Es verletzte mich, dass er die Feiertage mit seiner Mutter verbringen wollte, aber schon längst hatte ich aufgehört, deswegen eine Szene zu machen. Er eröffnete mir, dass er erst wieder Ende Mai oder Anfang Juni zurückkäme, kurz vor Ende des Schuljahres. Da kamen mir die Tränen.

---

96 .Das amerikanische Erntedankfest ist immer am vierten Donnerstag im November. (Übers.)

97 Einem Opel mittlerer Größe vergleichbar. (Übers.)

"Halte durch, Cathy," sagte er. "Du musst für uns alle stark bleiben." Und er erklärte mir seine Überlegungen. "Es ist viel sinnvoller, wenn ich das bisschen, was ich in Beirut verdiene, für euer Leben hier einsetze. Warum sollen wir das Geld für ein Flugticket ausgeben, wenn wir hier das Lehrgeld für die Kinder, die Wohnungsmiete und die monatlichen Raten fürs Auto bezahlen müssen? Vielleicht möchtest du dich mal ein paar Tage ausruhen. Wie wär's mit Skifahren in Vermont? Haben nicht Donna und Dick euch drei eingeladen, mitzukommen?"

Auch wenn alles dies äußerst vernünftig schien, machte es die Sache nicht leichter. Fünf Monate ist eine lange Zeit, um sich um den geliebten Partner zu ängstigen. Trotzdem machte ich um meiner Familie willen gute Miene zum bösen Spiel, indem ich versuchte, jeden Tag zu einer Art Festtag zu machen. Die Nachmittage waren für Michel und mich reserviert. Zu anderen Zeiten unternahmen wir ausgedehnte Spaziergänge, sprachen über Beirut und erzählten uns das Neueste von unseren Freunden. Wir holten Nayla von der Schule ab. Auf dem Heimweg gingen wir dann an der U-Bahnstation Harvard Square vorbei, wo Naim zu uns stieß. An Wochenenden fuhren wir zu Jacques' Wochenendhaus in New Hampshire, wo wir im Wald wanderten und auf einem freien Hang Naim und Nayla beim Skifahren zusahen. Uns schienen es die kältesten Tage des Jahres zu sein.

Am 21. Dezember flog Michel ab. Nachdem ich ihn am Flughafen abgesetzt hatte, fuhr ich bei Jacques vorbei, um ihm die Schlüssel zu seinem Wochenendhaus zurückzubringen. Linda stak an diesem Abend in den Vorbereitungen für eine Weihnachtsparty, zu der auch die Soussous eingeladen waren. Wir waren nicht eingeladen. Ich war außer mir; ich konnte nicht begreifen, warum sie uns ausschloss. Sie wusste, dass Michel gerade abgereist war und wie sehr uns der Abschied schmerzte. All dies schwirrte mir im Kopf herum, nur an eines dachte ich nicht, nämlich was mit mir selbst nicht in Ordnung war.

Ich war dankbar, dass nun Sheila uns zu Weihnachten einlud, sonst hätte ich vor Verzweiflung den Verstand verloren. Zum

Glück hatte ich die nötigen Mittel für die Reise nach New York und den Aufenthalt bei meiner Schwester bis ins Neue Jahr. Sonst hätte ich mich wie ein Flüchtling gefühlt, im Exil von unbekannter Dauer. Wie viele Menschen in ähnlicher Lage können sich solche Eskapaden nicht erlauben! Ich danke Gott immer wieder für die glückliche Wendung, die mich dazu führte, einen beruflich erfolgreichen Mann heiraten zu dürfen.

Ende Februar 1984 ließ mich Michel telefonisch wissen, dass er am 4. März in Boston eintreffen würde. Saba und Jackie Nader, gute Freunde von uns und auch Michels Patienten, hatten ihn gebeten, sie nach Boston zu begleiten, um sich in der Lahey-Klinik, wo Michel sein Klinikum absolviert hatte, einer Untersuchung zu unterziehen.

Das Schicksal hatte sich der Naders bedient, um unser Leben auf immer zu verändern. Gerade während ihres Besuches in Boston wurden in Lausanne Friedensgespräche abgehalten, bei denen die Spitzen der verschiedenen libanesischen Kriegsparteien versuchten, eine politische Lösung des Konflikts zu finden. Saba kannte alle Gesprächspartner, und jeden Abend, wenn er und Jackie ins Hotel zurückkehrten, telefonierten sie mit ihnen. Wir erfuhren all dies erst am letzten Tag ihres Aufenthaltes in Boston, als Saba und Jackie uns zum Lunch einluden. Es war mein Geburtstag. Wir fuhren erst am Ritz Carlton-Hotel vorbei, um sie abzuholen.

Als wir in das Restaurant Anthony's Pier eintraten, drückte Saba dem Oberkellner einen Geldschein in die Hand, um uns einen Tisch am Fenster zu sichern. Einen kurzen Augenblick lang genoss ich das Gefühl, wieder in Beirut zu sein. Die Naders waren weltläufige Freunde, die nicht davor zurückschreckten, sich hier und da mit ein paar Dollar kleine Vorteile zu verschaffen. Saba spielte den geschliffenen, aufmerksamen Gastgeber, der immer genau den richtigen Zeitpunkt wählte, um sich an Michel zu wenden und mit ihm Gedanken auszutauschen.

"Ich möchte, dass du jetzt genau zuhörst, was ich dir mitzuteilen habe," sagte er. "Ich habe mit meinen Freunden in Lausanne gesprochen. Unsere aufgeblasenen Politiker machen der Presse gegenüber irrwitzige Versprechungen der Versöhnung, aber dazu wird es nicht kommen. Die Gespräche sind gescheitert. Für den Libanon ist die Lage aussichtslos, Michel. Wenn es dir irgend möglich ist, deinen Arztberuf in den USA auszuüben, bleib hier. Als guter Freund rate ich dir dringend, nicht in den Libanon zurückzukehren."

Nachdem wir Saba und Jackie zum Hotel gebracht hatten, fand ich meinen Weg zum Storrow Drive, dem kürzesten Weg zu unserer Wohnung in Watertown.98 Es war vor fünfzehn Uhr, der Verkehr floss noch zügig, was in Beirut undenkbar wäre, außer spät in der Nacht. So oft ich jetzt schon diese Route gefahren war, so überraschend schien es mir immer noch, dass ich jetzt in Boston war, am Charles River entlang fuhr, und nicht in Beirut auf der Corniche am Meer. Als ich in Beirut war, hatte ich Amerika nie mit diesen Augen gesehen. In Beirut fühlte ich mich zu Hause und verspürte kein Heimweh nach Amerika. Das war wohl ungewöhnlich, wo ich doch im Libanon als Ausländerin lebte, in einem fremden Land. Nun aber fühlte ich mich in den USA als Fremde, einem Land, zu dem ich eigentlich gehörte, das ich aber vergessen hatte.

Die Straße am Charles River entlang bietet einen der reizvollsten Ausblicke in Boston. Mitte März war es noch zu früh im Jahr für die Flotte von kleinen Segelbooten, die sonst den Fluss ziert. Doch die Ruderer der Harvard University waren auf dem Wasser und wetteiferten miteinander in ihren Rennbooten. Auf dem Meer bei Beirut waren die jahreszeitlichen Wechsel dagegen kaum spürbar, und der Schiffsverkehr bestand vorwiegend aus ein- und

---

98 .Vorort im Westen Bostons. (Übers.)

ausfahrenden Handelsschiffen. Und in der Dunkelheit war das Wasser von den Gaslaternen der kleinen Fischerboote gesprenkelt, als wären die Sterne vom Himmel gefallen.

Es fehlten nur noch wenige Tage bis zum St. Patrick's Day,[99] wenn die Iren in Boston grünes Bier trinken und sich grün gefärbte Nelken anstecken. In Beirut blühten zu dieser Zeit die weißen St. Joseph-Lilien, für die Christen war es noch Fastenzeit und für die Muslims je nach den Mondphasen vielleicht noch Ramadan. Selbst wenn die Autofahrer auf dem Storrow Drive schneller als erlaubt fuhren, so blieben sie doch höflich zueinander. In Beirut, wo es keine Tempolimits gab – oder wenn es welche gab, sie ignoriert wurden – ging es wie bei einem Autorennen darum, die anderen Verkehrsteilnehmer zu übervorteilen.

Diese Gegensätze schwirrten mir im Kopf herum, als ich mir auf einmal schlagartig bewusst wurde, was Saba eigentlich gesagt hatte. Jäh schwenkte ich den Wagen auf einen Parkstreifen am Rande des Flusses. Ich erwartete, dass Michel sich über dieses abrupte Manöver beschweren würde, aber er sagte nichts. Er wusste, dass ich irgendwann mal platzen würde. Solange er aber schwieg, so hoffte er wohl, würde ich die Ruhe bewahren, doch er hatte sich verrechnet. Vor uns spannte sich eine steinerne Brücke in einem massiven Doppelbogen über den Charles River. Zusammen mit ihrer Spiegelung im Wasser bildeten die Bögen den oberen Teil eines Herzens.

Es war mein Herz, und es war gebrochen.

"Also das wär's wohl, ja?" rief ich heulend. "Wir gehen nicht zurück. Das ist also das Ende meiner Stadt. Es darf nicht wahr sein! Wenn ich hier leben muss, gehe ich ein wie eine Primel."

Michel legte den Arm um meine Schulter. "Beruhige dich, Cathy. Eingehen wirst du nicht. Es wird sich alles geben."

"Nein, das wird es nicht," wimmerte ich.

In meinem Kopf pochte es, als würde jemand mit dem Ham-

---

99 .Feiertag für den irischen Schutzheiligen am 17. März. (Übers.)

mer draufschlagen. Je mehr ich heulte, umso höher stieg der Druck. Mir war, als wäre ich ein übermäßig aufgeblasener Ballon, der jede Sekunde platzen wird. Mein Schluchzen wollte einfach nicht aufhören; zu groß war der Schmerz.

Durch die Tränen hörte ich Michel: "Cathy, jetzt hör mal zu."

"Lass mich in Ruhe!" Und ich heulte weiter. Ich habe keine Ahnung, wie lange es dauerte, bis er mich wieder anrief. Als ich mich zwang, die Augen zu öffnen, sah ich alles verschwommen.

"Ich bin blind!" schluchzte ich.

"Das liegt nicht an deinen Augen, Dummerchen," sagte er lachend. "Es regnet schon eine ganze Weile, und du hast es wunderbar geschafft, dass sich alle Fenster beschlagen haben. Deine Augen sind in Ordnung. Gib ihnen jetzt ein bisschen Ruhe, ok?"

Irgendwie gelang es mir, mich wieder zu fangen, zu Naylas Schule zu fahren und sie nach Hause zu bringen. Michel und ich warteten, bis auch Naim zu Hause war, um den Kindern die neue Entwicklung darzulegen. Ich bat Michel, sich darum zu kümmern.

Schritt für Schritt erklärte Michel ihnen, was wir von Saba erfahren hatten. Als er endlich sagte: "Deshalb ist die einzig vernünftige Lösung jetzt, in den USA zu bleiben," stand Naim auf, lief in sein Zimmer und schlug die Tür hinter sich zu.

Michel wandte sich Nayla zu und sagte: "Kannst du nicht sehen, Nayla...," aber da lag sie schon schluchzend auf dem Boden. Ich setzte mich zu ihr und nahm sie in die Arme. Lange wiegte ich sie hin und her, bis sie an meiner Brust erschlaffte. Ich blickte Michel an. Ich glaube, es war in diesem kurzen Moment, dass Michel in mir den Felsen sah, die 'Frau mit den stählernen Nerven,' die ihn nun aber um Hilfe anflehte, bevor sie den Verstand völlig verlor. Er ließ sich auf den Fußboden herab, kroch zwischen Nayla und mich und umarmte uns beide.

"Es kommt alles wieder in Ordnung, ich verspreche es. Ich werde euch nie wieder allein lassen."

12
Epilog

Michel bat seinen ehemaligen Chef, Dr. John Morrissey von der Universitätsklinik in Madison, Wisconsin, ob er ihm helfen könnte, eine Anstellung zu finden. Als Dr. Morrissey am nächsten Morgen in sein Büro kam, fand er einen Brief auf seinem Schreibtisch. Der Absender war Dr. Steve Immermann, Vertreter einer unabhängigen Ärztegruppe in Eau Claire, Wisconsin. Die Gruppe suchte einen Gastroenterologen. Noch am gleichen Tag rief Dr. Morrissey in Eau Claire an und informierte Dr. Immermann, dass er einen geeigneten Kandidaten für diese Stelle empfehlen könnte.

Da Michel seine Arztzulassung für den Staat Wisconsin schon 1977 erworben hatte, stand seiner sofortigen Einstellung in Eau Claire nichts im Wege. Ich war nicht enttäuscht, denn ich erinnerte mich an die vorbildliche öffentliche Organisation des Staates, an die vielen Wälder und die allgemeine Schönheit der Natur, an die gute Luft und das saubere Wasser. Wenn ich schon nicht in Beirut leben konnte, so war das friedliche Wisconsin gerade das Richtige.

Obwohl wir Michels zukünftigen beruflichen Erfolg nicht bezweifelten, gab es keine Garantien. Sein Stolz war schwer angeschlagen, als er mit siebenundvierzig Jahren bei einer lokalen

Bank einen Kredit über fünfzigtausend Dollar aufnehmen musste – er, der noch nie etwas geschuldet hatte.

Naim zog nicht mit uns nach Eau Claire, sondern blieb in Boston, um noch sein letztes Jahr an der Boston College High School zu absolvieren. Nayla dagegen verbrachte zwei sehr unglückliche Jahre mit uns in Eau Claire.

Wir alle reagierten sehr verschieden auf den Schock, Beirut für immer zu verlassen zu müssen. Über eine Sache kam Michel nicht hinweg, nämlich Foxy ihrem Schicksal überlassen zu haben. Lange konnte er nicht darüber sprechen, ohne dass ihm die Tränen kamen. Es war, als hätte sich all sein Schmerz über diesen sinnlosen Krieg, über den Verlust seines Landes, seiner Familie, seiner Freunde symbolhaft auf die Vernachlässigung des Hundes zusammengezogen.

Alles dies kam noch einmal zum Siedepunkt, als nur eine Woche nach unserer Ankunft in Eau Claire Wadia sich entschied, uns einen Besuch abzustatten. Unsere Beteuerungen, dass wir mitten im Einzug steckten und noch nicht im Stande seien, Gäste zu empfangen, vermochten nichts.

Sie blieb sechs Wochen.

Wadia erwartete einen Staatsempfang auf rotem Teppich mit Pauken und Trompeten. Als der ausblieb, trübte dies den Ton ihres gesamten Aufenthaltes bei uns. Offenbar wartete sie nur auf die beste Gelegenheit, sich für die unwürdige Behandlung zu rächen.

Michel, verständlicherweise völlig mit seiner neuen medizinischen Praxis beschäftigt, zählte auf mich, seine Mutter ihrer jeweiligen Laune entsprechend zu verwöhnen – eine Aufgabe, die mich an die Zumutung damals in Jounieh erinnerte, im gleichen Zimmer ihr schreckliches Schnarchen anhören zu müssen. Das Schwierigste war, bei Bemerkungen wie 'So, was für eine Unterhaltung hast du heute für mich vor?' nicht die Ruhe zu verlieren.

In einer Kleinstadt des amerikanischen mittleren Westens, wo ich selbst neu war, stellte mich die Planung von Unternehmungen, die Wadia zufriedenstellen würden, vor unüberwindbare Schwierigkeiten. Meistens gingen wir einkaufen. Gelegentlich speisten wir in Restaurants, die Wadias Ansprüchen nicht genügten, oder schauten Filme, die sie nicht verstand.

Unter den ersten Menschen, die ich in Eau Claire kennen lernte, war eine freundliche Syrerin, die meine Schwiegermutter und mich eines Tages zum Lunch einlud. Mitten in unserer Unterhaltung bemerkte Wadia plötzlich laut, dass der Ehemann unserer Gastgeberin ein besserer Mensch wäre als seine Frau. Meine neue Freundin war über diese Beleidigung erbost und sagte es mir danach auch.

"Sie kennt meinen Mann nicht einmal. Wie kann man so etwas Unverschämtes sagen?"

Auch Michel war sehr aufgebracht, als er davon hörte. Dem Ehemann meiner Freundin verdankte er nämlich die meisten Patientenüberweisungen.

Ein anderes Mal erzählte Wadia meiner Freundin, dass ich in ihrer Beiruter Wohnung mehrere kostbare Wertstücke zerbrochen hätte, darunter auch ihren antiken Kronleuchter. So schwer es mir auch fiel, die Erfahrung hatte mich gelehrt, dass es nichts nützte, sie zu provozieren, vor allem wenn sie sich langweilte und Streit suchte. Als Michel am Abend desselben Tages nach Hause kam, zog er es vor, sich vor dem Abendessen etwas auszuruhen anstatt sich zu seiner Mutter zu setzen. Für Wadia war dies der langersehnte Zeitpunkt, um zuzuschlagen.

Ich sehe sie noch am Küchentisch sitzen, den Stuhl zur Seite gedreht, um jeden meiner Handgriffe zu beobachten, begleitet von Vorschlägen, wie man es besser macht. Obwohl sie sich bei meinem Friseur fünf Tage früher die Haare pechschwarz hatte färben lassen, ließen sich um den Rand ihres Gesichts wieder die ersten weißen Haarwurzeln erkennen. Michel setzte sich schließlich auch an den Tisch, während ich ihm Reissalat und Rinderbratenscheiben auf den Teller tat. Wadia hatte sich schon längst selbst bedient und angefangen zu essen.

"Habe ich euch je erzählt, wie wir Foxy losgeworden sind?" fragte sie, das Gesicht Michel zugewandt. Er schüttelte den Kopf.

"Sobald wir wussten, dass ihr nicht zurückkommt, hat Nademe für sie einen neuen Besitzer gefunden. Eine Woche später stand sie aber wieder vor unserer Tür. Wir erkannten sofort ihr Bellen. Als Nademe öffnete, schlüpfte Foxy an ihr vorbei und in den Flur."

"Arrête, je ne veux plus rien entendre,"[100] rief Michel, stand auf und ging aus dem Zimmer.

Wadia lachte hämisch auf und fuhr mit noch lauterer Stimme fort: "Und dann rannte sie in dein Schlafzimmer und versteckte sich unter deinem Bett."

Hinter der geschlossenen Schlafzimmertür konnten wir Michel schluchzen hören.[101]

Nach Wadias Abreise glichen die nächsten Monate in bestimmter Hinsicht dem Jahr 1977, als wir, nach Beirut zurückgekehrt, unsere Wohnung renovieren mussten. Ich stürzte mich mit einem derartigen Eifer in die Auffrischung unseres Miethauses in Eau Claire, dass ich beinahe Spass dabei fand – wohl weil ich dabei nicht denken musste. Meistens arbeitete ich tagsüber bis zum Umfallen, so dass ich abends nach der Küchenarbeit, dem Essen und Zusammensitzen mit Michel und Nayla zu müde war, um zu merken, dass den ganzen Tag das Telefon nicht geklingelt hatte. Ich besaß ein paar neue Freunde, die ich selbst hätte anrufen können, aber sie hätten nicht verstanden, warum ich mich wie ein liebeskrankes Mädchen benahm, das gezwungen war, ihren Schatz zu verlassen.

Morgens, nach einem kurzen Frühstück, fuhr ich Nayla zur Schule, während Michel sich auf einen neuen anstrengenden Tag

---

100 Hör auf, ich will nichts mehr hören!

101 Wir konnten von Wadia nichts Weiteres über Foxys Schicksal erfahren. Noch Jahre später konnte Michel Foxys Namen nicht hören, ohne dass ihm die Tränen kamen. Nur viel später erfuhren wir, dass Foxy einem kleinen Jungen geschenkt wurde.

vorbereitete. Nur später am Abend hatten wir etwas Zeit füreinander. Michel kam gegen halb sechs todmüde von der Tagesarbeit nach Hause. Mein lächelnder Empfang tat nichts, um seine Laune zu heben; stattdessen zog er sich wieder bis zum Abendessen ins Schlafzimmer zurück. So begann in unserem Haus die Abendroutine.

Nayla schlug in ihrem stillen Wesen ihrem Vater nach; sie war mit ihren sechzehn Jahren deprimiert, hatte keine Freunde und besuchte die dritte Schule in drei Jahren. Zu diesem unglücklichen Cocktail kam auch noch ich hinzu. Wegen meiner eigenen Depression setzte ich mich nie mit der Frage auseinander, warum alle meine eigenen Freundschaften grundsätzlich fehlschlugen.

Bis es halb sieben war, hatte sich unser Esszimmer in eine Kriegszone verwandelt – Beirut ließ grüßen. Nayla kam ein paar Minuten verspätet zum Essen, Michel saß schon am Tisch.

"Wo bleibst du denn? Deine Mutter hat dich schon vor fünf Minuten gerufen."

Nayla antwortete nicht und setzte sich mit niedergeschlagenen Augen auf ihren Platz. Als hätte ich Michel nicht gehört, wandte ich mich an Nayla:

"Wie gefiel dem Englischlehrer dein Aufsatz, Darling?"

Michels Hände lagen rechts und links vom Teller auf dem Tisch; er hatte das Essen noch nicht angerührt.

"Was soll dieses Benehmen?" wetterte er. "Ich arbeite von morgens bis abends und kann nicht einmal in Ruhe mein Abendessen genießen. Ich bin für euch Luft. Meine Tochter vermag es nicht, auf eine einfache Frage zu antworten, und du," schrie er und warf mir einen bösen Blick zu, "anstatt sie zur Ordnung zu rufen, ermutigst sie noch dazu!"

Er erhob sich polternd und stampfte aus dem Zimmer.

Während Michel im Schlafzimmer seiner Wut freie Bahn ließ, ging ich zu Nayla, die in ihrem Zimmer auf dem Bett lag.

"Bitte, Darling, kannst du nicht einfach zu Poppy gehen und dich bei ihm entschuldigen?"

"Entschuldigen wofür? Dafür, dass er einen Wutanfall bekommen hat? Dafür, dass er es nicht begreifen kann, dass ich auch Gefühle habe? Ich habe es im Moment auch nicht gerade leicht, das weißt du."

"Aber Darling, es kostet doch nichts, nur Entschuldigung zu sagen."

"Doch, Mommy," antwortete sie.

"Dann geh halt einfach zu ihm hin und gib ihm einen Kuss, ohne ein Wort zu sagen," drängte ich weiter.

"Mommy, nur weil du es vorziehst, deine Auseinandersetzungen mit Poppy auf diese Weise zu schlichten, heißt das noch lange nicht, dass es die richtige Art ist. Man sollte sich nicht für etwas entschuldigen müssen, was man nicht getan hat."

"Du kannst nicht beurteilen, wie ich mich gegenüber deinem Vater verhalte, Nayla. Es mag dir nicht richtig erscheinen, vielleicht ist es auch wirklich die falsche Art, eine Partnerschaft zu pflegen, aber es ist die einzige Art, die ich kenne, um alles zusammenzuhalten. Sagst du nicht immer: 'Ich wünschte nur, die Menschen in Beirut könnten miteinander auskommen.' Nun, diesmal ist von mir die Rede, von dem, was ich tue, von Kompromiss, davon, zur Abwechslung mal nicht an mich selbst zu denken, sondern zu sagen: "Okay, ich schluck's runter. Du hast recht, ich bin im Unrecht. Vergessen wir's und lass uns weitermachen."

Nayla antwortete nicht, also fuhr ich fort:

"Wenn alle die gleiche Einstellung hätten, stell dir mal vor, wie viele Probleme wir lösen könnten. Wenn die Menschen kompromissbereit wären, gäbe es vielleicht nicht einmal Kriege. Ich weiß nicht, was ich dir sonst noch sagen soll, Darling. Ich weiß nicht einmal mehr, wozu ich hier da bin. Geht es nur noch darum, euch zwei daran zu hindern, dass ihr euch gegenseitig an die Gurgel springt? Bin ich nur deshalb da?"

"Du tust mir leid, Mommy," sagte sie schließlich. "Es ist nicht deine Schuld, es ist seine."

"Nun ja," hielt ich ihr vor, "er ist genauso wie du. Auch er ist deprimiert. Überleg dir doch mal, welchen Stress er aushalten muss, wieviel Arbeit er hat. Dabei ist er nicht einmal in seinem eigenen Land. Du bist wenigstens hier geboren. Was glaubst du, wie es sich anfühlt, mit siebenundvierzig völlig neu anzufangen?"

"Ich weiß nicht, Mommy," antwortete sie, "aber ich finde, dass er sich mehr beherrschen, mehr wie Erwachsene handeln sollte. Er ist ein größeres Baby als ich."

Nayla drehte sich mit dem Gesicht zur Wand und fing an zu weinen, während ich auf dem Bettrand saß und ihr den Rücken rieb. Ich wollte ihr sagen, wie sehr ich ihr ähnelte, als ich so alt war wie sie, nur erwuchs ihr Drang nach Beachtung nicht aus mangelnder Liebe oder Zuwendung, sondern aus der Trauer um Beirut und ihre Freunde, und aus der Schwierigkeit, sich an die neue Umgebung zu gewöhnen. Sie war wohl überzeugt, dass niemand so sehr leiden könnte wie sie. Ich musste einsehen, dass hier Worte nichts halfen; was immer ich sagen wollte, konnte sie nicht aus ihrer Trübsal befreien. Eines Tages wird sie mal so weit sein und so wie ich lernen, dass wir unsere seelischen Schmerzen überwinden müssen, wenn wir je erwachsen sein wollen.

Kurz vor Weihnachten 1984 bekam Naim Bescheid, dass er sich bei Harvard für die Frühaufnahme[102] qualifiziert hat. Diese gute Nachricht machte mir zum ersten Mal bewusst, welch ein Glück es für uns war, zurück in Amerika zu sein, wo mein Mann Arbeit fand und für unser aller Wohl sorgen konnte. Und dann erinnerte ich mich an die Worte meiner Großmutter Catherine, als sie damals, 1969, versuchte, mich von unserem Umzug nach Beirut abzubringen. 'Vergiß nicht, Darling, du darfst Amerika nicht verlassen. Es ist das herrlichste Land auf Erden.'

Möge sie in Frieden ruhen, meine Irin, sie hatte Recht! In Beirut pflegte Michel mich mindestens einmal pro Monat zu fragen, was mir am wichtigsten sei in der Welt. Meine Antwort war

---

102 .Bei den amerikanischen Eliteuniversitäten wie Harvard übersteigt die Zahl der Studienbewerber die verfügbaren Studienplätze um ein Vielfaches. Eine Minderheit an höchstqualifizierten Bewerbern wird bevorzugt, indem ihre offizielle Aufnahme schon Monate früher bekanntgemacht wird, bevor die übrigen Bewerber sondiert werden. (Übers.)

immer die gleiche: Die Mittel haben, um den Kindern eine gute Bildung zu ermöglichen. Wenn Michel und ich im Libanon geblieben wären, hätten wir Naim nie auf eine der besten Universitäten der Welt schicken können. Die Erfüllung meines Wunsches hatte allerdings ihren Preis; ich musste einen Traum aufgeben, um den anderen zu verwirklichen.

Eines Tages sah ich außerhalb von Eau Claire ein Haus, das es mir sofort angetan hatte. Es stand zum Verkauf. Obwohl es nicht unbedingt schön zu nennen war, besaß es einen herrlichen Ausblick, der mich an die Terrasse in Qurnat Schahwan erinnerte, von der aus wir den Sonnenuntergang bewunderten. Nachdem ich mich überzeugt hatte, dass ich das Innere des Hauses meinen Wünschen gemäß umgestalten konnte und die erschwinglichen Kosten dafür veranschlagt hatte, verhandelte ich mit den Vorbesitzern über den Preis, ging zur Bank und beantragte einen Hypothekenkredit.

Jedes Mal wenn ich Michel um eine Meinung bat, die das Haus betraf, antwortete er: "Frag mich nicht. Ich habe in Beirut drei Monate lang in der Badewanne geschlafen. Mir ist es egal, wo ich wohne."

Wenn ich mich über seinen Mangel an Interesse beschwerte, winkte er mit den Worten ab: "Dies ist dein Haus, Cathy. Mach was du willst."

Zuerst ärgerte ich mich, dass Michel mir – unfairerweise, wie ich glaubte – eine enorme Last aufgebürdet hatte. Erst als meine Freundin Eileen mich darauf hinwies, welch Glück ich hätte, alle Entscheidungen allein treffen zu dürfen, sah ich die Sache in einem neuen Licht. Denn als Eileen wenig früher ihr eigenes Haus umbaute, musste sie auf Schritt und Tritt ihren Mann um Zustimmung bitten, bis dieser endlich sagte: "Ich wette, du stecktest lieber in den Schuhen von Cathy Sultan, dann müsstest du mich nicht bei jeder Kleinigkeit fragen."

Während ich Michels scheinbare Gleichgültigkeit zunächst als

Vorwurf aufgefasst hatte, verstand ich jetzt, dass er mir vielmehr voll vertraute. Nicht nur ließ er mir völlige Freiheit bei meinen Entscheidungen, er glaubte auch an meine Fähigkeit, die Aufgaben kompetent und sachgemäß auszuführen. Dieser Respekt war mir ein größerer Liebesbeweis als hätte er gesagt: "Ich liebe dich."

*N*ayla hätte an der Boston University oder der New York University studieren können. Stattdessen zog sie es vor, ihr Studium an der University of Minnesota in Minneapolis, eineinhalb Autostunden von Eau Claire entfernt, zu beginnen. Das erste Jahr wohnte sie in einem Studentenwohnheim auf dem Campus, danach mietete sie eine kleine Wohnung für sich.

In den späten Achtzigerjahren wurde an den amerikanischen Universitäten viel von der School of Americas[103] und von der Rolle der CIA in Guatemala und in anderen Ländern Mittelamerikas gesprochen. Nach ihren eigenen Kriegserlebnissen hegte Nayla großes Misstrauen gegenüber der Welt. Dabei lag ihr der Befreiungskampf der unterdrückten Völker besonders am Herzen. Es überraschte daher nicht, dass sie sich an ihrer Universität von der Studentenprotestbewegung angezogen fühlte. Diese moralisch-politische Zielrichtung verlieh ihr neues Selbstbewusstsein. Ich hatte sie noch nie so lebendig, so unternehmungsfreudig gesehen.

An den Wochenenden kam Nayla meistens nach Hause und versuchte, dem Vater ihre neuen politischen Ansichten ausein-

---

[103] Die School of the Americas (SOA, Fort Benning, Georgia), gegründet 1946, diente vorwiegend zur militärischen Ausbildung von lateinamerikanischen Offizieren. Sie geriet in den folgenden Jahrzehnten zunehmend ins Kreuzfeuer der Kritik, weil viele ihrer Abgänger prominente Rollen in den Militärregimes und Diktaturen Südamerikas spielten, wo Menschenrechtsverletzungen, Folter und Mord auf der Tagesordnung standen. Verschiedene Menschenrechtsorganisationen und Studentenvereinigungen drängten auf eine Schließung der SOA. Im Jahr 2000 wurde die Lehranstalt in Western Hemisphere Institute for Security Cooperation (WHISC) umbenannt. (Übers.)

anderzusetzen. Sie wollte ihn teilnehmen lassen an den Einsichten, die sie zur amerikanischen Außenpolitik gewonnen hatte, ihm über die Despoten in anderen Ländern erzählen, die dieser Politik ihre Stellung verdankten. Doch ganz gleich, wie scharf ihre Analysen waren, wie intelligent ihre Darstellung, ihr Vater weigerte sich, auch nur ein Wort davon zu glauben. Es war absurd. Jetzt wo er amerikanischer Staatsbürger war, schien es, als hätte er seine Treue zu Bachir Gemayel und dessen christlicher Miliz gegen die Treue zu den amerikanischen Republikanern vertauscht, und auch nur die geringste Kritik an seiner neuen ideologischen Sehweise erwuchs ihm zum Frevel.

Ich wünschte, ich hätte damals verstanden, was ich heute verstehe. Ich wünschte, ich hätte ihm sagen können: 'Lass Nayla ihre eigenen Entdeckungen machen, gönne ihr ihren Enthusiasmus für etwas, was stimmen mag oder nicht. Du hast nicht immer Recht.'

Michel war in Diskussionen streitsüchtig, und wenn Nayla ihn herausforderte oder ihm widersprach, fühlte er sich beleidigt. Man stelle sich vor, wie schlimm es wurde, wenn Nayla ihn im Streitgespräch Punkt für Punkt ausstach. Zu jedem Argument Michels lieferte sie ein schlagendes Gegenargument, für jedes historische Beispiel fand sie ein besseres, welches das seinige entwertete. Dies zehrte fürchterlich an seinem Stolz. Der Krieg hatte wieder begonnen, diesmal am Familientisch.

Nach einiger Zeit hatte Michel doch noch gelernt einzusehen, dass er nicht immer Recht hatte, und er lernte auch – wenn auch nicht über Nacht – unsere abweichenden Meinungen zu respektieren.

Da Nayla nun an der Universität war, hatte ich Zeit, teilzeitlich in Michels Praxis zu arbeiten. Der Patientenverkehr hatte so rapide zugenommen, dass seine Sekretärin mit der Verwaltungsarbeit nicht mehr zu Rande kam. Deshalb war Michel sehr erleichtert, als ich ihm anbot auszuhelfen. Und schon hatte ich mich am örtlichen Polytechnikum in einen Computerkurs eingeschrieben. Sechs Monate später wurde der gesamte bürokratische

Ablauf der Praxis auf Computer umgestellt.

Ganz allmählich begann ich mich von den psychologischen Auswirkungen des Krieges zu erholen. Wahrscheinlich war dies einer Kombination von Faktoren zu verdanken: Dem Chaos von Beirut entronnen zu sein, neue Lebensaufgaben zu bewältigen und zu unserer Tochter ein gesünderes, wärmeres Verhältnis erwirkt zu haben. Ich hatte mehr Selbstvertrauen gewonnen und war weniger emotional.

Eines Tages, als Michel zu mir mit: "Sag deiner Tochter…" beginnen wollte, schnitt ich ihn mit den knappen Worten ab: "Warum sagst du's ihr nicht selbst, ich bin mit der Ausrichterei fertig," und verließ das Zimmer.

Einen Augenblick blieb er still, um zu entscheiden, ob er sich ärgern oder meine Reaktion ignorieren sollte.

Er überraschte mich, als er dann ganz ruhig fragte: "Was für ein Ton ist denn das?"

"Ein neuer," erwiderte ich, und kam ins Zimmer zurück. "Es ist höchste Zeit, dass sich hier etwas ändert."

"Was meinst du damit?"

"Sieh mal, deine Tochter ist genauso wie du. Sie ist dir nicht nur ähnlich, sie ist eine haargenaue Kopie von dir. Sie hat dieselben Ängste, denselben Trotzkopf, denselben Stolz, denselben Intellekt. Wenn du das mal verstehen lernst, dann wirst du viel besser mit ihr auskommen, aber bis es soweit ist, werdet ihr euch weiter streiten."

Er blickte mich erst erstaunt an, dann setzte er ein spitzbübisches Lächeln auf. Dies war unser erster Durchbruch.

Zu Beginn ging ich täglich in die Messe, so wie in Beirut. Aber trotz meiner guten Vorsätze fühlte ich mich orientierungslos. Die Predigten erschienen mir oberflächlich und gaben keine Antwort auf meine Fragen. In Beirut waren die althergebrachten Kirchenriten fester Bestandteil des täglichen Gottesdienstes. Sie förderten Besinnung und Ernsthaftigkeit. In Eau Claire fand ich keine Beziehung zum modernen Katholizismus, wo Englisch das Lateinische ersetzt hat. Ich hörte auf, in die Kirche zu gehen. Ich bete noch in der Kapelle des Sacred Heart-Krankenhauses in Eau Claire, aber obwohl ich an diesem stillen Ort meditiere, ungestört von einer Kirchengemeinde, die eine neue, mir unverständliche Fassung des Vater Unser vor sich hin murmelt, spüre ich nicht unbedingt Gottes Gegenwart. Aber wenn von der Beiruter Orgel Bachs Toccata und Fuge in d-moll ertönte, lief es mir kalt den Rücken runter, und ich wusste, dass Gott bei mir war.

Kurz bevor Nayla 1989 ihr viertes Semesters an der University of Minnesota abschloss, war in Israel die palästinensische Intifada bereits ausgebrochen. Nayla meldete sich freiwillig, um für eine palästinensische Organisation in Washington als offizielle Beobachterin ins Westjordanland zu reisen. Es war an einem Wochenende, als sie mir ihr Vorhaben eröffnete. Wir saßen gerade am Küchentisch. Unsere Küche in Eau Claire war ähnlich geschnitten wie unsere Beiruter Küche, auch meine Schürze hing wieder hinter der Tür. Es fühlte sich komisch an, hier in Eau Claire zu sitzen und an unsere Erfahrungen mit den Palästinensern in Beirut erinnert zu werden. Und nun wollte unsere Tochter nach Israel reisen, um für die Rechte der Palästinenser einzutreten. Das Verrückte war, dass ich sie bestens verstand, dass ich ihrem Plan voll zustimmte, und dass ich am liebsten mitgegangen wäre.

Michel hatte nach meiner Vermittlung nicht nur von sich aus begonnen, mit Nayla zu sprechen, er hatte auch angefangen anzuhören, was sie zu sagen hatte. Als er nun von Nayla erfuhr, dass sie nach Israel gehen wollte, nahm er dies nicht nur zur Kenntnis, er lobte sogar ihre Idee.

Nayla verbrachte sechs Wochen im Westjordanland. Nach ihrer Rückkehr war sie sehr unruhig. Sie hatte in Israel mehrere Vertreter des französischen Beobachtungsteams kennen gelernt, und nun wollte sie nach Paris gehen, um ihnen näher zu sein. Ein weiteres Semester blieb sie noch an der University of Minnesota, während sie überlegte, wie sie ihr Studium, ohne akademisch zurückgeworfen zu werden, nach Paris verlegen könnte. Als sie mich um Rat anging, fand ich eine mögliche Lösung.

"Du hast im Hauptfach eine Kombination von Frauenforschung, Nahoststudien und Französisch, nicht wahr? Kannst du nicht an deiner Uni ein Auslandprogramm für eines dieser Fächer in Paris finden?"

Obwohl ich nichts gegen Naylas Frankreichpläne hatte, sorgte ich mich um ihr seelisches Gleichgewicht. Paris war weit weg; wie könnte ich ihr helfen, wenn sie dort eine Nervenkrise durchmachte? Doch schob ich diesen Gedanken zur Seite und besprach Naylas Pläne mit Michel. Bis jetzt hatten wir kein ausgewogenes Eheleben geführt; die typischen Elternfreuden mit kleinen Kindern waren uns versagt geblieben. Michel und mich verband zwar ein starkes Band, aber es war ein ungewöhnliches, verzerrtes Band. Die Kugeln des Krieges hatten uns nicht getroffen, doch unser Leben stand fast unentwegt auf dem Spiel. In einer Situation, wo viele Ehen, die wir kannten, zerbrachen, gelang es uns zusammenzuhalten. Dies lag zweifellos daran, dass Michel mir gegenüber Respekt gewonnen hatte und sich auf mein Urteil verlassen konnte. Als ich ihm Naylas Fall erklärte und betonte, dass ein Aufenthalt in Paris ihr gut täte, war Michel es zufrieden.

Naylas Zeit in Frankreich verlief nicht ohne Probleme. Sie rief oft zu Hause an; ihre Depression brach immer wieder durch; sie mochte ihre Mitbewohnerin nicht; sie war einsam. Jedesmal suchte ich einen Ton und die nötigen Worte, um ihr Trost zu spenden. Erst als sie Frédérique kennen gelernt hatte, schien sich das Blatt zum Besseren zu wenden. 'Fred', wie Nayla sie nannte, besaß ihre eigene Wohnung und lud sie ein, zu ihr zu ziehen. Außerdem hatte sie sich bei der Université de Paris beworben und wurde angenommen. Ihre früheren Kurse von der University of Minnesota wurden anerkannt. Endlich, so schien es, hatte sie ihren Weg gefunden.

Ich setzte meine Teilzeittätigkeit in Michels Praxis fort; einmal pro Woche veranstaltete ich ein Dinner, zu dem überwiegend Michels Kollegen mit ihren Partnern eingeladen waren; an der örtlichen Universität belegte ich Kurse in französischer Literatur; nach außen schien ich mich vollständig an das neue Leben angepasst zu haben, aber in Wirklichkeit bediente ich mich lediglich meiner Überlebensstrategien, die ich mir in Beirut angeeignet hatte. Dort ging es vor allem um das körperliche, in Eau Claire aber um mein geistiges Überleben, ich kämpfte immer noch um mein seelisches Gleichgewicht. Solange ich genügend beschäftigt war, musste ich nicht daran denken, was hinter mir lag. Noch immer träumte ich davon, mich im Libanon zur Ruhe zu setzen, irgendwo in einem uralten Steinhaus mit roten Terracotta-Ziegeln und einem märchenhaften Ausblick aufs Meer, so wie damals in Qurnat Schahwan. Ich sehnte mich nach einer Zukunft, in der ich wieder Bouillabaisse oder Paella kochen, gute Weine entkorken und bei Tisch mit meinen Freunden lachen würde.

Michels politische Erleuchtung kam im Jahr 1990, als in El Salvador sechs jesuitische Priester ermordet wurden. Obwohl die amerikanische Regierung sich nach außen hin entrüstet zeigte ob der grausamen Tat, versorgte sie dieselbe Regierung, die für die Anzettelung der Morde verdächtigt wurde, weiterhin mit finanziellen Mitteln. Plötzlich machte alles Sinn, was Nayla früher gesagt hatte. Jetzt versenkte sich auch Michel jedes Mal, wenn er Nachrichten hörte, in die Erforschung der Hintergründe und prüfte, welche Regimes die US-Regierung stützte, und warum.

Einige Tage nach dem Massaker schlug ich Michel vor, Nayla in Paris anzurufen.

"Immerhin," meinte ich, "habt ihr euch ewig wegen Mittelamerika gezankt. Sag ihr doch, was du jetzt weißt."

Wie immer dachte er eine Weile nach, um zu entscheiden, ob er beleidigt sein oder meinem Rat folgen wollte. Dann huschte wieder dieses spitzbübische Lächeln über sein Gesicht.

Er griff nach dem Telefonhörer und wählte. Sobald er Naylas Stimme hörte, sagte er: "Ich nehme an, du hast gehört, was mit den Jesuiten in El Salvador passierte. Nun, Nayla, ich wollte dir nur sagen, dass du schon immer Recht gehabt hast."

Er lachte, als er den Satz 'Du hast schon immer Recht gehabt' für Nayla wiederholen musste. "Ja, ich weiß," hörte ich ihn dann sagen, "alles was du mir über die Einmischung der USA in Mittelamerika erzählt hast, ist wahr. Ich weiß nicht, warum ich das nie gesehen hatte."

In Paris wurde Nayla wieder in die Politik hineingezogen. Diesmal ging es um die Aufenthaltserlaubnis algerischer Studenten in Frankreich. Ich bestärkte Nayla noch in ihrem Eifer und ließ mir nicht anmerken, wie tief besorgt ich um sie war. Immer wenn das Telefon klingelte, zuckte ich vor Angst zusammen.

Dann kam der gefürchtete Anruf. Es war acht Uhr abends. Michel war gerade wegen eines Notfalls ins Krankenhaus gerufen worden. Es war eine sonderbare Uhrzeit für Nayla. In Paris war es drei Uhr morgens.

"Darling, es ist mitten in der Nacht bei dir," sagte ich. "Ist alles in Ordnung?" Keine Antwort. "Nayla, was ist los? Ich höre diesen schrecklichen Sirenenton. Es ist der Krankenwagen, nicht? Warst du in einem Unfall? Rede, Kind, sag mir, dass dir nichts passiert ist."

Endlich sagte sie: "Ja, sie fahren jemanden mit Sirene."

"Was ist los, Nayla? Irgendwas Schreckliches ist passiert, nicht? Ich höre es an deiner Stimme. Du klingst gar nicht gut."

Wieder klang ihre Stimme wie benommen: "Nicht sehr gut, Mommy, nein."

"Was hast du gesagt? Was ist...?"

"Ich höre mit den Nahoststudien auf," sagte sie. "Die sind für mich erledigt."

"Was sagst du da? Das ist doch völliger Unsinn. Du magst doch dieses Gebiet so sehr. Wie kommst du denn auf...?"

"Nein, ich geb sie auf. Ich hasse die Araber. Ich will nichts mehr mit ihnen zu tun haben. Ich steige auf Geschichte um."

"Wann hat sich das... Nayla, bitte sag mir, was passiert ist."

"Ich bin okay, Mommy. Ich muss nur da durch."

Ich wollte ihr noch mehr sagen, aber das einzige, was ich tun konnte, war sie allein zu lassen, so wie es meine Großmutter Catherine getan hätte. Sie hätte gewusst, dass sie es mit einer starken, entschlossenen jungen Frau zu tun hatte.

*I*m Jahr 1992 war es zum ersten Mal wieder möglich, Beirut ungefährdet zu besuchen. Ich flog über Rom, wo ich das Kolosseum besichtigte, eines meiner beliebtesten Ziele in dieser Stadt.

Als ich in Beirut mit meiner Freundin Fay die Damaskus-Straße von Sodeco[104] in Richtung Stadtzentrum fuhr, fiel mir auf, wie überall die Ruinen sich gleich sahen. Sie konnten sich in ihrer romantischen Schönheit zwar nicht mit dem Kolosseum messen, aber dennoch bestand eine ästhetische Ähnlichkeit in ihrer gähnenden Leere. Alles Unwesentliche war von den Außenseiten abgestreift, es blieben nichts als nackte Betonskelette. Ich hatte das Gefühl, dass es mit mir genauso war. Nach dem Krieg blieb nichts von mir als eine leere Hülse, und es hat viele Jahre gedauert, um wieder die zu werden, die ich heute bin.

In all dieser Trostlosigkeit war ich überrascht, wie zäh sich die Natur dem Krieg widersetzt hatte. Wo einst der Märtyrerplatz und die Souks gestanden hatten, wo Kleopatra gewandelt war und die Händler um den Goldpreis gefeilscht hatten, wuchsen nun goldene Sonnenblumen. In den ausgebombten Gebäuden kletterten fuchsienrote Bougainvillien und violette Wisterien am

---

104 Stadtteil nördlich des Flughafens (Übers.).

verbleibenden Gemäuer hoch. Mitten zwischen den geborstenen Kanalrohren, den schwelenden Abfallbergen und den verkohlten Autowracks sprossen Bäume empor, üppig saftiggrün belaubt, als wollten sie mit ihren Kronen die müden, einschussübersäten Fassaden vor der Sommersonne schützen.

Schritt für Schritt wurden die Kriegstrümmer beseitigt, um einem Multimilliarden-Wiederaufbauprojekt Platz zu machen. Den Archäologen wurde vor Baubeginn eine sechsmonatige Frist gewährt, in der sie nach Beiruts Vergangenheit graben durften. (Die Frist wurde dann noch einmal verlängert.) Sie entdeckten tief unter dem Märtyrerplatz eine achttausend Jahre alte phönizische Stadt, der endgültige Beweis für die phönizischen Wurzeln Beiruts. Im Sommer 1994 besichtigte ich die Ausgrabungen, in drohender Nähe einer Kolonne von Planierraupen, die rundherum Berge von Trümmern wegschafften. Irgendwo tief unter dieser Steinwüste lag die Seele meines ehemaligen Liebhabers, Beirut. Es war irgendwie passend, dass ich dabei sein durfte, wie hier mein Beirut über den ehrwürdigen Resten seiner Vorfahren seine letzte Ruhestätte fand.

Die Bitte der Archäologen, noch zusätzlich Zeit für die Ausgrabungen zu bekommen, wurde von den Bauträgern abgewiesen, die die Stadt so schnell wie möglich wieder aufbauen wollten. Immerhin muss man ihnen lassen, dass sie vor Baubeginn Anfang 1995 etliche bedeutende römische Ruinen geborgen hatten. Ein Teil davon wurde vor dem Parlamentsgebäude im Foch-Allenby-Viertel wieder aufgebaut. Dieser Stadtteil wurde detailgetreu im französischen Mandatsstil rekonstruiert. Allerdings wird es lange dauern, bis die neuen, scharfgeschnittenen gelben Sandsteinfassaden genügend Patina angelegt haben, um sich den benachbarten, reparaturbedürftigen alten Gebäuden optisch einzufügen.

Einige Straßen weiter, im Bankenviertel, entdeckten die Bauarbeiter Reste eines hochentwickelten Systems von römischen Bädern. Zum Glück wurden auch sie erhalten. Sie sind nun Mittelpunkt eines herrlichen Gartens, der von duftenden Rosmarinbüschen umsäumt ist. In den späten Neunzigerjahren jedoch geriet das ganze Wiederaufbauprojekt in finanzielle Schwierigkeiten und halste der libanesischen Regierung ein Defizit von einundzwanzig Milliarden Dollar auf.

1999 wurde das Nationalmuseum, das erhebliche Schäden erlitten hatte, wieder neu eröffnet. Als der Krieg begann, hatten die Kuratoren die größeren Ausstellungsstücke in Zement eingegossen. Die kleineren Objekte waren in Kisten verpackt, gekennzeichnet und in den Keller gebracht worden. In einem Film, der die akribische dreijährige Restaurationsarbeit aufgezeichnet hat, kann man sehen, wie der Zement unter äußerster Vorsicht wieder abgemeißelt wurde und wie die Objekte, die im Keller unvorhergesehenerweise Wasserschäden erlitten hatten, behutsam Stück für Stück wiederhergestellt wurden. Heute wird der Film den Museumsbesuchern gezeigt. Tränen strömten mir übers Gesicht, als ich die eingestürzten Mauern, die umgefallenen römischen Säulen und die allgemeine Verwüstung der Umgebung wieder sah. Es war ja unser Viertel, unsere Wohnung lag nur zwei Straßen vom Museum entfernt. Wie war es möglich, dass wir solch eine Zerstörung überleben konnten?

Bei einem weiteren Besuch Beiruts im Jahr 2001 konnte ich aus dem Fenster des kürzlich in aller Pracht wiedereröffneten Hotels Phoenicia die verkohlte Ruine des Holiday Inn nebenan sehen, in dessen Ballsaal Michel und ich oft getanzt hatten. Als Nachrichtensprecherin damals war ich gezwungen, die fürchterlichen Gefechte im Hoteldistrikt zu verschweigen. So konnte ich auch nie die Geschichte des Kata'ib-Kämpfers erzählen, der mit den Füßen hinten an einen Jeep angebunden wurde und unter dem Gegröhle der gegnerischen Miliz die Straße auf und ab gezogen wurde, wobei der Kopf wie ein Ball auf dem Pflaster hüpfte.

Im gleichen Jahr 2001 besuchte ich zum ersten Mal unsere alte Wohnung. Natürlich konnte ich nicht erwarten, dass die Hausbesetzer, die jetzt dort siedelten, der Wohnung ähnliche Pflege angedeihen ließen wie wir. Trotzdem war ich entsetzt. Der völlig verwahrloste Gesamtzustand, unter anderem die Achtlosigkeit, mit der mein Walnuss-Esstisch hinausgeschafft worden und der Verwitterung ausgesetzt wurde, aber auch die offensichtliche Armut dieser Menschen waren trauriges Zeugnis davon, was in einer großen Stadt vor sich geht, die versucht, sich von einem zwanzigjährigen Bürgerkrieg zu erholen.

Mit dem damaligen Premierminister Rafic Hariri an der Spitze zielte das gigantische libanesische Wiederaufbauprojekt vor allem darauf ab, wieder Touristen ins Land zu bringen. Da die finanziellen Mittel aber beschränkt waren, wurden dringlichere Arbeiten hintangestellt – so wie die Wiederherstellung des Stromnetzes, der Wasserversorgung und des Telefonsystems, die Ankurbelung der brachliegenden Wirtschaft und damit verbundene Reduzierung der hohen Arbeitslosigkeit, die Bekämpfung der weitverbreiteten Bleivergiftung und Luftverpestung durch bleihaltiges Benzin – alles Themen, die auf dramatische Weise das Wohl aller Libanesen betrafen.

Hariri wurde am 14. Februar 2005 in Beirut ermordet, als seine Wagenkolonne nicht weit vom Meer einem Bombenanschlag zum Opfer fiel. Er hatte unermüdlich mit Frankreich und den USA zusammengearbeitet, um den Abzug der syrischen Truppen aus dem Libanon zu erwirken.

*I*m Leben meiner Familie und meiner Freunde im Libanon hat sich seit 1984 wenig geändert. Wadia ist nun zweiundneunzig und nicht mehr reisefähig. Sie lebt immer noch mit Nademe in Achrafieh, wo ihr einst ruhiges Wohnviertel nun von einer lauten Verkehrsader durchschnitten wird. Die ununterbrochenen Hupkonzerte der aufgestauten Autos – so laut, dass man sich auf dem Balkon nicht mehr unterhalten kann – stören sie ebenso wenig wie früher die israelischen Bomben; ohne Hörgerät ist sie ja völlig taub.

Meine Eltern zogen nach ihrer Pensionierung nach Florida und genossen dort fünfzehn entspannte Jahre, bis mein Vater vor zwei Jahren starb. Meine Mutter zog nach New York.

Jacques, mein Schwager, und Joe Soussou leben mit ihren Familien immer noch in Boston.

Edith kümmert sich in Qurnat Schahwan nach wie vor um ihren Garten, während Fouad mittlerweile außerhalb von Tripoli im Norden des Landes ein großes Geschäft betreibt.

Naim hat sich vom Krieg erholt und ist sogar in der Lage, darüber zu schreiben. Er verfasst eine Reihe von Kurzgeschichten, darunter auch einige mit Kindheitserlebnissen aus dem Krieg. Nach seinem Harvard-Abschluss magnum cum laude in Vergleichenden Religionswissenschaften kauften er und sein Geschäftspartner Kevin ein Stück Land in Costa Rica, lernten von den einheimischen campesinos Spanisch, rodeten den Dschungel und pflanzten hunderttausend Teakbäume an. Mittlerweile sind aus der einen Teakfarm drei geworden. Nichts ist ihm lieber als mitten in der Natur zu sein, wo seine sanfte Seele den langersehnten Frieden gefunden zu haben scheint. Er und seine mexikanische Frau Maria Teresa leben auf einem größeren Terrain oberhalb des Pazifik im mexikanischen Staat Oaxaca.

Als ich im Januar 2004 beide Knie ersetzt bekam, verbrachte Naim fünf Monate bei mir im Haus als mein Krankenpfleger. Er trug mich zwischen Haus und Auto hin und her, fuhr mich täglich zur Bewegungstherapie, kaufte ein und kochte und gab mir durch ununterbrochene Zusprache Mut und Zuversicht.

Die Liebe zog Nayla nach Abschluss ihres Studiums an der Université de Paris nach Rom. Sie spricht fließend Italienisch und unterrichtete mehrere Jahre lang Englisch als Fremdsprache. Sie, ihr Partner Adriano und ihre Tochter Caterina wohnen immer noch in Rom.

Nach all der Zeit bin ich so erleichtert, mich nicht mehr um Nayla sorgen zu müssen. Die Kraft, die sie in ihren reiferen Jahren gewonnen hat, gibt ihr großes Selbstvertrauen. Immer wenn sie mir mit ihrer lausbübischen Frische und Freimütigkeit entgegentritt, muss ich lachen. Als ich ihr kürzlich in Rom riet, sich über eine bestimmte Angelegenheit nicht so künstlich aufzuregen, erteilte sie mir eine saftige Lektion über Selbstverwirklichung.

"Wenn du dir nur angewöhnen könntest, die dummen Bemerkungen anderer Leute zu ignorieren, wäre dein Leben viel einfacher," sagte ich.

Nayla, die Hände in die Hüften gestemmt, musterte mich von oben bis unten. "Mom," sagte sie, "wirst du bitte aufhören? Reicht es nicht, dass ich mich zu neunundneunzig Prozent gefangen habe?"

"Ich meinte es nicht kritisch." erwiderte ich. "Ich bin unheimlich stolz darauf, wie du das geschafft hast."

"Ja, ja," versetzte sie lächelnd. "Aber ich kenne dich nur zu gut. Du wartest immer noch auf das letzte Prozent. Du willst alles perfekt tun und erwartest von den anderen das gleiche."

"Aber ich meine es doch gut."

"Ich weiß, Mom," sagte sie, umarmte mich und drückte mir einen Kuss auf die Wange. "Du merkst es ja nur nicht, wenn du es tust."

Sie hatte natürlich recht. Wie viele Predigten hatte ich ihr über die Jahre gehalten, wie viele Ratschläge übers Telefon erteilt? Jetzt war es an ihr, mir mit gleicher Münze heimzuzahlen. Ich muss schmunzeln, wenn ich daran denke, wie sehr sie auch mir ähnelt. Und übrigens war ich nach ihrer Zurechtweisung nicht beleidigt, und darüber kann ich mich freuen.

*B*eirut war der Ort, wo ich mich selbst finden konnte. Dass ich mich felsenfest entschloss, trotz des Krieges dort auszuharren, war die Folge meiner großen Liebesaffäre mit dieser Stadt. Ich heiratete in eine Familie, die mich, die Amerikanerin, weitgehend herzlich und duldend aufnahm. Es war aufregend, jeden Morgen als Ausländerin aufzuwachen, die in einer libanesischen Familie Aufnahme fand. So wuchs eine Liebe heran, eine Herzenstreue zu Beirut, die ein Leben lang bleibt.

Hier bin ich nun, zwanzig Jahre später, nach wie vor erfüllt von der Liebe zu einer Stadt, die sich immer noch nicht von dem Bürgerkrieg erholt hat. Die Syrer unterhielten bis vor kurzem noch ihre Präsenz im Libanon, und die Israelis hören nicht damit auf, in Südlibanon immer wieder Kraftwerke stillzulegen oder Dörfer zu beschießen, so wie sie es seit fünfundzwanzig Jahren tun.

Nach ihrem Rückzug in die Bekaa-Ebene, der durch die israelische Invasion 1982 erzwungen wurde, marschierten die syrischen Truppen am 4. Juli 1986 wieder in Westbeirut ein. In der Mitte des Jahres 1987 wurde klar, dass die syrische Armee nicht vorhatte, Beirut in absehbarer Zukunft zu verlassen. Die fortgesetzten anarchistischen Unruhen im Libanon – so das Urteil der syrischen Armeespitzen – stellten ein unkalkulierbares Risiko für die Sicherheit Syriens dar. Brigadiergeneral Ghazi Kanaan, oberster Befehlshaber der syrischen Besatzungstruppen, kündigte an, dass die Rolle der libanesischen Milizen beendet und die syrische Intervention im Libanon unbefristet sei – mit anderen Worten, dass Westbeirut von den Syrern auf unbestimmte Zeit besetzt bleibt.[105]

Im Oktober 1989 einigten sich die verschiedenen Vetreter der libanesischen Führung auf eine Charta der nationalen Versöhnung unter dem Namen 'Taif Agreement'. Auf Nachdruck Syriens schloss der Text auch den Satz ein: 'Die syrischen Streitkräfte bleiben über die Dauer von zwei Jahren an Ort und Stelle, um der libanesischen Regierung bei der Stabilisierung ihrer Staatsgewalt behilflich zu sein.' Die Akte enthielt keinen Zeitplan für den Abzug der syrischen Truppen, lediglich die Bemerkung, dass Truppenabzüge zu gegebener Zeit nach Verhandlungen zwischen der syrischen und libanesischen Regierung erfolgen würden.

Nach neunundzwanzig Jahren militärischer Besatzung, nach Korruption von ungeahnten Ausmaßen, politischer Unterdrück-

---

105 .Vgl. Cedarland, "The Lebanese War", www.cedarland.org/war. 1994-2005.

ung und einer langen Liste von Mordattentaten ihrer Federführung zog sich die syrische Armee im März 2005 offiziell aus dem Libanon zurück. Jedoch bestehen keine Zweifel, dass ihre berüchtigten Spionagedienste immer noch im Lande aktiv sind und ungehindert die politischen Fäden ziehen. Darüberhinaus sind die Palästinenser im Libanon nach wie vor bewaffnet, ebenso wie die Hisbollah-Kämpfer. Die Israelis ihrerseits behalten die Schebaa-Farmen im Süden Libanons weiterhin besetzt.

*I*ch denke daran, wie wir vor den Heckenschützen Deckung suchen, wie wir in Schutzräume rennen, wie ich die Kinder aus der Schule rette; ich denke an meine durchschossene Küchenschürze. In meiner Erinnerung sehe ich immer noch meine zerbrechliche Nayla und ihre Verzweiflung.

Ich denke zurück an die Zeit, als unsere Wohnung von einer Rakete getroffen wurde, an die Leichen auf der Straße und an den glücklosen Bachir Gemayel. Ich denke an den vor Angst zitternden Storch; ich denke an meine Depression, die mich an den Rand des Abgrunds brachte, und ich bin zufrieden, mich für das Leben entschieden zu haben, ein Leben voller Leidenschaft und Schönheit.

Michel und ich leben mit Churchill[106] in unserem Haus bei Eau Claire, umgeben von sechs Hektar Land. Ich muss eingestehen, dass ich immer noch eine romantische Ader besitze und mich inmitten meiner bevorzugten Schätze aus Beirut wohlig eingerichtet habe: Die antiken römischen Vasen, die Perserteppiche, die phönizischen Amphoren, unsere fünfhundert französischen Comicbücher – alles Gegenstände, die es vor mehreren Jahren dank der Hilfe von Gisèle geschafft haben, ihren Weg nach Eau Claire zu finden.

Selbst wenn ich es wollte, mein Herz kann nicht anders als im Rhythmus einer Stadt zu schlagen, die es nicht mehr gibt. Ich

---

[106] Churchill ist ein eineinhalb Jahre alter Golden Retriever.

habe wirklich nette Freunde in Eau Claire, für die ich koche und Dinnerpartys gebe. Dank der modernen Medizin kann ich wieder tanzen. Es gibt keine schicken Nachtklubs in Eau Claire, aber Michel und ich rollen einfach den Teppich aus, legen eine Platte auf und versetzen uns im Geiste in das Retro oder die Caves du Roi.

Am Nachmittag mache ich wie schon immer meine Siesta, und ich rede immer noch wie eine Libanesin, unwillkürlich vom Englischen ins Französische, vom Französischen ins Arabische schlüpfend, je nachdem was ich sagen möchte oder wie ich angesprochen werde. Mein Herz hält die Treue, Treue zu meinem wundervollen Michel, Treue zu meinen Kindern, die den Krieg mit uns erlebten und überlebten, und Treue zu einem Land, das auch weiterhin von Krisen geschüttelt wird.

Das Land, das ich adoptiert habe, dieser unfähige, lebensuntüchtige alte Liebhaber, von dem ich so viel redete, dass meine Leser es wohl müde sind – dieses Land ist unheilbar krank. Dank der internationalen Aufschreie und einer Welle des erwachenden Nationalismus musste die syrische Besatzungsmacht endlich ihre Koffer packen. Aber wieder fallen Bomben, Politiker werden immer noch ermordet – alles fängt wieder von vorne an. Zurückgehen kann ich nicht, wenn ich den Verstand behalten will, und damit habe ich mich zurechtgefunden. Obwohl mich dies traurig stimmt, fühle ich mich gleichzeitig befreit, mich endlich zu dieser Einsicht durchgerungen zu haben. Jetzt erst, wo ich den Krieg in mir ausgemerzt habe, kann mein Herz, das ich meinem Beirut geschenkt hatte, den Frieden von Eau Claire genießen.

Danksagung

Meinem Editor, Ian Leask, schulde ich meinen größten Dank. Über Jahre hinweg hat er mich immer wieder zum Schreiben ermutigt, egal wie knifflig die Themen sein mochten. Für das vorliegende Projekt half mir vor allem seine geniale Fähigkeit, frühere Erlebnisse, die in der unbewussten Erinnerung schlummerten, wieder ans Tageslicht zu befördern und sie in einen erzählerischen Zusammenhang zu setzen.

Großen Dank schulde ich auch:

Colleen McElroy, die meine Schreibtätigkeit ernst genug nahm, um mich 1999 in ihr Creative Nonfiction Residency-Programm am Loft Literary Center in Minneapolis aufzunehmen. Ihre Freundschaft und Ermunterung bleiben mir unvergesslich.

Sarah Harder, die es mir gestattete, an ihrer Vorstandssitzung der National Peace Foundation teilzunehmen und die mir Gelegenheit bot, meine Arbeit auf die Förderung der Friedensinitiative zwischen Israelis und Palästinensern auszudehnen.

Meiner Freundin Eileen Immerman, die mir beim Entwurf der Landkarte Beistand leistete und mir computergestützte Textverarbeitung beibrachte, und die mich auf Photoshop gut aussehen ließ.

Ed Foreman, für seine erstaunliche Fähigkeit, einen durchschnittlichen Text in etwas Außergewöhnliches zu verwandeln.

Und schließlich Michel, meinem Mann seit über 40 Jahren. Ob aus den hellsten oder den dunkelsten Zeiten, immer wieder haben wir es geschafft, gemeinsam gestärkt hervorzugehen. Ihm gilt meine ganze Liebe.

Zusatz des Übersetzers

Ich möchte mich bei meinem kritischen Leser Thomas Bürger bedanken, dessen Korrekturen und Anregungen wesentlich zum letzten Schliff des deutschen Textes beigetragen haben.

Glossar

Baba Ganoush – Ein Püree aus Auberginen und Sesampaste (Tahini), mit Knoblauch und Zitronensaft gewürzt. Das andere traditionelle Püree hat im Wesentlichen die gleichen Bestandteile, außer dass anstatt Auberginen pürierte Kichererbsen verwendet werden.

Bakschisch – Trinkgeld z.B. für die Restaurantbedienung, um den besten Tisch zu erhalten oder für den Gepäckträger. Bakschisch, das man einem Präsidenten für bevorzugte Behandlung gibt, ist Bestechung.

Corniche – Promenade, die sich am Meer entlang zieht. Wie in den meisten Städten am Mittelmeer ist es ein breiter öffentlicher Küstenweg, der zum Spazierengehen einlädt, besonders am Abend, um den Sonnenuntergang zu verfolgen. In manchen Städten, so wie in Beirut, ist die Corniche eine vielbefahrene Autostraße.

Couscous – Traditionelles marokkanisches Gericht aus Fleisch und verschiedenen Gemüsen, mit Hartweizengries und entweder einer sehr scharfen Soße oder Aioli (Knoblauchmayonnaise) serviert.

Hakeme – Ein weiser Mensch. Üblicherweise zur Anrede eines Arztes verwendet.

Hawaja – In muslimischen Ländern Ehrentitel für einen Christen, von türkisch *Khadja* abgeleitet. Muslime werden mit *Sayed* (Meister) angeredet. Christen nennen ihren Priester oder Bischof *Sayedna* (mein Meister).

Kibbeh – Traditionelles libanesisches Gericht. In seiner klassischen Form besteht es aus gehacktem Lammfleisch, Bulgurweizen und verschiedenen Gewürzen und Nüssen. Es gibt über fünfzig verschiedene Varianten der Kibbeh-

Zubereitung. Meine zwei Lieblingsvarianten sind: Fisch-Kibbeh mit einer Kichererbsen-(Tahini-)Soße und Kürbis-Kibbeh mit Spinat, Kichererbsen und Walnüssen. Oft am Ende in Kloßform frittiert.

Kibbeh nayyeh – Eine andere Spielart der traditionellen Kibbeh, wo der Bulgurweizen mit rohem Fleisch, Zwiebeln und Gewürzen vermengt wird.

Mougrabia – Libanesisches Couscous mit Lamm- oder Hühnerfleisch. Die Grieskörner sind nicht gelblich, sondern weiß und wesentlich gröber. Es wird lange in der Hühner- oder Lammfleischbrühe gegart und mit Kreuzkümmel und den traditionellen syrischen Pfeffersorten versetzt.

Souk – Altertümlicher Markt, noch in vielen Städten des Nahen Ostens, z.B. Kairo, Damaskus oder Jerusalem, anzutreffen. Die 3000 Jahre alten Souks von Beirut wurden leider während des Krieges zerstört. Beim Wiederaufbau des Zentrums von Beirut wurden Nachbildungen der alten Souks errichtet, doch nichts vermag die muffigen Gerüche der alten Gemäuer aus biblischen Zeiten zu ersetzen.

Tabouli – Traditioneller libanesischer Salat. Hauptbestandteil ist gehackte Petersilie, wozu Tomaten, Frühlingszwiebeln, Minze und Zitronensaft hinzugemischt werden.

Wasta – Eine Person, die gegen Bezahlung einen Dienst erweist. In Beirut hatten wir einen Mann, der unsere Autos zur Inspektion brachte und einen anderen, der sich um unsere Aufenthaltsgenehmigungen kümmerte.

Werkverzeichnis

Bamford, James. *Body of Secrets: Anatomy of the Ultra-Secret National Security Agency.* New York: Doubleday, 2001.

David, Ron. *Arabs & Israel for Beginners.* New York: Writers and Readers, 1996.

Fisk, Robert. *Pity the Nation: The Abduction of Lebanon.* New York: Atheneum, 1990.

———, "Travels in a Land Without Hope", London: *The Independent* (independent.co.uk), 29. August 2001.

Fox, Robert. *The Inner Sea: The Mediterranean and Its People.* New York: Alfred A. Knopf, 1993.

Fromkin, David. *A Peace to End All Peace: The Fall of the Ottoman Empire and the Creation of the Modern Middle East.* New York: Avon Books, 1989.

Randal, Jonathan C. *Going All the Way: Christian Warlords, Israeli Adventurers and the War in Lebanon.* New York: Viking, 1984. Cathy Sultan

Der Autor

Cathy Sultan erlebte mit ihrer Familie den libanesischen Bürgerkrieg und überlebte, um diese außergewöhnlichen, preisgekrönten Memoiren zu schreiben. Sie schrieb drei Sachbücher über die Region, zuletzt GAZA (Englisch), sowie vier Romane, die im Nahen Osten spielen. Dies ist ihr erstes ins Deutsche übersetztes Werk. Sie lebt in Wisconsin, USA.

www.ingramcontent.com/pod-product-compliance
Lightning Source LLC
Chambersburg PA
CBHW031308150426
43191CB00005B/135